高等学校信息管理学专业系列教材

信息资源建设教程

主　编　盛小平
副主编　孙保珍　于　宁　徐　路
参　编　曾　茹　贾延霞　王　萍　左　阳

WUHAN UNIVERSITY PRESS
武汉大学出版社

图书在版编目(CIP)数据

信息资源建设教程/盛小平主编;孙保珍,于宁,徐路副主编.—武汉:武汉大学出版社,2023.11
高等学校信息管理学专业系列教材
ISBN 978-7-307-24079-7

Ⅰ.信…　Ⅱ.①盛…　②孙…　③于…　④徐…　Ⅲ.信息资源—资源建设—高等学校—教材　Ⅳ.G250.73

中国国家版本馆 CIP 数据核字(2023)第 201633 号

责任编辑:程牧原　　责任校对:汪欣怡　　版式设计:马　佳

出版发行:**武汉大学出版社**　(430072　武昌　珞珈山)
(电子邮箱:cbs22@whu.edu.cn　网址:www.wdp.com.cn)
印刷:武汉中远印务有限公司
开本:720×1000　1/16　印张:19.75　字数:342 千字　插页:1
版次:2023 年 11 月第 1 版　2023 年 11 月第 1 次印刷
ISBN 978-7-307-24079-7　定价:68.00 元

前　言

2022 年 9 月 13 日，国务院学位委员会、教育部联合颁布了最新版本的《研究生教育学科专业目录(2022)》，将原来的“图书情报与档案管理”一级学科更名为“信息资源管理”，这是新时代图书情报与档案管理学科建设与人才培养的内在要求与必然选择。

教育部高等学校教学指导委员会于 2018 年制定了《普通高等学校本科专业类教学质量国家标准》，其中“图书情报与档案管理类教学质量国家标准(图书馆学专业)”明确规定，“信息资源建设”是图书馆方法模块中的核心知识单元。如今，“信息资源建设”也是信息资源管理本科专业确定的核心专业课程，几乎在所有开设图书馆学本科专业、信息资源管理本科专业的高校都是作为专业必修课程。

上海大学信息资源管理本科专业于 2016 年获教育部批准设立，2017 年开始招生，设置在“图书情报与档案管理”一级学科下。专业定位为建设特色鲜明和有国际影响力的信息资源管理专业，建立与上海现代化国际大都市地位相适应的高层次图书情报与档案管理人才培养体系和知识创新体系，成为国内一流的信息资源管理专业。信息资源建设被设置为该专业核心课程。在头几年教学过程中，笔者选用肖希明主编的《信息资源建设》(武汉大学出版社，2008 年第 1 版)作为教材，后来该教材于 2020 年修订，第 2 版增补了许多新知识，显著扩大了知识范围，比第 1 版本更加贴近信息资源建设实践。然而，一些最新的信息资源建设业务与方法没有出现在第 2 版中。于是，笔者从 2021 年 9 月开始，组织团队成员撰写《信息资源建设教程》。

目前，国内还出版了许多信息资源建设方面的著作或教材，主要包括：

甘友庆主编的《信息资源建设》(社会科学文献出版社，2022年)、侯铁兵等著的《现代图书馆信息资源建设与管理》(吉林摄影出版社，2022年)、叶继元等编著的《信息资源建设》(科学出版社，2021年)、王欢著的《高校图书馆信息资源建设与实践》(吉林大学出版社，2021年)、包华等著的《高校图书馆信息资源建设》(中国商务出版社，2019年)，容海萍等著的《图书馆信息资源建设》(世界图书出版广东有限公司，2019年)，宋松著的《公共图书馆信息资源建设研究》(现代出版社，2019年)、金胜勇等编著的《信息资源建设》(科学出版社，2017年)、续远凤著的《高校图书馆信息资源建设研究》(哈尔滨工业大学出版社，2016年)、陈戴主编的《信息资源建设研究》(上海科学技术文献出版社，2016年)、杨晓雯等编著的《现代图书馆信息资源建设及评价研究》(吉林大学出版社，2015年)、刘淑梅著的《大学图书馆信息资源建设》(中国戏剧出版社，2015年)、曹学艳和张晓东编著的《全媒体环境下的信息资源建设导论》(电子科技大学出版社，2014年)、陈平殿著的《21世纪的信息资源建设》(海洋出版社，2011年)、杨秀平等编著的《现代图书馆信息资源建设研究》(中国原子能出版社，2011年)、刘秉文等主编的《现代文献信息资源建设》(内蒙古人民出版社，2008年)、黄筱玲编著的《文献信息资源建设理论与实践》(湖南大学出版社，2007年)等。在上述著作中，有的适合作为图书馆学本科专业、信息资源管理本科专业教材，有的则不适合。主要原因是：有的完全侧重于陈述信息资源建设理论，而忽视介绍信息资源建设实践案例；有的仅说明某种类型图书馆(如高校图书馆或公共图书馆)的信息资源建设，而忽视其他机构的信息资源建设。

信息资源建设涉及众多的建设主体，如各种类型的图书馆、文献情报中心、情报研究所、信息中心、数据中心、档案馆、文化馆等。虽然不同信息资源建设机构的目标、工作重心、用户不同，但是它们在信息资源建设流程上大同小异。因此，本书主要从图书馆的角度来讨论信息资源建设。

基于新时代图书馆学本科专业、信息资源管理本科专业建设与人才培养的需要，笔者联合工作在图书馆信息资源建设第一线的业务主管，合作编写了本教材。本教材共八章，主要内容与合作分工如下：

第一章：信息资源建设的基本理念。主要介绍了信息资源相关概念、信息资源的属性与类型、信息资源建设相关理念。本章由盛小平、江然合作撰写。

第二章：信息资源建设的理论基础与基础理论。主要介绍了信息资源建设的理论基础(含价值哲学、系统科学、经济学)、信息资源建设的基础理论(含文献老化理论、布莱德福定律、藏书结构理论)和信息资源建设的原则。本章由盛小平、江然合作撰写。

第三章：信息资源的选择。主要介绍了纸本文献资源的选择(含纸本图书的选择、纸本期刊的选择)与数字信息资源的选择(含数字信息资源选择的原则、标准，电子期刊数据库的选择，开放获取期刊的选择，数字信息资源选择的注意事项，不同类型图书馆集团采购实践)。本章理论部分由盛小平、江然合作撰写；"国家图书馆纸本图书选择实践解析""国家图书馆纸本期刊选择实践解析""国家图书馆数字信息资源选择实践解析"由孙保珍撰写；"清华大学图书馆纸本图书选择实践解析"由于宁、左阳合作撰写；"清华大学图书馆纸本期刊选择实践解析""清华大学图书馆数字信息资源选择实践解析"由于宁撰写；"南京图书馆纸本图书选择实践解析""南京图书馆纸本期刊选择实践解析""南京图书馆数字信息资源选择实践解析"由曾茹、徐路合作撰写。

第四章：信息资源采集。主要介绍了纸本文献资源采集(含图书采购、期刊采购、特种文献采购)、数字信息资源采集(含集团采购、需求驱动采购)、纸电同步采购。本章理论部分由盛小平、张莹合作撰写；"国家图书馆特种文献采集实践解析"由孙保珍撰写；"江苏少儿数字图书馆项目联合采购实践解析"由曾茹撰写；"清华大学图书馆特种文献采集实践解析""清华大学图书馆集团采购实践解析"由于宁撰写。

第五章：纸本文献资源的组织管理。主要介绍了馆藏文献的分类和编目、布局和排架、处置、评价、保存。本章理论部分由盛小平、张莹合作撰写；"南京图书馆储备书库建设实践解析"由曾茹撰写；"清华大学图书馆储备书库建设实践解析"由于宁、王萍合作撰写。

第六章：数字信息资源的开发。主要介绍了数据库建设与网络信息资源建设两部分内容。本章理论部分由盛小平、毕畅畅合作撰写；"国家图书馆书目数据库建设实践解析""国家图书馆特色数据库建设实践""国家图书馆网络信息资源建设实践"由孙保珍撰写；"南京图书馆书目数据库建设实践解析""南京图书馆特色数据库建设实践解析"由曾茹撰写；"清华大学图书馆书目数据库建设实践解析""清华大学图书馆网络信息资源建设实践解析"由贾延霞撰写；"清华大学图书馆特色数据库建设实践解析""清华大学图书馆机构知识库建设实践解析"由于宁撰写。

第七章：数字信息资源的组织管理。主要介绍了数字信息资源的组织方式、数字信息资源的整合、数字信息资源的长期保存、数字馆藏管理四个方面内容。本章理论部分由盛小平、毕畅畅合作撰写；“国家图书馆数字信息资源长期保存实践”由孙保珍撰写；“清华大学图书馆数字信息资源长期保存实践解析”由于宁、王萍合作撰写。

第八章：信息资源的共建共享。主要介绍了信息资源共建共享的意义、内容、模式、可持续发展对策。本章由盛小平、毕畅畅合作撰写。

盛小平

2023 年 1 月 10 日

目　录

1　信息资源建设的基本理念

在社会信息化浪潮中，信息资源在社会、经济、文化发展中扮演着愈益重要的角色。信息资源已成为当今社会的核心资源。信息资源是无限的、可再生的、可共享的。信息资源的开发利用可以极大减少物质与能量的消耗，减少污染，发挥信息经济的作用，显著提高社会劳动生产率，提升社会信息化水平，助力国民经济与社会的可持续发展。本章主要阐明信息资源相关概念、信息资源的属性与类型以及信息资源建设相关理念。

1.1　信息资源相关概念

要理解信息资源的概念，首先需要了解信息、数据、知识等相关概念的含义。

1.1.1　信息、数据、知识的定义及相互关系

1.1.1.1　信息的定义

“信息”(information)在中国古代多出现在诗词歌赋等文学作品中，当时人们使用“信息”一词，大多只是用来表达“消息、音信”的意思。在英语中，信息“information”和消息“message”在很多情形下也是通用的。如今人们对于“信息”一词早就不再陌生，但实际上对于“信息”的确切内涵，至今仍没有一个公认的定义。

“信息”一词作为专业术语，最早是美国工程师哈特莱(R. V. Hartley)

于1928年在《贝尔系统技术杂志》(*Bell System Technical Journal*)上发表的《信息传输》(*Transmission of Information*)①一文中使用，他将通信系统中的“信息”理解为“发信者在通信符号表中选择通信符号的具体方式”。1948年，美国数学家香农(C. E. Shannon)在《贝尔系统技术杂志》上发表了影响十分深远的《通信的数学理论》(*Mathematical Theory of Communication*)，将信息定义为随机不确定性的减少，即信息就是用以消除信宿对信源发出何种消息的不确定性的东西。②

信息关联一切事物和整个世界，整个世界关联和依赖于信息。③ 信息的普遍性促使许多学科领域的学者来讨论信息的定义。我国著名信息学家钟义信教授认为，在定义信息的时候必须十分注意定义的约束条件，可以从两个最基本也是最重要的层次——本体论层次和认识论层次来定义信息。某个事物的本体论层次信息，是该事物运动的状态及其变化方式的自我表述；而认识论层次的信息，是指主体所感知(或所表述)的关于该事物的运动状态及其变化方式，包括这种状态或方式的形式、含义和效用。认识论层次的信息是同时考虑到语法信息、语义信息和语用信息的全信息。④

在图书情报学领域，信息可以定义为事物或记录。⑤ 美国学者巴克兰德(M. Buckland)指出，文本、图片、录音磁带、博物馆陈列品、自然物体、实验、事件都是信息。⑥ 目前，图书情报界往往从广义与狭义视角来定义信息：广义的信息是指客观事物存在、运动和变化的方式、特征、规律及其

---

① Hartley R V L. Transmission of information[J]. Bell System Technical Journal, 1928, 7(3): 535-563.

② Shannon C E. A mathematical theory of communication[J]. Bell System Technical Journal, 27(3): 379-423. Shannon C E. A mathematical theory of communication[J]. Bell System Technical Journal, 27(4): 623-656.

③ 马克·布尔金. 信息论——本质·多样性·统一[M]. 王恒君, 嵇立安, 王宏勇, 译. 北京: 知识产权出版社, 2015: 33.

④ 钟义信, 周延泉, 李蕾. 信息科学教程[M]. 北京: 北京邮电大学出版社, 2005: 26-27.

⑤ 孟广均, 霍国庆, 罗曼, 等. 信息资源管理导论(第3版)[M]. 北京: 科学出版社, 2008: 4.

⑥ Buckland M. Information as thing[J]. journal of American Society of Information Science, 1991, 42(5): 351-360.

表现形式；狭义的信息是指用来消除随机不确定性的东西。①

1.1.1.2 数据的定义

数据(data)在不同领域、机构或学者视野中往往有不同的定义。

在计算机科学与通信领域，数据有如下三层含义②：①被赋予意义的一种表示，如存储在磁盘上的字符或数字。②信息的表示。③对事实、概念或指令的一种适于人类或机器进行交流、解释或处理的形式化的表示。《新牛津美式词典》将数据定义为"收集到一起进行分析或参考的事实和统计资料"。《图书馆·情报与文献学名词》把数据定义为"数字、字母与符号的集合，系客观事物与主观思维的具体表达，不限于数值"。

如今，人们经常使用"数据"这个词来指存储在数据库或其他计算机应用程序中并通过电子方式共享的事实。这些事实可能是测量、编纂的信息，或世界上物体的简单描述性属性，如名称、位置和物理特征。③

本书认同如下数据定义：数据是指对客观事件进行记录并可以鉴别的符号，是对客观事物的性质、状态以及相互关系等进行记载的物理符号或这些物理符号的组合。它既可以是狭义上的数字，也可以是具有一定意义的文字、字母、数字符号的组合、图形、图像、视频、音频等，还可以是客观事物的属性、数量、位置及其相互关系的抽象表示。④

1.1.1.3 知识的定义

尽管人们认识到知识与信息、数据是不同的，但是，到底什么是知识，目前并未形成统一认识。《辞海》将知识解释为"人们在社会实践中积累起来的经验"⑤。《现代汉语词典》把知识定义为"人们在社会实践中所获得的认

---

① 图书馆·情报与文献学名词审定委员会. 图书馆·情报与文献学名词[M]. 北京：科学出版社，2019：2.

② Weik M H. Computer science and communications dictionary[M]. Boston：Springer-Verlag，2001：337.

③ Sebastian-Coleman L. Measuring data quality for ongoing improvement：a data quality assessment framework [M]. Waltham：Morgan Kaufmann，2013：3-4.

④ 王珊，萨师煊. 数据库系统概论(第5版)[M]. 北京：高等教育出版社，2014：3.

⑤ 辞海编辑委员会. 辞海[M]. 上海：上海辞书出版社，1979：3969.

识和经验的总和"①。

而许多学者有不同的认识，提出了不同定义。例如，美国知识管理专家达文波特(T. H. Davenport)认为，"知识是结构性经验、价值观念、关联信息及专家见识的流动组合。知识为评估和吸纳新的经验和信息提供了一种构架。知识产生于并运用于知者的大脑里。在组织机构里，知识往往不仅仅存在于文件或文库中，也根植于组织机构的日常工作、程序、惯例及规范之中"②。不可否认，知识是通过学习、实践或探索所获得的认识、判断或技能，可以用以解决某个问题或创造新的知识。③

本书认为，"知识是经过人的思维整理过的信息、数据、形象、意象、价值标准以及社会的其他符号化产物，不仅包括科学技术知识——知识中重要部分，还包括人文社会科学的知识，商业活动、日常生活和工作中的经验和知识，人们获取、运用和创造知识的知识，以及面临问题做出判断和提出解决方法的知识"④。

1.1.1.4 信息、数据、知识的相互关系

一直以来，人们在不断地探索信息、数据、知识之间的相互关系，虽然涌现了四类观点——数据大于信息说、信息大于数据说、数据和信息等同说、数据与信息相对说⑤，但是在数据、信息、知识和智慧组成的 DIKW 金字塔(见图 1-1)中，数据是最底层的概念，数据是"信息的原材料"；信息是在数据的基础上加工处理得来的，或是在某种情境下的数据⑥；知识是内

① 中国社会科学院语言研究所词典编辑室. 现代汉语词典(第 7 版)[Z]. 北京：商务出版社，2016：1678.

② 达文波特，普鲁萨克. 营运知识：工商企业的知识管理[M]. 王者，译. 南昌：江西教育出版社，1999：7.

③ 图书馆·情报与文献学名词审定委员会. 图书馆·情报与文献学名词[M]. 北京：科学出版社，2019：2.

④ 盛小平. 知识管理原理与实践[M]. 北京：北京大学出版社，2009：2-3.

⑤ 叶继元，陈铭，谢欢，华薇娜. 数据与信息之间逻辑关系的探讨——兼及 DIKW 概念链模式[J]. 中国图书馆学报，2017，43(3)：34-43.

⑥ DAMA International. Data management body of knowledge [M]. 2nd ed. Basking Ridge：Technics Publications，2017：20.

在化的信息①，是信息和理论的总和；智慧增加了“怎样使用知识”，是“知识+积累的社区经验”②，处于 DIKW 金字塔的最高层。

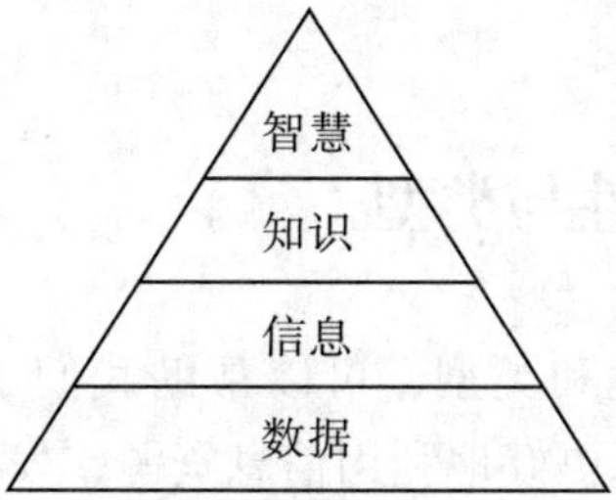

图 1-1　数据、信息、知识、智慧金字塔

1.1.2　信息资源的定义

“信息资源”最早是由国外于 20 世纪 60 年代末 70 年代初提出来的。目前，国内外对信息资源的定义尚无统一认识，涌现了多种不同观点：信息资源等同于信息源，信息资源等同于文献资源，信息资源等同于数据，信息资源等同于信息，信息资源等同于支持工具，信息资源等同于“信息+支持工具”，信息资源等同于部分信息的集合。③

如今，人们可以从狭义与广义的角度来理解信息资源概念：狭义的信息资源是指人类社会经济活动中经过加工处理有序化并积累起来的有用信息的集合，如科技信息、政策法规信息、市场信息、金融信息等；广义的信息资源是人类社会经济活动中积累起来的信息、信息生产者、信息技术等信息活动要素的集合。④ 通常情况下，人们是从狭义角度来定义信息资源的，即信息资源主要是指经过人类选择、组织和加工处理的有序化的各种

① Segundo R S. A new concept of knowledge [J]. Online Information Review, 2002, 26(4): 239-245.

② Pantzar E. knowledge and wisdom in the information society [J]. Foresight, 2000, 2(2): 230-236.

③ 代根兴. 数字时代的图书馆信息资源建设[M]. 北京：北京图书馆出版社，2006：1-2.

④ 马费成. 信息经济学[M]. 武汉：武汉大学出版社，2012：247-248.

媒介信息的集合。①

信息是普遍存在的，而信息并非全都是资源，只有满足一定条件的信息才能称为信息资源。换句话说，只有经过人类开发与组织的信息才是信息资源。②

1.2 信息资源的属性与类型

把握信息资源的属性和类型，可以帮助我们了解信息资源的价值和各类信息资源的特点，进而更好地利用信息资源，发挥其潜在价值。

1.2.1 信息资源的属性

信息资源具有不同于自然资源、人力资源、资本资源的一些主要属性③：

①有用性，即信息资源能够满足人类对信息需求的属性。信息资源不是一般的信息，而是可以满足人类需求、具有某种使用价值的信息，这种价值人们并不能通过利用自然资源、人力资源和资本资源实现。

②依附性，即信息资源与载体的不可分性。信息资源需要以一定的符号系统固化在一定的物质载体上。这些载体可以是多种多样的，包括纸本、电子、网络等各种载体。

③转换性，即信息资源可以变换、加工和转移载体的特性。信息资源可以从一种形态转换为另一种形态。如从纸本信息信息转换为电子信息资源或多媒体信息资源。

④传递性，即易传输性。信息资源可以通过多种方式，如电子邮件、文献传递、开放存储等，实现远距离传递，特别是在现代信息技术的支持下，实时传递、快速传递超大容量的信息资源正在变成现实。

⑤共享性，即信息资源可以被人共享利用。某些信息资源，特别是电子信息资源，不像工厂里的生产机器被所有者完全占有，而是可以在不同

---

① 肖希明. 信息资源建设(第2版)[M]. 武汉：武汉大学出版社，2020：10.

② 孟广均，霍国庆，罗曼，等. 信息资源管理导论(第3版)[M]. 北京：科学出版社，2008：26.

③ 杨廷廷，许宏翠. 试论信息资源的含义与特征[J]. 情报资料工作，1998(1)：25-27.

用户之间按照某种协议实现广泛共享。信息用户的持续增加不会降低信息资源的价值，反而显著提升了信息资源的边际收益。

⑥时效性，即信息资源的价值是随时间变化的。一般说来，信息资源的使用价值与它的传递速度成正比，与积压时间成反比。通常说的文献半衰期就是一个例证。因此，信息资源需要及时、迅速地得到推广利用，以便产生最佳的社会与经济效益。

⑦无限发展性，即信息资源是不断发展壮大的。永不停息的人类社会实践活动将不断产生新的信息资源，而且信息资源是可再生的，经过多次开发利用，信息资源的种类、数量与容量会不断增加。所以，信息资源是取之不尽、用之不竭的。

⑧人工参与性。信息资源的人工参与性是指信息资源的生产、形成、组织、建设、开发以及利用都需要有人参与其中。信息资源开发者、组织者、建设者的个人素质直接影响信息资源的质量。

1.2.2 信息资源的类型

对信息资源进行科学分类，直接关系到信息资源建设质量。信息资源的生产、采集、加工、整理、传递、开发、利用等项工作，都需要正确认识与区分不同类型的信息资源。信息资源按照不同的分类标准，可以分为不同类型。比如，按信息资源有形与无形，可分为有形信息资源与无形信息资源；按信息资源地域(所处空间范围)，可分为国际(世界)信息资源、国家信息资源、地区(部门)信息资源、单位信息资源；按信息资源传递范围，可分为公开信息资源、半公开信息资源、非公开信息资源；按信息资源介质，可分为口头的、书面的、视听的、缩微的和机读的信息资源；按信息的社会属性，可分为政治信息资源、军事信息资源、科技信息资源、经济信息资源、社会信息资源、生产信息资源等。①

这里主要从信息资源载体形式、信息资源加工深度两个角度来解析信息资源类型。

1.2.2.1 按信息资源载体形式划分的信息资源类型

按信息资源载体形式划分，信息资源可分为如下四类：

① 代根兴，周晓燕. 信息资源类型研究[J]. 中国图书馆学报，2000(2)：76-79.

(1)文献信息资源

文献信息资源是以文献为载体的信息资源，是可供人们直接或间接开发与利用的记录在文献中的信息集合。① 文献信息资源依据其记录方式和载体材料，又可分为刻写型、印刷型、缩微型、声像型、机读型五大类。其中，刻写型文献信息资源是指以刻写和手工书写为手段，将知识信息内容记录在各种自然物质材料和纸张等不同载体上而形成的文献，如古代刻写于龟甲兽骨上的甲骨文献，刻铸在青铜器或石头上的金石文献，书写在竹片上的简策文献，以及现代的笔记、手稿、书信等。刻写型文献信息资源一般包括手稿、日记、信件、原始档案、碑刻等。

印刷型文献信息资源是以纸张为载体，以油印、石印、胶印、铅印、复印等印刷方式，将知识信息内容记录在纸本载体上而形成的文献，如图书、报刊、特种文献资料等。它可简称为纸质文献资源或纸本文献资源。

缩微型文献信息资源主要指缩微资料，它是以感光材料为载体，利用摄影技术将手写和印刷型文献缩摄，形成新的文献，如缩微胶片、缩微胶卷、缩微卡片等。它的优点主要是体积小、重量轻，信息存储量大，便于收藏；复制性能好，可缩小或放大，易于转换成其他形式文献；生产成本低廉，便于保存和检索；但使用不太方便，需借助缩微阅读机才能阅读，设备费用投资较大。②

声像型文献信息资源，又称视听型文献信息资源，主要是指以电磁材料为载体，以电磁波为信息符号，将声音、文字和图像记录下来的一种动态型文献，如唱片、录音带、录像带、摄影胶卷、胶片、幻灯片、传真照片等。它的优点是存储信息密度高、直观、生动、形象、表达力强，可以帮助人们加深对知识信息内容的理解、吸收与记忆，但同样需要借助于一定的设备才能阅读。

机读型文献信息资源是以机器(通常指计算机)能阅读和处理的形式存储在某些特殊载体上的文献信息或数据集合体，包括机读目录、文摘索引磁带、联机数据库、电子图书、电子期刊、光盘数据库、电子邮件、多媒体信息资源、网络信息资源等。机读型文献信息资源特别是数字信息资源

① 图书馆·情报与文献学名词审定委员会. 图书馆·情报与文献学名词[M]. 北京：科学出版社，2019：2.

② 肖希明. 信息资源建设(第2版)[M]. 武汉：武汉大学出版社，2020：14.

迅速发展，极大地方便与改进了人们对信息和知识资源的获取、传播与利用。

(2)实物信息资源

实物信息资源主要是指通过实物进行展示交流的信息资源。① 实物信息资源的特点是可以给使用者以直观的感受和实在的感觉。其所传递的信息相对比较成熟、可靠、适用，可以通过观察、思考直接采用或借鉴，具有较大的信息量，但实物信息资源通常需要通过知识、智慧、经验和工具挖掘大量隐含的信息。② 依据实物的人工与天然特性，可将实物信息资源分为天然实物信息资源和人工实物信息资源两类，前者以自然物质为载体，后者以人工实物为载体，如产品、样品、样机、模型、雕塑等。

(3)口语信息资源

口语信息资源是以口头方式表述，同时通常以讲演、讨论等方式交流与利用的信息资源。常见的获得口语信息资源的方式有交谈、聊天、授课、讨论等。口语信息资源的优点是传递迅速、互动性强，但同时也有容易传失、久传易出差错而造成信息失真等缺点。③ 因此，通过听课、会议、讲演、电视、广播、聊天等方式了解到的信息，应该立即记录下来，并加以证实。

(4)体语信息资源

体语信息资源是指在特定文化背景下，以表情、手势、姿态表述，以表演、舞蹈、体育比赛、杂技等方式表现、交流与传递的信息资源。④ 体语信息资源的特点是直观性强，生动丰富、富有感染力，令人印象深刻，能起到暗示作用，但其也有信息的容量有限、信息传递的效率较低等缺点。

1.2.2.2 按加工深度划分的信息资源类型

按信息资源加工深度划分，信息资源可分为如下四类：

---

① 王建雄，林昱. 图书馆信息平台的理论基础与技术开发[M]. 沈阳：沈阳出版社，2018：12.

② 章云兰，王学勤. 现代信息检索与利用[M]. 杭州：浙江科学技术出版社，2007：6.

③ 蔡丽萍，段莹. 文献信息检索教程(第2版)[M]. 北京：北京邮电大学出版社，2017：5.

④ 章云兰，王学勤. 现代信息检索与利用[M]. 杭州：浙江科学技术出版社，2007：5-6.

(1)零次信息资源

零次信息资源是指在信息流动过程中未经加工和组织的信息资源，如一些原始数据、拍摄的场景、活动的情景等。常见的零次信息资源是零次文献。

零次文献指的是形成一次文献之前的文献，即未经出版发行或未进入社会交流的最原始文献。例如，书信、论文手稿、笔记、试验记录、会议记录等，是一种零星、分散和无规则的信息。① 零次文献的信息内容新颖、真实、直观、方便、及时，但也有不成熟和不定型的缺点，同时零次文献的获取也相对较难，传播范围相对较少。

(2)一次信息资源

一次信息资源是指以零次信息资源为基础，对自然状态和社会表象的信息以及大脑存储的信息进行粗加工，经过各种方式表达的信息资源，如初次统计表、课件、新闻、拍摄的图片、录制的谈话、摄制的影像片段、资料汇编等。常见的一次信息资源是一次文献。

一次文献是人们直接记录其生产经验和科学研究发现而形成的文献，是文献信息源的主要组成部分。② 一次文献数量庞大、种类繁多，增长迅速且分散，因此不方便管理和使用，③ 但其常常包含着新观点、新发明、新技术、新理论，是科研工作者科研创新所主要依赖的信息资源。

(3)二次信息资源

二次信息资源是指在一次信息资源的基础上，进行加工整理和提炼压缩所得到的产物，如对一次信息进行编目、做摘要，或者组稿、深度报道，制作的游戏、影视动画和综合频道节目，合成的多媒体课件，分类广告等。常见的二次信息资源是二次文献。

二次文献是对一次文献进行加工整理后的产物，即对无序的一次文献的外部特征，如题名、作者、出处等进行著录，或将其内容压缩成简介、提要或文摘，并按照一定的学科或专业加以有序化而形成的文献形式，如

① 图书馆·情报与文献学名词审定委员会. 图书馆·情报与文献学名词[M]. 北京：科学出版社，2019：223.

② 图书馆·情报与文献学名词审定委员会. 图书馆·情报与文献学名词[M]. 北京：科学出版社，2019：223.

③ 叶继元. 信息资源建设[M]. 北京：科学出版社，2021：6.

目录、文摘杂志(包括简介式检索刊物)等。① 二次文献不是一次文献本身的汇集，而是一次文献特征的汇集，它具有报道性、检索性、汇编性和简明性的特点。

(4)三次信息资源

三次信息资源是用一定的方法对大量的信息资源进行智能化存储、序化、再加工而产生的系统化成果，如建立新闻信息数据库、节目资源数据库、课程资源库、医疗信息库、信息搜索平台、商务交易平台等。常见的三次信息资源是三次文献。

三次文献是根据一定的需要和目的，在有关的一次文献和二次文献的基础上综合分析、重新编写而成的文献，包括各种专题述评、综述、进展报告及书目指南等。② 如果想高效率地了解某一领域的状况、动态、发展趋势和有关情况，那么三次文献是不可忽视的一类信息资源。

1.2.3 纸本信息资源

纸本信息资源，又名为纸质信息资源或纸本文献资源，是至今最常用的一类信息资源，包括如下类型。

1.2.3.1 图书

图书是指用文字、图画或其他信息符号，手写或印刷于纸张等载体上，具有相当篇幅，用来表达思想并制成卷册的著作物。现代图书一般由正式的出版社出版，具有国际标准书号(ISBN)，为正式的、合法的图书。图书主题相对突出，知识更为完整、系统、成熟，是开展系统学习和研究的重要信息源。相较于连续出版物，图书的更新较为缓慢，时效性稍显不足。图书一般可划分为可供阅读的著作和参考工具书两大类，前者主要包括专著、译著、教材、资料汇编、通俗读物、少儿读物，后者包括百科全书、大全、词典、辞典、字典、年鉴、手册、书目、索引、文摘、指南、名录等。

---

① 图书馆·情报与文献学名词审定委员会. 图书馆·情报与文献学名词[M]. 北京：科学出版社，2019：223.

② 图书馆·情报与文献学名词审定委员会. 图书馆·情报与文献学名词[M]. 北京：科学出版社，2019：223.

1.2.3.2 连续出版物

连续出版物是指具有统一名称、固定版式、统一开本、连续编号，汇集多位作者的多篇成果，定期或不定期编辑发行的出版物，包括期刊、报纸、年度出版物(年鉴、指南等)、丛刊、单行本的丛书等。期刊和报纸是连续出版物的主要类型。

期刊又称“杂志”，与图书相比，它具有出版周期短、报道速度快、内容新颖、学科面广、数量大、种类多、影响面宽的特点。按照内容性质和适用对象，期刊可以划分为政治性期刊、学术性期刊、工艺技术性期刊、文学艺术期刊、通俗性期刊、检索性期刊、资料性期刊、报道性期刊等类型。① 其中，学术期刊是进行科学研究、学术交流时经常利用的文献信息资源。

报纸是出版周期最短的定期连续出版物，其内容以报道新闻和刊载评论为主，一般具有稳定的编辑部和固定的题名。相较于期刊，报纸内容更广、时效性更强、出版量更大，读者群体也更加广泛。按出版周期，报纸可分为日报、双日报、三日报、周报、旬报、月报等类型。

1.2.3.3 特种文献资料

特种文献资料是指非书非刊、出版形式比较特殊的文献，主要包括科技报告、专利文献、会议文献、政府出版物、技术标准、技术档案、产品资料、学位论文等。② 其中，科技报告是指科技人员为了描述其从事的科研、设计、工程、试验和鉴定等活动的过程、进展和结果，按照规定的标准格式编写而成的特种文献。通常科技报告在内容上比较新颖、详尽、专深，常附有大量的数据、图表和原始试验记录等资料；在发表时间上，报道新成果的速度一般快于期刊或其他文献；在流通范围上，大部分科技报告会控制发行，仅有一小部分可以公开或半公开发表。

专利文献是指政府专利机构公布或归档的与专利有关的所有文献，包括各种类型的专利说明书、国家专利机构审理的专利申请案及诉讼案的有

① 肖希明. 信息资源建设(第2版)[M]. 武汉：武汉大学出版社，2020：11.

② 图书馆·情报与文献学名词审定委员会. 图书馆·情报与文献学名词[M]. 北京：科学出版社，2019：224.

关文件、各国专利机构出版的专利公报以及各种专利文摘和索引等二次专利信息文献等。① 专利文献具有内容广泛、具体而详尽，反映新技术快、数量多，有统一的体裁和格式等特点，是一种非常重要的技术情报资源，对于科技人员、企业经营者、社会管理者来讲，都有非常高的参考价值和使用价值。

会议文献是指在学术会议上宣读和交流的论文、报告及其他有关资料。会议文献具有传递信息及时、传递信息针对性强的特点。研读会议文献可以帮助我们及时快速地了解特定领域的发展情况、研究成果、研究水平等信息。

政府出版物是各国政府及其所属机构出版的文献资料。政府出版物具有官方性质，内容广泛，可大致分为行政性文献和科技性文献两大类。前者主要包括政府报告、会议记录、司法资料、决议、指示以及调查统计资料等；后者主要包括政府各部门的研究报告、技术政策文件和教育、科学统计资料等。政府出版物具有一定的权威性，可以帮助我们了解一国的政治、经济、法律、文化、科技、教育等方面的基本情况。

技术标准是针对标准化领域中需要协调统一的技术事项所制定的标准。按照标准化对象的特征，可分为基础标准、产品标准和方法标准等。技术标准是一种规章性文件，对有关各方有约束性，它对于保证和提高产品质量，合理发展产品新品种，保证产品品种系列化和零部件通用化，促进生产技术的协作配合，合理利用国家资源，便利出口、外援和技术引进，降低成本，提高劳动生产率等都有着十分重要的作用。②

技术档案又称“科技档案”，是在生产建设中和科技部门的技术活动中形成的具有保存价值并经整理归档集中起来保管的技术文件，如科研档案、城市基本建设档案、建筑工程档案、工业企业科技档案、农业科技档案等。技术档案是科学技术活动及其历史过程的真实记录，是生产建设和科研工作中积累经验、提高质量的重要依据，具有重要的情报价值，保密性较强。③

---

① 图书馆·情报与文献学名词审定委员会. 图书馆·情报与文献学名词[M]. 北京：科学出版社，2019：62-63.

② 王绍平，陈兆山，陈钟鸣，等. 图书情报词典[M]. 上海：汉语大词典出版社，1990：398.

③ 王绍平，陈兆山，陈钟鸣，等. 图书情报词典[M]. 上海：汉语大词典出版社，1990：398.

产品资料是对定型产品的性能、构造原理、用途、使用方法和操作规程、产品规格等所作的具体说明，包括产品样本、产品说明书、产品目录、企业介绍、产品样品汇编等。产品资料记录和反映已投产的产品，其反映的技术成熟、数据可靠、图文并茂、直观性强，是生产和科研单位研究、分析各国产品技术发展情况和产品水平的重要材料，也是经贸部门判断某项产品是否需要更新的依据。①

产品样本是对定型产品的性能、构造原理、用途、使用方法和操作规程、产品规格等所作的具体说明，包括单项产品样本(即说明书)、企业产品一览、企业介绍、单项产品样品汇编等。产品样本会不断被淘汰，而代之以新的产品样本，因此，使用时切不可忽视产品样本的时间性。

学位论文是高等学校或研究机构的学生为取得学位，在导师指导下完成的科学研究、科学实验成果的书面报告。学位论文具有一定的学术水平和参考价值，有利于帮助我们进行选题和知识创新，是科学研究中文献调研的重要信息来源。

1.2.3.4 其他零散资料

其他零散资料主要包括档案资料、舆图、图片、乐谱等。档案资料具有一定的保密性，是记录各种事实进行过程的卷宗材料。舆图包括地图、地形图、地质图、行政区划图、教学挂图等。图片包括新闻照片、美术作品等。乐谱主要指的是音乐曲谱艺术作品。② 这些信息资源在我们的生活和工作中都发挥着重要的作用。

1.2.4 数字信息资源

在数字化、网络化环境下，数字信息资源(Digital Information Resources)正成为使用范围越来越广的一类信息资源。所谓数字信息资源，是指以数字形式如电子期刊、电子书、在线出版参考文献、光盘、书目数据库和其他网络资源等形成的，可以通过计算机和其他信息通信技术工具识别或访问的信息资源，包括音乐、游戏、故事、杂志论文、已出版期刊和书籍、

① 周和玉，郭玉强. 信息检索与情报分析[M]. 武汉：武汉理工大学出版社，2007：15.

② 肖希明. 信息资源建设(第2版)[M]. 武汉：武汉大学出版社，2020：13-14.

百科全书、小册子、地图资料、有声动画图形、图片、电影和其他以软拷贝方式出版的资源。① 数字信息资源可以存储在磁盘、光盘、硬盘、计算机、局域网、互联网或虚拟网络空间上。依据对数字信息资源是否拥有所有权，或是否仅存在访问、使用关系，可以把数字信息资源划分为可访问的网络信息资源、拥有的数字信息资源两大类。

1.2.4.1 可访问的网络信息资源

可访问的网络信息资源是机构或个人没有知识产权，但可以通过网络实现访问与利用的信息资源。这些网络信息资源种类繁多，大小不同，内容各异，从整体上可分为如下几类：

(1)可访问的联机数据库资源

如今许多图书馆为满足日益增长的用户信息需求，通过各种方式，购买了多个数字资源数据库的使用权(即访问权)，在商业合同有效期内为其用户提供不同类型的电子文献资源及其相关服务。从语种来看，包括外文数据库(如 Elsevier ScienceDirect、Springer LINK、EBSCO 等)和中文数据库[如中国知网(CNKI)、中文社会科学引文数据库(CSSCI)、超星电子书数据库等]；从资源类型来看，包括期刊与会议文献(如 ACM 数据库、APS 数据库等)、图书[如超星电子书数据库、De Gruyter(德古意特电子书)等]、报纸(如中国近代报纸资源全库、《申报》等)、标准文献(如 ASTM 数据库、IEEE 数据库等)、专利[如 DII(德温特专利索引数据库)等]、题录与文摘[如期刊引用报告网络版(JCR)、化学文摘网络版(SciFinder)等]、书目信息(如中国国家图书馆馆藏书目)、多媒体(如新东方多媒体学习平台、超星学术视频等)、学位论文(如 ProQuest 学位论文全文库等)、综合数据库[如万方数据知识服务平台、中国知网(CNKI)等]。

(2)开放获取信息资源

随着开放获取(Open Access，OA)运动的发展，越来越多的信息资源实现了开放获取。这些开放获取信息资源资源包括：

①开放获取期刊。对文献的开放获取意味着它们在公共互联网上的免

① Nwabueze A U，Urhiewhu L O. Availability and use of digital information resources by undergraduates of universities in Delta and Edo States，Nigeria [J]. International Journal of Digital Library Services，2015，5(2)：1-12.

费可利用性，允许任何用户阅读、下载、复制、传递、打印、搜索，或者链接其全文，抓取它们以建立索引，作为数据传递至软件系统，或把它们用于其他任何合法目的，而不受经济、法律或技术的限制，除了获得对互联网本身不可缺少的访问外。复制与传递的唯一约束和版权在此领域的唯一作用，是给予作者对其作品完整性及其被正确接受和引用权利的控制。① 开放获取(OA)期刊是允许读者免费阅读、下载、复制、分发、打印、检索或链接到全文的在线期刊。根据访问方式和访问权限的不同，OA 期刊可分为完全型 OA 期刊、部分型 OA 期刊、延时型 OA 期刊三类。完全型 OA 期刊是对期刊所有内容都实行"开放获取"的一种期刊运营模式，其运行资金来自作者支付的发表费或专门机构(如政府、基金会、个人等)的资助；部分型 OA 期刊是只对期刊上部分内容实行"开放获取"的一种期刊运营模式，其运行资金主要来自作者的发表费和用户的使用费；延时型 OA 期刊是期刊在出版后的预定时期内实施商业运营且在预定时期后实行"开放获取"的一种期刊运营模式，如公共医学中心(PubMed Central，PMC)收录的许多 OA 期刊属于此类。截至 2022 年 10 月 19 日，我国"国家科技期刊开放平台"收录的开放期刊总量达 1358 种(其中核心期刊 992 种)，论文达 937 万篇。②

②开放获取图书。开放获取(OA)图书是允许读者免费阅读、下载、复制、分发、打印、检索或链接到全文的在线图书。虽然早在 1996 年美国国家科学院出版社(The National Academies Press)就开始尝试通过网站提供免费电子图书，但 OA 图书没有像 OA 期刊一样快速发展。不过，最近两年来，OA 图书有显著进展。"开放获取图书目录"(Directory of Open Access Books，DOAB)、SpringerOpen 图书、开放获取学术出版联盟(Open Access Scholarly Publishers Association，OASPA)、开放内容联盟(Open Content Alliance)等组织都能提升 OA 图书的影响力。截至 2022 年 10 月 19 日，DOAB 共收录了来自 617 个出版社的 60500 余种 OA 图书。③

③开放获取数据。在开放科学运动的影响下，近年来，开放获取数据

① 盛小平. 社会网络视域下的开放获取机制[M]. 广州：中山大学出版社，2017：1.

② 国家科技期刊开放平台[EB/OL]. [2022-10-19]. https://doaj.istic.ac.cn/#/.

③ DOAB：Directory of Open Access Books[EB/OL]. [2022-10-19]. https://www.doabooks.org/.

(或简称为开放数据)在国内外受到越来越多的重视。国外建立了专门的开放数据存储库(Open Data Repository)网站，以便允许研究人员、研究生和普通大众快速创建数据库结构和在web上发布数据①；也建立了开放数据网络(Open Data Network)，以连接来自世界各地的研究人员，探讨开放数据计划的实施和影响②；还建立了研究数据存储库注册(Registry of Research Data Repositories)网站，截至2022年10月19日，提供了来自世界各地的已注册的2969个数据存储库，它们属于各种学科③。

开放数据中的开放政府数据、开放公共数据、开放科学数据尤其令人瞩目。通过开放政府数据，促进社会创新，带动大数据产业的发展，已成为各国的普遍共识。2009年5月，美国政府率先正式启用了官方的政府开放数据网站——Data. gov网站，为公众提供获取联邦政府的数据集，其中包括美国国家航空航天局的数十亿千兆字节的行星、月球、地面、地球轨道的数据。2013年5月9日，美国签署行政命令，要求所有政府数据以计算机可读形式向公众和企业开放，为创新和经济增长提供动力。2013年12月7日，奥巴马政府发布了《开放政府合作伙伴——美国第二次开放政府国家行动方案》，进一步承诺要让公众能够更方便地获取有用的政府数据。④如今Data. gov网站能够提供33. 5万余个数据集的检索与利用。⑤ 我国开放政府数据的发展迅速。截至2021年10月，我国已有193个省级和城市的地方政府上线了数据开放平台，其中省级平台20个(含省和自治区，不包括直辖市和港澳台)，城市平台173个(含直辖市、副省级与地级行政区)，这些平台提供了大量的开放政府数据。⑥ 为促进公共数据开放共享，迄今为止全国有15个省级行政区、44个地级行政区颁布了公共数据开放管理条例，

① Open Data Repository[EB/OL]. [2022-10-19]. https://www.opendatarepository.org/.

② Open Data Network[EB/OL]. [2022-10-19]. https://www.opendatanetwork.com/.

③ Re3Data. org Registry of Research Data Repositories[EB/OL]. [2022-10-19]. https://www.re3data.org/search? query=.

④ 盛小平. 社会网络视域下的开放获取机制[M]. 广州：中山大学出版社，2017：10.

⑤ The home of the U. S. Government's open data[EB/OL]. [2022-06-30]. https://data.gov/.

⑥ 复旦大学数字与移动治理实验室. 中国地方政府数据开放报告——省域(2021年度)[R/OL]. (2022-01-20)[2022-06-30]. http://ifopendata.fudan.edu.cn/report.

建立了许多公共数据开放共享平台，如上海市公共数据开放平台、山东省公共数据开放网、天津市信息资源统一共享交换平台、安徽公共数据开放平台、广西壮族自治区公共数据开放平台、武汉市公共数据开放平台、成都市公共数据开放平台、温州市数据开放平台、徐州市公共数据开放平台(试运行)、德阳市公共数据开放平台等。这些平台能够提供大量开放共享的公共数据。

此外，国外已经开发和建立了许多开放科学数据网站和存储库，如代谢组学工作平台(MetWB，Metabolomics Workbench)①、基因数据开放平台(Genomic Data Commons)②、蛋白质组学数据开放平台(Proteomic Data Commons)③、癌症影像档案(The Cancer Imaging Archive)④、儿科基因组数据清单(The Pediatric Genomic Data Inventory)⑤、斑马鱼模型生物数据库(The Zebrafish Model Organism Database)⑥、蠕虫库(Worm Base)⑦、大鼠基因组数据库(Rat Genome Database)⑧等。国内现已建成的比较成熟的国家科技资源共享服务平台体系主要包括“国家高能物理科学数据中心”等 20 个国家科学数据中心、“国家重要野生植物种质资源库”等 30 个国家生物种质与实验材料资源库。这些数据中心和资源库汇集整合了国家级和区域省级的各种科学数据，提供的科学数据集不仅数量日益庞大，而且绝大部分已实现开放共享，业已成为国内乃至国际上开放科学数据的重要来源。

(3)其他网站信息资源

其他一些网站，如高校网站、科研机构网站、图书馆网站、出版社网站、信息中心或数据中心网站、知名学者或博主网站等，能提供一些本机

① Metabolomics Workbench [EB/OL]. [2022-06-30]. https://www.metabolomicsworkbench.org/.

② The National Cancer Institute. Genomic Data Commons [EB/OL]. [2022-06-30]. https://gdc.cancer.gov/.

③ Proteomic Data Commons[EB/OL]. [2022-06-30]. https://pdc.cancer.gov/pdc/.

④ The Cancer Imaging Archive [EB/OL]. [2022-06-30]. http://www.cancerimagingarchive.net/.

⑤ The Pediatric Genomic Data Inventory [EB/OL]. [2022-06-30]. https://datascience.cancer.gov/resources/nci-data-catalog/pediatric-genomic-data-inventory.

⑥ ZFIN[EB/OL]. [2022-06-30]. http://zfin.org/.

⑦ Worm Base[EB/OL]. [2022-06-30]. http://www.wormbase.org/#012-3-6.

⑧ Rat Genome Database[EB/OL]. [2022-06-30]. http://rgd.mcw.edu/.

构或个人对外公布的重要信息，如高校的学科种类与招生规模、科研院所的研究领域与研究进展、图书馆馆藏资源范围与数量、出版社提供的最新书目、学者们公布的最新研究成果等。最新信息资源也是用户、读者、研究人员进行学习与研究的一类重要信息资源。

1.2.4.2 拥有的数字信息资源

机构拥有的数字信息资源，主要是指机构开发、自建或购买数据库或电子文件知识产权后可供其用户使用的数字信息资源，主要包括如下类型的信息资源：

(1)机构知识库

机构知识库(Institutional Repository)，又名机构库、机构存储库、机构仓储，是对机构内成员智力产品进行收集、存储、传播、共享和开放利用的数字化知识管理与服务系统。它既是机构成员智力产品的数字集合，也是为机构成员科学研究、学术交流提供信息与知识服务的一种机制与系统。机构知识库能够满足机构成员对本机构科研成果长期保存的需求，并提供知识产权共享协议内对这些成果的开放获取和共享。机构知识库成果类型可划分为期刊论文、会议论文、专利、学位论文、获奖成果、专著、演示报告、研究报告、文集及其他。机构知识库具有收集、存储、交流、共享、统计分析、利用、评价机构学术资源的多种功能。它既能汇聚与整合机构学术资源，实现机构数字信息资源(含知识资源，后同)的长期保存与动态评估，也能促进机构数字信息资源的开放共享与利用，提高机构的知名度、地位和公共价值。

机构知识库的特征主要是①：①开放共享性。机构知识库秉承开放获取理念，采用相关标准协议，最大限度地促进数字信息资源与知识资源在机构内外的开放共享和利用。②学术性与专业性。机构知识库保存与提供的数字信息资源是以学术资源或学科专业知识为主，包括预印本、期刊和学位论文、会议论文、演示文稿、教学资料、实验数据等。③网络化。机构知识库是基于局域网或互联网传播的。虽然某些机构知识库没有对外实现开放共享，但是机构内的用户也必须利用局域网(如校园网或内网)来进行科学交流与知识传播。

① 常唯. 数字学术环境中的机构知识库探析[J]. 图书情报工作，2006(7)：46-50.

机构知识库的发展动因是：

①长期保存与开放利用机构数字信息资源。21 世纪以来，数字信息资源迅速膨胀，数字资产数量激增，然而，网络环境中的许多数字信息资源往往处于无序分散状态，收集、组织、长期保存与开放利用这些数字信息资源已经成为学术机构与信息服务机构面临的严峻问题。这时，机构知识库成为数字信息资源长期保存与开放利用的重要平台之一。①

②开放获取(Open Access)运动的发展与推动。21 世纪初兴起的开放获取运动是机构知识库建设的重要推动力。开放获取期刊、自存储知识库的不断壮大，直接推动了学科知识库与机构知识库的发展。机构知识库成为变革传统学术交流体系、解决学术危机的关键途径。

③开放科学(Open Science)运动的崛起与推动。随着 20 世纪 90 年代互联网的普及，开放科学运动获得了动力。② 1991 年推出的高能物理领域预印本学科知识库 arXiv，是开放科学运动的一个重要里程碑，开放科学的势头随着开放获取运动和开放数据运动的快速发展而不断增强。2021 年 11 月 9—24 日，联合国教科文组织审议通过《开放科学建议书》，标志着开放科学迈入全球共识的新阶段。开放科学坚守所有的理论都应该经得起批评、结论可重复或可验证的基本信条③，秉持“开放、透明、自由、合作、共享”的基本理念。机构知识库建设成为许多机构实施开放科学的不二选择。

④数字与信息技术的快速发展与广泛应用。各种信息通信技术、数字技术，如区块链、大数据、云计算、人工智能、移动互联网、物联网、开源软件等的快速发展及其在科学交流与研究中的广泛应用，使开放科学由理念变为现实。数据共享技术正在将科学知识传播的边界扩大到公众，远远超出学术界。基于互联网的便携式移动通信设备和智能终端为实施开放科学项目提供了便利，可以保证信息跨越地理空间在公众与专业科学团队间便捷地传递。在线协作工具为存储与获取科学数据提供了便捷的路径。新的开放工具和软件，可以帮助存储和共享代码以及进行稳健和可重复的

---

① 邓君. 机构知识库发展的动力机制与动力模型研究[J]. 图书情报工作，2008，52(5)：44-47.

② Lievrouw LA. Social media and the production of knowledge: a return to little science? [J]. Social Epistemology，2010，24(3)：219-237.

③ 吴建中. 推进开放数据，助力开放科学[J]. 图书馆杂志，2018，37(2)：4-10.

数据分析,① 大大降低了机构知识库建设成本。数据智能工具提高了人们提取新知识和创造价值的能力。数字化正在给科学的各个领域带来变革，数字技术促进了科学范式由封闭科学向开放科学的转变。②

国内科研机构知识库的典范有中国科学院机构知识库网格、中国林业科学研究院机构知识库、农科机构知识库联盟等。中国高校机构知识库联盟(CHAIR)与财经联盟机构知识库、中国法律信息资源共享平台等是国内高校机构知识库的典型代表。此外，许多高校图书馆已建立或正在筹建机构知识库，但其中多限制校内访问，而能够通过互联网开放获取的国内高校机构库资源包括北京大学开放研究平台、兰州大学机构知识库、西北工业大学机构知识库、武汉大学机构知识库、大连理工大学机构知识库、中国农业大学机构知识库、厦门大学学术典藏库、辽宁大学机构知识库、四川大学机构知识库、南京大学机构知识库、北京理工大学机构知识库、北京师范大学学术成果库、东南大学机构知识库、安徽大学机构知识库等。

(2)学科知识库

学科知识库(Disciplinary Repository 或 Subject Repository)，又名学科存储库、学科库、学科仓储等，是指用以收集、存储和免费开放提供关于某一个或多个学科文献资源的知识库。学科知识库具有如下特点③：

①学科性。学科知识库往往是提供学科领域的信息资源，特别是学术资源。

②自存储性。学科知识库主要采取自存储方式进行资源建设。

③多样性。学科知识库收录的资源类型丰富，不仅包括学术论文、会议论文与学位论文，也包括实验数据、调查数据等各种科学数据以及研究报告、调研报告等多种信息资源。

④开放性。学科知识库的内容对全球用户免费开放。

学科知识库和机构知识库具有同等重要的地位，两者都能够提供学术资源的免费获取，促进数字信息资源的长期保存。不过，学科知识库和机构知识库有如下差异：

---

① Allen C, Mehler D M A. Open science challenges, benefits and tips in early career and beyond[J]. PLOS Biology, 2019, 17(5): e3000246.

② OECD. The digitalisation of science, technology and innovation: key developments and policies[M]. Paris: OECD Publishing, 2020.

③ 胡芳. 学科存储库及相关概念辨析[J]. 图书馆, 2016(1): 49-51.

①学科知识库主要收集、保存与提供学科信息资源，机构知识库主要收集、保存与提供机构内部成员的学术成果与学术信息。

②学科知识库资源建设主要采用自存储方式，机构知识库资源建设方式包括自存储、开放获取期刊和其他知识组织方式。

③学科知识库资源大部分是预印本论文、工作文档或实验数据，也包括正式出版物；机构知识库资源大部分是正式出版物，主要是已发表的学术期刊论文和会议论文。

④学科知识库的起步比机构知识库更早。1991 年诞生了首个学科知识库 Arxiv，而机构存储库是在学科存储库发展 10 年后才诞生的。机构库的雏形是 2001 年创建的俄亥俄州立大学知识库。

⑤目前全球机构知识库的数量远远超过学科知识库数量。根据开放获取仓储登记平台 OpenDOAR 的统计，截至 2022 年 7 月 30 日，该平台共收录 5902 个开放知识库，其中机构知识库 5242 个，学科知识库 372 个。① 由此可见，机构知识库数量显著超过学科知识库数量。

⑥目前学术界对机构知识库比学科知识库更为关注，机构知识库研究成果远超学科知识库研究成果。

(3) 自建的特色数据库

特色数据库是指图书馆针对用户的信息需求，以某一学科、专题、地域特色文化、人物等为研究对象，对信息资源进行收集、分析、评价、整理、存储，并按照一定的标准和规范化要求，建立的数字化信息资源数据库。② 特色数据库建设一般是图书馆依据学科特色资源(重点学科教育特色或交叉学科、前沿学科特色)、地方特色(地域或历史人文特色等)、馆藏特色(作为独有某馆藏特色的图书馆或仅有的几个拥有某馆藏特色资源的图书馆之一)进行数据库选题，并将该资源数字化、分析组织后录入计算机形成特色数据库，并投入服务以供用户利用。

特色数据库可分为多种主题类型③，包括：

---

① OpenDOAR Statistics [EB/OL]. [2022-7-30]. https://v2.sherpa.ac.uk/view/repository_visualisations/1.html.

② 范亚芳，郭太敏. 特色数据库建设若干问题研究[J]. 情报理论与实践，2008，31(4)：550-553.

③ 崔宇婷. 我国省级公共图书馆特色数据库建设与发展研究[D]. 哈尔滨：黑龙江大学，2021.

①馆藏特色文献数据库。馆藏特色文献数据库是将本馆原有特色馆藏资源经过数字化而建立的特色数据库，如吉林省图书馆人物口述历史多媒体资源库、天津图书馆民俗地方志、安徽省图书馆馆藏历史人物手札数据库等。这些数据库都反映了各个省级公共图书馆的特色数据库的内容。

②地方文化特色数据库。地方文化特色数据库是以地方文化、艺术、美术、习俗等为主要内容建立起来的特色数据库，能够反映当地的历史文化、语言习惯、文化遗产、风景名胜等，具有一定的地方性、价值性与特色性，如吉林省图书馆二人转数据库、河北省图书馆戏曲数据库、安徽省图书馆戏曲艺术普及资源库、陕西省图书馆佛教文化数据库、江西省图书馆景德镇陶瓷数据库等。

③专题特色数据库。专题特色数据库是以反映某个专题或重大事件、历史事件、人物、活动等而建立起来的特色数据库，如民族专题特色数据库、红色文化专题特色数据库、人物专题特色数据库等。民族专题特色数据库是依据当地的民族文化与民族分布特点而建设的数据库，如吉林省图书馆朝鲜族专题数据库、内蒙古图书馆达斡尔族资源库、四川省图书馆藏族唐卡资源库等数据库。红色历史文化特色数据库是为了记录抗战时期等历史事件，增强公民爱国意识的资源库，如吉林省图书馆红色历史文化专题数据库、内蒙古图书馆红色革命数据库、陕西省图书馆延安精神数据库、湖北省图书馆红色历史文化数据库等。人物专题特色数据库是指某个人物或者某一类人物对当地的发展有重要影响，以此纪念该人物的数据库，如浙江省图书馆中国名人图像数据库、孙中山多媒体资源库以及陈忠实纪念专题数据库等。

④经济发展与参考特色数据库。经济发展与参考特色数据库是指为支持本地经济发展、决策、政府信息公开等而建立起来的特色数据库，如海洋经济特色专题数据库等。

⑤公共文化教育特色数据库。公共文化教育特色数据库是指向用户传授公共文化知识的特色数据库。其主要目的是满足大众不断增长的对知识与文化的需求，如梅州客家山歌文化专题数据库、首图讲坛资源库等。

⑥生态环境特色数据库。生态环境特色数据库是以反映生态环境状况、资源分布与变化规律而建立起来的特色数据库，它能揭示当地地貌、地质与环境状况等，如寒地黑土农业技术开发利用数据库、长白山动植菌物图片数据库、生态环保图书馆全文库等。

(4) 自建的其他数字信息资源

自建的其他数字信息资源，范围比较广泛，类型众多，通常包括通用数据库、网络资源导航数据库两大类。通用数据库的资源虽然大部分是机构自有的，但内容方面却是通用的，而不是独有的或具有显著特色的，如馆藏书目数据库、期刊目次数据库、新书全文数据库，随书光盘与磁带等非书资料数据库、音频视频资源库、电子剪报库、新闻数据库、考研试题库等。

网络资源导航数据库是以某专题或某学科为单元对互联网上的相关网站或专业信息资源进行搜集、整理、描述、组织和序化，并对其进行简要的内容揭示，建立分类主题资源体系、动态链接和检索平台，并通过网络为用户提供信息资源导航与检索利用的数据库系统。其主要形式是学科导航库，内容覆盖相关学科领域的学术信息资源、学术组织与研究机构、专业站点、专家学者、学会协会、会议信息、产品市场、论坛等方面。需要注意的是，网络资源导航数据库虽然可能也具备学科特色或专题特色，但其只是对网络上的信息资源进行导航，并非真正意义上的文献信息资源库，也不属于特色数据库。①

1.3 信息资源建设相关理念

了解信息、信息资源的概念与类型，是开展信息资源建设的前提。但若要明白为什么要进行信息资源建设和如何进行信息资源建设，还必须知道信息资源建设的定义、内涵与意义等方面的知识。

1.3.1 信息资源建设的定义与内涵

信息资源建设是指人类对处于无序状态的各种媒介信息进行选择、采集、组织和开发等活动，使之形成可资利用的信息资源体系的全过程。② 这一定义有以下三层含义：

①信息资源建设对象是处于无序状态的各种媒介信息。

① 刘葵波. 特色数据库及其相关概念辨析[J]. 图书馆建设，2015(4)：14-17.

② 图书馆·情报与文献学名词审定委员会. 图书馆·情报与文献学名词[M]. 北京：科学出版社，2019：49.

“各种媒介信息”包括印刷型信息资源(纸本信息资源)和非印刷型信息资源。在21世纪之前，传统图书馆信息资源建设的重点是纸本信息资源，特别是纸本图书、期刊、报纸、学位论文、研究报告等。但进入21世纪后，随着数字图书馆的快速发展，各种数字信息资源不断涌现，数字馆藏建设成为当代信息资源建设的重点领域。不管是纸本信息资源，还是数字信息资源，它们往往分布与收藏在不同地点、不同机构，处于无序状态。这些无序状态的媒介信息分布广而散，内容繁杂，质量参差不齐，一般用户无法获得与有效使用它们。这亟须图书馆广泛收集、组织、整理无序的信息资源，使其实现有序化，为用户高效使用各种信息资源提供便利。

②信息资源建设是规划、选择、采集、开发、组织、描述、配置、整合、共享、评价、利用信息资源等一系列活动的总称。

信息资源建设并非仅仅是开发信息资源，而是规划、选择、采集、开发、组织、描述、配置、整合、共享、评价、利用信息资源等一系列活动的总称。信息资源规划是以整合信息资源、优化管理和服务为目标，对信息资源采集、处理、传播和利用等过程的全面长远的发展计划，旨在复杂信息环境下保证信息流的畅通和信息资源的有效利用。① 信息资源选择是指图书馆工作人员需要根据机构任务、使命与用户需求，从浩瀚的信息源中通过甄别、评价等挑选出符合需要的、有价值的信息。信息资源采集是指图书馆工作人员采用一定的方式和途径，按照一定的程序和规则收集经过选择的信息资源的过程。② 信息资源开发可从广义与狭义来理解：广义的信息资源开发是指包括对信息本体的开发、信息技术的研究、信息系统的建设、信息设备的制造以及图书馆建立、信息规则制定和信息人才培养等在内的行为；狭义的信息资源开发是指信息资源的生产、搜集、组织、存储、检索、传播、评价和利用等活动。③ 信息资源组织是指使信息有序化和优质化的过程，即利用一定的科学规则和方法，通过对信息外在特征和内容特征进行揭示和描述，实现无序信息流向有序信息流的转换，从而使信息集

① 图书馆·情报与文献学名词审定委员会. 图书馆·情报与文献学名词[M]. 北京：科学出版社，2019：51.

② 肖希明. 信息资源建设(第2版)[M]. 武汉：武汉大学出版社，2020：181.

③ 图书馆·情报与文献学名词审定委员会. 图书馆·情报与文献学名词[M]. 北京：科学出版社，2019：51.

合达到科学组合，实现有效流动，促进用户对信息的有效获取和利用。① 信息资源描述是基于信息资源组织和检索的需要，根据一定的规则和标准，对信息资源的主题内容、形式特征、物质形态等进行分析、选择和记录的活动。② 信息资源配置可从广义与狭义来理解：广义的信息资源配置是指将有用的信息及其与信息活动有关的信息设施、信息人员、信息系统、信息网络等资源在数量、时间、空间范围内进行匹配、流动和重组的过程；狭义的信息资源配置是指将有用的信息在不同的时间和不同地区、不同行业、不同部门进行分配、流动和重组的过程。③ 信息资源整合是根据一定需要，对各个相对独立的信息资源系统中原本离散、多元、异构、发布的数据对象、功能结构和信息资源通过逻辑或物理的方式进行融合、类聚和重组，重新结合为一个新的有机整体，形成一个效能更好、效率更高的信息资源体系，从而保证信息资源得到更好的管理与利用的过程。④ 信息资源共享是指图书馆在自愿、平等、互惠的基础上，通过建立图书馆与图书馆之间和图书馆与其他相关机构之间的各种合作、协作、协调关系，利用各种技术、方法和途径，开展共同揭示、共同建设和共同利用信息资源，以最大限度地满足用户信息资源需求的全部活动。⑤ 信息资源评价是运用科学的评价指标、标准和方法，对信息资源的特征、质量、价值与应用进行定性或定量的评估工作。信息资源建设是信息资源管理的一种核心业务与活动。

③信息资源建设目的是形成可资利用的信息资源体系，更好地满足用户的信息需求。

信息资源建设的主要目的是更好地满足用户的信息需求，形成可资利用的信息资源体系。这种信息资源体系既应该是资源丰富的，能较好地为各种用户提供其所需的不同信息，也应该是有质量保障的，通过精心选择

① 图书馆·情报与文献学名词审定委员会. 图书馆·情报与文献学名词[M]. 北京：科学出版社，2019：96.

② 图书馆·情报与文献学名词审定委员会. 图书馆·情报与文献学名词[M]. 北京：科学出版社，2019：96.

③ 图书馆·情报与文献学名词审定委员会. 图书馆·情报与文献学名词[M]. 北京：科学出版社，2019：51.

④ 图书馆·情报与文献学名词审定委员会. 图书馆·情报与文献学名词[M]. 北京：科学出版社，2019：106.

⑤ 程焕文，潘燕桃. 信息资源共享(第2版)[M]. 北京：高等教育出版社，2016：20.

与认真鉴别，排除那些杂乱无章、纷繁无序、可信度低、被污染的信息资源，使提供利用的信息资源达到较高的精度与信度；还应该是使用方便的，能提供易学易用的检索系统，保证用户可以迅速、方便地获取其所需的信息资源。具体对于某个图书馆来说，信息资源建设就是需要根据特定的目的，将不同内容、不同层次、不同载体、不同时间、不同语种的信息资源组成一个相互联系、相互依存的信息资源体系，以满足其服务对象的信息需求；而对于一个地区或整个国家来说，信息资源建设就是要对该地区或整个国家范围内的信息资源进行统筹规划、合理配置、科学布局，从而使其可以最大限度地满足该地区用户或整个社会的信息需求。①

1.3.2 信息资源建设概念的演变

信息资源建设概念的演变经历了如下四个阶段：

(1)图书访求

信息资源建设概念的历史渊源可追溯到古代的“图书访求”和“藏书采访”。在古代图书馆时期，由于社会生产力低下，文献类型单一、数量很少，图书是主要的文献类型。一些藏书楼(早期的图书馆雏形)的主要任务就是访求图书，以尽可能地收集图书，增加馆藏。②

(2)藏书建设

藏书建设又称“馆藏建设”，是指图书馆依据用户需求，系统地建立、发展、规划、组织藏书体系的全过程，包括藏书规划、藏书选购、藏书剔旧、藏书补充、藏书管理、藏书评估、馆际合作等。③ 20 世纪 50 年代，我国图书馆界开始使用“藏书建设”这一专业术语，此时一般认为“藏书建设”是作为“藏书补充”或“藏书采访”的同义词来使用。到 20 世纪 60 年代，藏书建设的概念开始从特指“藏书补充”或“藏书采访”发展到泛指藏书收集、组织、典藏、布局等藏书管理的整个过程。20 世纪 70 年代以后，藏书建设的内涵与外延有了进一步的发展，并形成了一个较为完整的概念，即藏书建设是图书馆根据其性质、任务和读者需求，制定相应的藏书收集范围、

---

① 肖希明. 信息资源建设(第 2 版)[M]. 武汉：武汉大学出版社，2020：24.

② 代根兴. 数字时代的图书馆信息资源建设[M]. 北京：北京图书馆出版社，2006：12.

③ 图书馆·情报与文献学名词审定委员会. 图书馆·情报与文献学名词[M]. 北京：科学出版社，2019：49.

采访原则，有计划地、科学地进行选择、收集、组织、保管、复选、剔除藏书，系统地研究、规划、建立、组织和发展藏书结构体系的全过程。①

(3)文献资源建设

"文献资源建设"出现在20世纪80年代中期，其含义是指图书馆依据其服务任务与服务对象以及整个社会的文献信息需求，系统地规划、选择、收集、组织管理文献资源，建立具有特定功能的、可资利用的文献资源体系的过程及活动。② 文献资源建设理论是对藏书建设理论的丰富和发展。一方面，它突出强调了文献收藏的整体观念；另一方面，它推动了文献共享的进程，确立了资源观念和特色观念，具有重要的意义。

(4)信息资源建设

信息资源建设概念的提出始于20世纪90年代，它的提出是在网络化快速发展的趋势下，信息资源不断增多、图书馆服务方式变化巨大以及新技术不断发展等现实情况带来的必然结果。信息资源建设是人类对处于无序状态的各种媒介的信息进行有机集合、开发和组织的活动，与文献资源建设和藏书建设是包容的关系，分别对应着宏观层面、中观层面和微观层面。③ 从对象、手段和目的的角度来归纳，可以认为，信息资源建设是指人类对处于无序状态的各种媒介信息进行选择、采集、组织和开发等活动，使之形成可资利用的信息资源体系的全过程。

1.3.3 信息资源建设的意义

信息资源建设对于社会、经济、文化、科技的发展，都具有极其重要的基础作用，主要包括：

①信息资源建设使无序的信息成为可以利用的重要资源，为社会的发展和进步提供不竭动力。科学技术的快速发展、人类知识的加速积累以及信息传播渠道的不断增加，使得我们每天都会接触到大量的信息。我们一般认为，无序的、混乱的、人们难以利用的信息不是真正意义上的资源。

---

① 李芳，彭佳，杨眉，等. 学科信息资源建设方法[M]. 上海：上海交通大学出版社，2012：6.

② 图书馆·情报与文献学名词审定委员会. 图书馆·情报与文献学名词[M]. 北京：科学出版社，2019：49.

③ 高波，吴慰慈. 从文献资源建设到信息资源建设[J]. 中国图书馆学报，2000(5)：22-25.

只有对信息进行了选择、采集、组织和开发等工作，建立了信息资源体系后，信息才可以更好地满足人们和社会的信息需求，才有可能作为生产要素投入社会的生产过程，与传统的物质资源和能量资源相结合，进一步提升社会生产力，为社会的发展和进步提供不竭动力。信息资源在当今的时代价值不言而喻。

②信息资源建设促进信息资源的深层次开发和共享，提升了人们使用信息的效率，降低了人们的信息使用成本。在现代技术的支持下，信息资源建设对于信息资源的开发不断深化，对于信息的揭示从简单的形式特征的描述，深化到了信息内容的挖掘呈现。信息资源建设构建的数据库覆盖了文字、数字、图像、声音、动画等。可视化分析技术的使用使得人们对于信息整体性的把握更加方便快捷，人们可以从更加宏观的角度了解特定主题或特定学科的发展现状及态势。开放获取运动进程的推动使得越来越多的信息资源的低价甚至免费获取成为可能。人们使用信息的效率不断提升，主要体现在人们选择、获取信息所需花费的时间大大减少，与此同时，人们获取信息的时间成本、金钱成本等得到了很大程度的降低。

③信息资源建设为各类信息服务机构提供了丰富的资源保障，使得基于信息提供的各类服务工作得以顺利开展。信息服务机构是为社会公众提供信息保障或依据用户的需求使用特定的手段和方法提供信息产品的专业机构。信息服务机构职能的发挥离不开有序的、优质的、丰富的信息资源的支持，因此信息资源建设是基于信息提供的各类服务工作得以顺利开展的前提和基础。① 在具有代表性的信息服务机构——图书馆的实际工作中，馆藏资源建设往往是其年度规划的重要组成部分。

④信息资源建设对于我国综合国力的提升和经济社会的发展具有特殊的意义。在大数据、物联网、云计算、人工智能等信息技术不断进步的当下，信息资源的开发和利用对于经济社会的发展和科学技术的进步有着巨大的意义。信息资源建设是信息资源开发和利用的前提，在中国国家信息化体系六大要素中，信息资源已经占据了独特的中心地位，② 它的开发和利用是国家信息化的核心任务，其开发和利用的程度也已经成为衡量国家信

① 金胜勇，锅艳玲，陈则谦. 信息资源建设[M]. 北京：科学出版社，2017：17.

② 马海群. 数字信息资源的国家宏观规划与管理[M]. 北京：知识产权出版社，2010：1.

息化水平和综合国力的重要维度。

1.3.4 信息资源建设的主要内容

信息资源建设的最终目标是形成可资利用的信息资源体系，因此，信息资源建设的主要内容应包括围绕这个体系的形成和优化而开展的所有活动。它主要包括如下七个方面内容：

(1)信息资源体系规划

信息资源体系是指信息资源各要素相互联系、相互作用而形成的具有特定功能的有机系统。信息资源体系规划是根据信息资源体系最终实现的功能要求，来从微观和宏观层次来设计整个体系结构。① 微观层次上的信息资源体系规划，是每一个图书馆根据其性质、任务和读者需求，确定信息资源建设原则、资源收集的范围、重点和采集标准与流程，制定信息资源建设计划，明确各类型信息资源的种类、数量、比例与层次级别，形成重点突出、特色鲜明的信息资源体系。宏观层次上的信息资源体系规划，是指从一个系统、一个地区或国家出发，对信息资源建设进行统筹规划、合理配置、科学布局，确定各种类型图书馆在信息资源建设上的分工与合作，形成一个相互依存、相互联系的整体化、综合化的信息资源体系，以提高信息资源的整体保障能力。②

(2)信息资源的选择与采集

信息资源的选择和采集是信息资源建设的基础工作，主要包括印刷型信息资源、数字信息资源的选择和采集等。印刷型信息资源的选择和采集的主要对象是纸本文献，纸本文献一直是图书馆最基本和最重要的资源，在数字化时代纸本文献依然具有不可替代的作用；数字信息资源的选择和采集的主要对象是各种类型的文献数据库，包括单机版的光盘数据库、非联机的电子数据库、网络数据库。图书馆也需要选择与采集一些缩微资料、音频资料、视频资料，以丰富馆藏资源和满足某些用户的特殊需求。信息资源的选择和采集是图书馆的重要工作，也是图书馆服务的基础。图书馆在信息资源的选择和采集过程中，需要重视用户需求以及采集的信息资源的质量，同时也要注意对成本的控制，避免造成资源浪费。

---

① 肖希明. 信息资源建设(第2版)[M]. 武汉：武汉大学出版社，2020：29.

② 肖希明. 信息资源建设(第2版)[M]. 武汉：武汉大学出版社，2020：30.

(3)馆藏资源数字化

馆藏资源数字化是网络环境下信息资源建设的重要组成部分。随着扫描技术、存储技术、多媒体技术、文字识别技术等的不断进步和发展，馆藏资源的数字化程度也正不断加深。馆藏文献的数字化，有利于充分发挥图书馆的文献优势，丰富数字图书馆资源的品种与数量，开发特色数据库，促进馆藏资源的共享，提升馆藏资源的利用率，为图书馆开展特色信息服务创造条件。

(4)数据库建设

数据库建设是信息资源建设的核心内容。图书馆的数据库建设主要包括书目数据库建设和特色数据库建设。书目数据库是由代表文献著录特征信息构成的数据库，通常可以通过作者、题名、主题词和关键词等进行检索，是检索和利用本馆信息资源的基础，也是联机编目和联合目录数据库建设的核心构件。特色数据库是能充分反映本单位在同行中具有文献和数据资源特色的信息汇总，是图书馆在充分利用自己的馆藏特色基础上建立起来的一种具有本馆特色的数据库。① 特色数据库是图书馆特色资源的集中反映，是图书馆提升社会影响力和信息服务竞争力的核心资源。

(5)网络信息资源开发与利用

在网络环境下，图书馆对互联网信息资源进行开发组织，是信息资源建设的另一项重要工作。开发组织发布在全球的网络信息资源，并使之成为自己的虚拟馆藏，既可以丰富馆藏资源，也可以帮助用户获取通过其他途径(如购买商业数据库)无法获得的信息资源，从而更好地满足用户对各种信息资源的需求。这种网络信息资源开发与利用，主要是根据用户的需求与信息资源建设的需要，搜索、挖掘、选择互联网中的信息资源，然后下载到本馆数据库，经过分类、标引、组织，或与本馆界面或数据库建立链接，通过图书馆网络或其他方式提供给用户。随着开放获取运动的不断发展，开发与利用开放获取资源已成为网络信息资源建设的一项重要工作。

(6)信息资源的组织管理

信息资源的组织管理主要包括对本馆拥有的信息资源和可存取的信息资源的组织管理。一方面，图书馆需要对入藏的文献信息资源进行加工、

① 图书馆·情报与文献学名词审定委员会. 图书馆·情报与文献学名词[M]. 北京：科学出版社，2019：93-94.

整序、布局、排列、清点、保护和剔除，以构建满足用户信息需求的实体馆藏，并保证这些信息资源处于最佳可利用状态。另一方面，图书馆需要进行数字馆藏管理。数字馆藏是图书馆通过购买、租用、自建等方式提供给用户的能够实现稳定信息服务的数字信息资源，包括图书馆购买、租用的数字信息资源(如各种商业文献数据库)和图书馆对馆藏资源进行数字化或通过网络信息资源开发与组织而形成的数字信息资源。数字馆藏不同于传统的纸本藏书，其管理具有如下特征①：①需要专用的、可扩展空间的、相对稳定的大容量存储设备存放数字馆藏，如镜像服务器、磁盘阵列、存储池等，要求存储设备具有可置换功能和保证资源安全的性能。②需要对各种类型的数字馆藏进行信息资源与功能的整合，实现数字信息资源的集成与标准化处理以及内容管理。③需要设计与运行界面友好、一站式集成检索系统或数字图书馆平台，将数字馆藏有效组织起来提供给用户使用。④充分采用先进的数字技术、网络系统架构与实用的管理软件，来为数字馆藏管理提供技术保障。

(7)信息资源共建共享

信息资源共建是实现信息资源共享的基础，它们之间的关系密不可分。要实现资源共享，必须合理安排整体布局与图书馆之间的分工协作，以此作为重要的信息资源保障，同时充分利用信息网络、公共查询以及馆际互借等功能搭建信息共享系统。② 在具体实践中，目前国际上最成功的信息资源共建共享系统是美国联机图书馆中心(OCLC)系统。它已发展成为世界上最大的图书馆自动化网络。③ 信息资源共享是图书馆奋斗的重要目标和努力方向，它有利于公民更加平等、高效、全面地获取各类信息资源，具有非凡的意义和重要的价值。我国开展了不同类型、不同层面、不同范围的信息资源共建共享实践，如科技部主管的国家科技图书文献中心(National Science and Technology Library，NSTL)，文化和旅游部倡导的“文化信息资源共建与共享工程”，教育部领导的“中国高等教育文献保障系统(China Academic Library & Information System，CALIS)”“大学数字图书馆国际合作

---

① 殷银芳. 传统藏书理论与数字馆藏管理[J]. 图书情报知识，2004(3)：19-21.

② 江莹. 基于信息资源建设与读者服务的高校图书馆发展研究[M]. 长春：吉林大学出版社，2020：28.

③ 袁曦临. 信息资源共建共享模式及其理论基础研究[J]. 图书情报工作，2008，52(9)：102-105.

计划(CADAL)”“中国高校人文社会科学文献中心(China Academic Humanities and Social Sciences Library, CASHL)”,中国科学院主管的“中国科学数字图书馆(Chinese Science Digital Library, CSDL)”,以及国家级科学数据信息资源共享平台,如“国家基础学科公共科学数据中心”“中国科技资源共享网”等。这些国家层次的信息资源共建共享极大地促进了全国范围内的信息资源建设与广泛利用。

2 信息资源建设的理论基础与基础理论

信息资源建设是一种实践性很强的业务活动，但并非纯技术性的操作，而是与许多理论有紧密的联系，它们奠定了信息资源建设的理论基础。同时，信息资源建设也具有自身的基础理论，它们可以为实践提供原理、方法、流程与操作等方面的指导。本章主要阐述信息资源建设的理论基础、基础理论及信息资源建设原则。

2.1 信息资源建设的理论基础

信息资源建设作为信息资源管理学科中的一个重要分支领域，与价值哲学、系统科学、经济学等都有着密切的联系，这些学科为信息资源建设提供了重要的理论支撑。

2.1.1 价值哲学

价值哲学，又名价值论，是以马克思主义哲学基本理论为指导，研究一般价值问题的哲学分支学科。现实生活中，各个领域都存在价值问题，如伦理价值、文化价值、政治价值、经济价值、美学价值、教育价值和心理价值等。不同领域，其价值不同。价值哲学正是研究贯穿各个领域的一般价值的学科。价值是相对于一定主体而言的，因人而异；价值不是事物固有的属性，而是在主客体关系中产生的；价值具有多元性、多维性和时效性。价值的多元性是指在相同环境下，客体对于主体的价值是不一样的，这主要是由主体的需要不同而导致的。在价值多元性的客观现实下，需要坚持价值的自我主体性。价值的多维性是指个人或者人的社会共同体，它自身结构和规定性的每一点、每一方面和每一过程，都会产生对客体的需要，都可能形成一定的价值关系。价值的多维性是人的本质的全面性和人的发展的全面性的体现。价值的时效性是指每一种具体的价值都具有主体的时间性，随着主体的变化和发展。价值的时效性根源于人们的价值判断不断地改变、更新和提高，取决于主体需要的不断增长和能力的不断提高。①

价值哲学(价值论)是信息资源建设的逻辑起点。这是因为信息资源是具有价值的，这一判断是信息资源建设理论与实践发展的基础。依据价值论思想，从信息资源概念的角度出发，不是所有的信息都是信息资源，有用的信息才可以成为资源，无用的、过时的、虚假的信息都不是信息资源。成为信息资源的一个必要条件是，该信息必须是可以用来创造价值的。国内学者认为：一切信息资源都是有用的②；信息资源既是人类进行知识创新的前提，也是知识创新的产物和成果，信息资源构成了信息文明时期一切社会组织和社会关系的主要基础③。美国著名图书馆学家麦维尔·杜威(Melvil Dewey)在1876年美国图书馆协会成立大会上提出以“最好的图书，最多的读者，最少的开支”④作为图书选择的准则。印度著名图书馆学家阮冈纳赞(S. R. Ranganathan)1931年提出了“图书馆学五个定律”，其中包括“书是为了用的”“每本书有其读者”。这说明图书等各类信息资源是有价值的，这也是早期信息资源价值观的经典描述。价值哲学(价值论)奠定了信息资源价值的理论基础，不仅有助于明确信息资源建设的价值导向，制定科学的信息资源建设的政策与方案，而且有助于挖掘与利用信息资源的自然价值、经济价值、人文价值与社会价值等，助力信息资源成为社会、经济、文化和科学技术发展不可缺少的物质基础。

2.1.2 系统科学

系统科学是以系统现象或系统问题为研究对象的学科。⑤ 系统科学是

① 刘绍怀. 论价值观研究[M]. 昆明：云南大学出版社，2017：51-53.
② 程焕文，潘燕桃. 信息资源共享(第2版)[M]. 北京：高等教育出版社，2016：22.
③ 杨文祥. 信息资源价值论[M]. 北京：科学出版社，2007：5.
④ 黄宗忠. 论图书采访学[J]. 图书馆，1997(4)：4-11，14.
⑤ 苗东升. 系统科学论[J]. 系统辩证学学报，1998，6(4)：7-15.

20世纪40年代后兴起的一门具有重大理论与方法意义和很强实用性的综合型和横断型的科学技术，现已形成了一个庞大的学科群，其中包括系统论、控制论、信息论、运筹学、系统工程、散耗结构理论、协同论、突变论、超循环论、混沌理论等。系统科学的崛起是20世纪继相对论和量子力学之后的又一次科学跃进，它改变了人们认识世界的视角，为人们提供了一套崭新的思维方式和科学的组织管理方法，极大地推动了科学技术和社会生产力的发展。①

系统是至少由两个或若干相互联系、相互作用、相互制约的要素组成的具有特定功能的有机整体。系统科学包含三个理论层次：①系统科学的工程技术层次，主要包括各门系统工程、自动化技术、通信技术。②系统科学的技术科学层次，主要包括运筹学、信息论、控制论，还有设计、组织和实施各种系统工程技术所需要的、特有的专业学科基础。③系统科学的基础科学层，即系统学。②

系统科学在方法论上具有如下多种特征③：

①整体性。始终把研究对象视为一个整体，认为系统在整体水平上的性质和功能不等于其组成部分孤立状态时性质和功能的叠加。

②联系性。明确系统各要素之间、系统和环境之间，存在着相互联系、相互作用的关系，要求对任一客观对象的研究都必须从其结构、成分、功能、相互联系的方式及其历史发展等多方面进行关联分析与综合性研究。

③有序性。明确组成系统的各要素之间相互联系和制约的关系是有规律、有秩序的。

④动态性。明确系统各要素之间、要素与系统之间、系统与环境之间都存在着物质、能量、信息的流动，系统的平衡和稳定是一种动态的平衡和稳定。

⑤定量化。坚持从定性研究走向定量研究。

⑥最优化。可以根据需要和可能为系统确定出优化目标，运用新技术手段和处理方法，把整个系统逐级分成不同等级和层次，在动态中协调整体和部分的关系，实现总体最优目标。

---

① 高奇. 系统科学概论[M]. 济南：山东大学出版社，2001：前言.

② 张祥生，肖厚智. 系统科学[M]. 武汉：武汉理工大学出版社，2003：30-45.

③ 肖希明. 信息资源建设(第2版)[M]. 武汉：武汉大学出版社，2020：40-46. 沈禄赓. 系统科学概要[M]. 北京：北京广播学院出版社，2000：3，27-29.

从系统科学视角来看，一个国家或一个地区的信息资源就是一个系统。系统科学对信息资源建设的指导意义主要是①：

第一，系统的整体性原则是信息资源共建共享基本的方法论基础。从系统论观点来看，信息资源共建共享的目的就在于充分发挥信息资源系统功能的放大作用，使大系统的功能大于子系统功能之和，这是系统的整体性原则决定的。其具体要求是：

①必须建立信息资源保障体系。一个国家的信息资源建设涉及各种类型的图书馆、文献情报中心、情报研究所、信息中心、数据中心、档案馆、文化馆等众多机构，必须将这些机构组织起来，使之相互联系，建立信息资源保障体系，以充分发挥这个系统"整体大于部分之和"的效应。

②必须建立明确的信息资源保障体系的整体目标，尽可能完整地收集国内外文献资料，能够方便快捷地获取分布在全球的信息资源，最大限度地满足整个社会的信息需求，并保证系统总体的最优化。

③必须使信息资源保障体系的运行与社会环境相适应。信息资源保障体系是在社会大系统中运行的，因此，必然受到社会政治、经济、科学、教育、文化等环境因素的影响和制约。这就需要从我国国情出发，确定我国信息资源保障体系的模式及实现途径，以便充分实现信息资源保障体系的预期目标。

第二，系统的联系性原则是研究信息资源体系结构的理论依据。图书馆信息资源是一个系统，无论是微观的信息资源系统还是宏观的信息资源系统，都是具有一定结构的，即都是由不同学科、不同文种、不同出版形式、不同载体形态的信息资源，按照一定的比例和方式结合起来的具有某种联系与相互作用的信息资源体系。由于系统的结构决定其功能，所以利用系统的联系性原则有助于考察信息资源系统的结构与功能，通过建立健全信息资源结构体系来尽可能地发挥信息资源系统的各种功能，以优化一个国家或地区、机构的信息资源建设。

第三，系统的有序性原则是信息资源建设的基本准则。系统的有序性原则对信息资源建设具有重要指导意义。信息资源建设的实质就是对处于无序状态的信息进行选择、组织、开发，使之形成有序的信息资源系统。系统的有序性要求图书馆对采集的信息资源，要依据一定的技术方法和规

① 肖希明. 信息资源建设(第 2 版)[M]. 武汉：武汉大学出版社，2020：42-46.

范，进行加工、整序。经过程序化的处理过程，使之成为馆藏信息资源体系中的组成部分。有序性原则要求图书馆建立完善的信息检索系统，如联机书目检索系统、全文数据库检索系统和网络导航检索系统，使图书馆拥有或存取的各种信息资源都可通过网络和检索工具方便地被用户有效利用。

第四，系统的动态性原则是信息资源建设的基本法则。系统的动态性原则要求信息资源建设必须遵循动态发展的法则。也就是说，在信息资源建设的过程中，人们需要研究信息资源系统在时间上发展变化的趋势和规律，自觉地调整信息资源系统内部结构及其与外部环境的关系，不断扩充、添加新的信息资源，及时淘汰老化、失效的信息资源，建立起一个充满生机与活力的信息资源系统；也要考察一个国家或地区、机构信息资源建设的用户需求及其变化，动态调整与优化信息资源的空间布局，努力实现全国或本地区、本机构的信息资源共建共享，更好地适应社会信息需求的变化和满足用户的各种信息需求。

2.1.3 经济学

经济学是研究如何实现稀缺资源的最佳配置，以使人类的需要得到最大限度满足的科学。① 资源配置与资源利用是经济学研究的两个基本问题。围绕如何进行资源的优化配置和充分利用，经济学形成了资源配置理论、成本收益理论等分支理论，它们可以为信息资源建设提供理论基础。

(1)资源配置理论与信息资源建设

资源配置(或资源优化配置)是指为最大限度减少宏微观经济浪费和实现社会福利最大化而对现代技术成果与各种投入要素进行的有机组合。资源优化配置是在个别利润率与平均利润率之间的差别中，通过资源投入方向上的不断变化，保持微观经济的竞争优势和实现宏观经济效率的最大化。② 无论是计划经济、市场经济还是混合经济，资源有效配置的概念都是通用的，它是从社会经济效率的角度对一种经济制度、一种经济体制或者一种经济运行机制给出一个基本的价值判断标准，来评价其经济效果。

① 张庆，陈昊平，杨媛媛．经济学基础[M]．北京：北京理工大学出版社，2021：3.

② 周月秋．资源配置理论探索[J]．金融管理科学，1994(2)：9-13，20.

“帕累托最优”是衡量资源配置效率的基本评价标准。它是指这样一种资源配置状态：生产资源的任何重新配置都不可能使一个人的处境变好而又不使另一个人的处境变坏。“帕累托最优”是一种理想境界，可作为一个判断各种资源配置状态的标准，对资源配置状态的任意变化进行“好”与“坏”的判断：如果既定的资源配置状态的任意改变使得社会中至少有一个人的状况变好，同时又没有其他人的状况变坏，则认为这种资源配置状态的变化是“好”的，否则就是“坏”的。①

信息资源是一种重要的经济资源，需要进行有效的资源配置，才能实现信息资源的“帕累托最优”。信息资源配置具有重要的社会与经济利益，这包括：①有效的信息资源配置有利于实现全社会信息资源的合理分布，更好地满足不同地区、不同行业、不同层次的生产者与消费者对信息资源的需求。②有效的信息资源配置有利于最大范围内实现资源共享，避免信息资源贫富不均的两极分化，更好地发挥信息资源在促进社会、经济、文化、科技发展中的独特作用。③有效的信息资源配置有利于防止信息污染，形成合理的信息资源开发与利用机制，实现社会可持续发展。

从经济学视角来看，信息资源建设的实质就是通过一定的调控手段，协调全社会信息资源在时间、空间、部门、数量上的配置问题，使有限的资源产生最大的经济、社会效益。② 其中，信息资源配置的时间问题需要重点处理信息资源的时效性。由于信息资源在不同时间使用产生出来的效益是不一样的，所以需要信息资源能够在其有效期内尽快、尽可能多地被人所利用，从而实现信息资源在时间上的合理与高效配置。信息资源配置的空间问题需要从宏观、中观、微观层次分别处理信息资源在国家、地区、机构的分布与共享，努力实现信息资源共建共享与无障碍最佳利用。信息资源配置的部门问题需要处理跨系统(行业)、同一系统(行业)相同部门或不同部门之间的资源配置，尽量避免信息资源的重复建设，充分实现信息资源在不同部门之间的共享与利用。信息资源配置的数量问题需要结合考虑信息资源的时间、空间和部门配置要求，合理确定不同地区、部门与机构信息资源的数量大小。它以有效满足各种需求和高效利用信息资源为目标，而非信息资源数量在各地区、各部门的绝对均衡。

---

① 查先进. 信息资源配置与共享[M]. 武汉：武汉大学出版社，2008：39.

② 肖希明. 信息资源建设(第2版)[M]. 武汉：武汉大学出版社，2020：46-47.

(2)“成本与收益理论”与信息资源建设

成本与收益理论是一种研究成本、收益的来源、结构及其相互关系与分析方法的经济学理论，又被称为成本收益分析理论。经济学意义上的成本，通常是指厂商为了得到一定数量的商品或劳务所付出的代价。换言之，成本是厂商生产一定数量的商品或提供一定数量的劳务所耗费的生产要素的价值。它包括显性成本和隐性成本。显性成本是指企业从事一项经济活动时所花费的货币成本，包括雇员工资，购买原材料、燃料及添置或租用设备的费用，利息、保险费、广告费以及税金等；隐性成本是指企业使用自有生产要素时所发生的费用。①

收益是指生产上或商业上的收入。通常使用的收益概念分为三类，即总收益、平均收益和边际收益。总收益是指企业出卖产品得到的全部收入，即价格与销售量的乘积。收益中既包括了成本，又包括了利润。平均收益是企业销售每一单位产品平均所得到的收入。边际收益是企业每增加销售一单位产品所增加的收入。然而，收益并不等于利润。收益不是出售产品所赚的钱，而是出售产品所得到的钱。所得到的钱中，既有为购买各种生产要素而支出的成本费用，也有除去成本费用后所余下的利润。收益是产量与价格的乘积。在不同的市场结构中，收益变动的规律并不完全相同，边际收益曲线与平均收益曲线的形状也并不相同。②

成本收益分析法(Cost-Benefit Analysis)是一种对投入与产出进行评估，进而据此作出科学决策的有效分析法。它是对项目或方案所需要的成本(直接的和间接的)同可得到的收益(直接的和间接的)尽可能用同一的计量单位货币分别进行计量，以便从量上进行分析对比，权衡得失。在进行多方案比较时，一般采用三种方法：

①在成本相同的情况下，比较收益的大小。

②在收益相同的情况下，比较成本的大小。

③在成本与收益都不相同的情况下，以成本与收益的比率和变化关系来确定。主要评价指标有净收益和效费比。净收益等于效益(B)减去成本(C)。效益大于零，是产品、项目或方案可行的经济临界线。如果达到相当

① 尹伯成，刘江会. 西方经济学简明教程[M]. 上海：上海人民出版社，2018：115-116.

② 周振鹏，潘小英. 微观经济学[M]. 郑州：河南科学技术出版社，2015：152-153.

或期望的净收益，即为可行方案，否则，为不可行方案。效费比等于效益(B)/成本(C)，效费比大于1，是产品、项目或方案可行的经济临界线；如果达到相当或期望的效费比，即为可行方案，否则为不可行方案。①

信息资源建设必须遵循一个基本的经济学法则——用合理的成本获取尽可能多的收益。虽然我国信息资源建设投入是逐年增加的，但其增长率难以赶上信息资源价格上涨率，更难覆盖日益增多的信息资源和用户需求。经费短缺是信息资源建设面临的全球性难题。因此，如何用有效的经费投入采集尽可能多的信息资源，成为信息资源建设的核心问题。这就需要图书馆采取更科学、合理的信息资源建设方式与方法，如通过建立图书馆联盟、实现信息资源共建共享等，来保障信息资源建设获得最佳的效费比。

(3)二八定律与信息资源建设

二八定律又称为“帕累托法则”(Pareto Principle)，是意大利经济学家、社会学家维尔弗雷多·帕累托(Vilfredo Pareto)发现的一种经济学现象：意大利20%的人口拥有80%的财产。后来，他创造了一个数学公式来描述他的国家财富分配的不平等，这就是著名的帕累托分布(Pareto Distribution)。20世纪40年代末，商业管理顾问朱兰(J. M. Juran)将帕累托的发现概括为“二八定律”，也被称为帕累托法则。②

帕累托法则通常是指80%的输出或结果是由20%的输入或原因产生的，是帕累托分布背后数学原理的简化版本。它经常被用于管理、经济和商业，以提高生产力和做出更好的决定，但也被用于计算科学和人类活动。它有助于认识到大多数结果往往来自少数的投入。适用于帕累托法则的例子有许多，例如，80%的收入来自20%的顾客，20%的产品产生80%的销售额，20%的社会人口拥有80%的财富等。

长期以来，“二八定律”是图书馆进行信息资源建设的最重要理论依据。1969年，美国图书馆学家特鲁斯威尔(R. W. Trueswell)提出馆藏信息资源利用的“二八定律”，即在图书馆的全部馆藏信息资源中，大约有20%是常用的，通常能够满足读者80%的需求，其余80%的馆藏信息资源，仅能满

① 肖道刚. 基于成本—收益理论的上海世博经济影响研究[D]. 上海：华东师范大学，2008.

② Dunford R, Su Q, Tamang E. The Pareto principle[J]. The Plymouth Student Scientist, 2014, 7(1): 140-148.

足读者20%的需求。① “二八定律”可以从以下几方面指导信息资源建设：

第一，规划图书馆信息资源，重点收藏利用率高的核心文献资源。在信息资源采集工作中，应优先采集利用率较高的20%的核心文献资源，以满足读者80%的信息需求，这在图书馆经费、馆藏空间等资源有限的情况下尤其重要。其余利用率不太高的文献可以利用开放获取、馆际互借或其他方式获得。

第二，组织图书馆骨干力量进行信息资源的采集工作。为高效采集20%的核心文献资源，采集人员是工作的关键。这时图书馆应把主要精力放在20%业务骨干的挑选与管理上，注意其思想素质、业务能力与体能，要求采集骨干人员必须具有强烈的全局意识和责任感、事业心，较强的公关能力、协调能力和广博的知识，能够熟悉各种信息源，了解馆藏与用户需求及阅读倾向，保证所购信息资源能最大限度地满足用户需求。②

第三，建设特色馆藏。在20%的核心文献资源建设过程中，更需要重点加强特色馆藏建设。特色馆藏建设应该是实体特色馆藏建设和虚拟特色馆藏建设的结合。一方面努力发掘网上的特色资源，建立自己的特色馆藏；另一方面努力开发自己的特藏数据库，逐步形成本学科或本地区乃至全国或全球独有的特色馆藏。

第四，科学设计馆藏布局。根据“二八定律”，可以对馆藏布局进行优化设计，将用户需求旺盛、利用率很高的文献，采用开架方式，排列在获取路程最短、用户最易接近的书库，或陈列在处于图书馆一层、二层的开架阅览室中。比较常见的一种馆藏布局方式是三线典藏制，它是将全部馆藏信息资源划分为利用率最高、利用率较高、利用率较低三个层次，并依次组成一、二、三线书库，将用户需求很大的、利用率高的、相对少的文献资料集中存储在一、二线书库，将用户需求较少的、利用率低的、相对多的文献资料集中存储在三线书库，从而使用户能够用最少的时间、最少的精力，获得最多的文献资料和信息。③

---

① 潘燕桃. 二八定律与长尾理论在信息资源建设与服务的应用[J]. 山东图书馆学刊，2016(3)：7-10.

② 徐剑，黄秋月. “二八定律”在图书馆管理中的应用[J]. 中国图书馆学报，2007(5)：106-108.

③ 潘燕桃. 二八定律与长尾理论在信息资源建设与服务的应用[J]. 山东图书馆学刊，2016(3)：7-10.

2.2 信息资源建设的基础理论

信息资源建设的基础理论是信息资源管理、信息管理的相关理论，主要包括文献老化理论、布莱德福定律、藏书结构理论等。

2.2.1 文献老化理论

随着科学技术的不断进步发展，新的知识不断产生，旧的知识不断被更新，作为知识记录的载体，文献也会随之发生新陈代谢。文献老化是一种必然的普遍社会现象，它是指科学文献随其“年龄”的增长，其内容日益变得陈旧过时，作为情报源的价值不断减少，甚至完全丧失其利用价值的现象。① 据测算，文献的平均使用有效期是：图书为 10~20 年，期刊与连续出版物为 3~5 年，科技报告为 10 年，学位论文为 5~7 年，技术标准为 5 年，产品样本为 3~5 年。

文献老化理论主要是研究文献资源随着时间的推移，其利用价值与参考价值发生变化的规律。该理论认为，随着时间的推移和科学技术的发展，有些文献资源所含的知识内容有可能失效，有些文献资源所含的知识内容已经被人们普遍接受或者被更新的知识内容所替代，从而导致其内容价值逐渐减少，文献资源的利用率随之下降。虽然某些比较旧的文献仍有一些参考价值，但是由于图书馆任务或用户需求发生明显变化，已经不再符合本馆的收藏范围，这时需要剔除这些已经“老化”的文献资源，腾出存储空间以上架与流通新购文献。

文献老化的主要量度指标有半衰期和普莱斯(D. Price)指数。一般认为，文献半衰期是各学科被利用的文献总量中，一半文献失去利用效益所经历的时间。统计数据显示，不同的学科文献，其半衰期是不同的，且同一学科采用不同的判断文献利用的标准，如以文献是否被引用及引用次数，或以文献在图书馆或相关机构里是否被借阅及借阅次数，依据不同的判断标准所得出的文献半衰期也往往不同。文献半衰期不是针对个别文献或某

① 图书馆·情报与文献学名词审定委员会. 图书馆·情报与文献学名词[M]. 北京：科学出版社，2019：196.

一组文献，而是针对某一学科或专业领域的文献总量而言的。①

普莱斯指数是 1971 年普莱斯对《科学引文索引》所作的统计中发现的：被调查的一年内所发表的文献的全部参考文献有一半是在最近 5 年发表的。基于此，普莱斯认为可以用 5 年作为划分文献利用程度的标准，出版年限小于 5 年的文献称为“现时有用”文献，出版年限超过 5 年的文献称为“档案性”文献，进而提出了一个衡量各个知识领域文献老化程度的数量指标，也就是“普莱斯指数”，其计算公式为：Pr(普莱斯指数)= 出版年限不超过 5 年的被引文献数量/被引文献总量×100%。一般来说，某一学科或领域文献的普莱斯指数越大，半衰期就越短，说明其文献的老化速度就越快。②

文献老化理论可以为信息资源建设提供许多指导：一方面，指导我们判断文献时效、确定文献价值，进行科学的文献评价，及时剔除过时的文献资源，不断补充新的文献资源，优化馆藏文献资源结构和空间布局，提高文献资源的利用率；另一方面，可以帮助我们制定科学的信息资源建设规划与原则，加强馆藏文献资源管理，建立适应学科知识发展与动态的用户信息需求的文献资源体系，更好地满足用户对各种文献或信息资源的需求。

2.2.2 布莱德福定律

布莱德福定律是由英国化学家和文献学家布莱德福(S. C. Bradford)在对书目、文摘等进行大量统计分析的基础上提出来的文献离散定律，他指出：“如果将科学期刊按某一给定学科的论文刊载数量的多少，以递减顺序排列起来，就可以将这些期刊分成专门论述该学科的核心区和包含着与核心区期刊载文量相等的随后几个区，这时各区的期刊数成 $1 : n : n^2 : \cdots$ 的关系。”③n 为布拉德福常数，且 $n>1$。

布拉德福定律表明，每一学科或专业的文献在科技期刊分布中，总是相对集中在少数专业期刊，同时又分散在数量众多的相关专业期刊与相邻专业期刊中。这里少数专业期刊就是专业核心区期刊，数量不多，但学科

① 肖希明. 信息资源建设(第 2 版)[M]. 武汉：武汉大学出版社，2020：52-53.

② 邱均平. 信息计量学[M]. 武汉：武汉大学出版社，2017：50.

③ Brookes B C. Bradford's Law and the Bibliography of Science[J]. Nature，1969，224(5223)：953-956.

文献载文率高、信息量大，期刊影响因子高，与本学科关系密切；相关区期刊种数较多，学科载文率中等，信息量一般，与该学科关系较密切；非专业相邻区期刊，种数很多，学科载文率低，信息量小，与该学科关系较疏远。①

依据布拉德福定律，信息资源选择与采集应该盯住核心期刊，瞄准核心文献，以便用有限的经费获得更高质量、更高利用率的信息资源。因此，布莱德福定律在图书馆信息资源建设，特别是制定合理的文献搜集规划、恰当的经费分配方案以及合适的馆藏文献布局等方面，具有重要的指导意义。

2.2.3 藏书结构理论

藏书结构是运用系统论的观点和方法，从整体角度认识藏书体系内部——各门学科、各种主题、各种水平、各种文种、各种出版类型、各种载体形式的出版物的组织与搭配，寻找它们在内容、形式等方面的联系和关联。这种藏书体系内部各成分之间的相互联系与作用的方式就是藏书结构。② 最佳藏书结构的衡量标准应该是：

①能实现本机构服务目标，满足用户的信息需求。

②馆藏重点突出、特色鲜明。

③能妥善处理不同学科、不同专业藏书的关系，本专业与相关专业藏书的关系，中文与外文藏书的关系，图书的品种与复本的关系。

④能与其他图书馆馆藏资源相互协调，和实现信息资源共享。

决定或影响图书馆藏书结构的因素主要包括：①图书馆的性质与任务；②用户及其需求；③信息资源的出版发行情况和本地区信息资源分布状况；④图书馆采购经费；⑤馆藏空间的大小和布局；⑥图书馆管理者和采访人员的专业素质；⑦其他社会的、政治的、历史的影响因素。

藏书结构理论重点关注藏书的学科结构与等级结构。藏书的学科结构主要考察馆藏资源覆盖的学科范围及其资源数量与比例。藏书的等级结构是对馆藏资源的完备程度与质量水平高低的一种分级描述。美国《藏书发展

① 肖希明. 信息资源建设(第2版)[M]. 武汉：武汉大学出版社，2020：52.

② 庞景安，肖自力. 藏书结构理论研究的进展[J]. 情报理论与实践，1990(2)：36-39.

方针规范指南》提出了5级藏书模式(见表2-1)。

表2-1　美国五级藏书分类①

代　码	级　别	内　容
A	完整级	图书馆在需要的、明确而有限的领域中，尽可能合理地努力搜集全部有意义的著作，包括用各种适用语言记录的知识(出版物、手稿、其他形式)
B	研究级	要搜集学位论文和独立研究所需要的主要资料，包括研究报告、新发现、科学实验结果，以及其他对研究者有用的参考书、专著、期刊、主要的索引和文摘等
C	学习级	能收藏满足大学生课程学习和其他独立学习需求的资料，包括有关专题文献、代表性期刊、参考工具书、重要书目资料等
D	基础级	是高度精选的藏书，用以介绍和认识专题，并指出别处有用的各种情报。包括该领域中重要的字典、词典、百科全书、著作选辑、历史概述、重要书目和重要期刊
E	最低级	图书馆藏书范围之外的专题领域，除基本的参考工具书外，只作少量选购

在信息资源建设过程中，图书馆应该充分利用藏书结构理论，如依据5级藏书模式，结合本馆的主要目标任务和现有的资源条件，制定合理的信息资源建设方案，并在实践工作中依据建设方案进行信息资源的选择、采集、组织与维护，以使本馆的资源可以更好地为用户所使用，真正发挥其价值。

2.3　信息资源建设的原则

随着信息环境与用户需求的不断变化，以及受到国家经济、文化、科技等发展水平的影响，信息资源建设必须重视一些基本原则，以使信息资源建设目标顺利达成。这些原则主要包括实用性原则、系统性原则、特色化原则、经济性原则、针对性原则以及共建共享原则。

---

① 肖自力. 藏书发展方针规范指南[J]. 黑龙江图书馆，1982(2)：48-51.

2.3.1 实用性原则

实用性原则是指图书馆需从用户实际需求出发，对信息资源进行规划、选择、采集、组织和管理，以保障本机构可以最大限度地满足用户的信息需求。实用性原则是信息资源建设的基本原则。实用性原则要求以用户的实际信息需求为导向开展信息资源建设工作。需求导向强调市场调研，分析用户需求，并根据未来的需要做出分析和判断，为用户创造和提供满足其需求的产品或服务。① 进行用户信息需求调研是进行信息资源建设体系规划和开展信息资源建设工作的前提和基础；以用户为中心是信息资源建设需求导向的出发点和立足点。实用性原则是一种以人为本、以用户为中心的资源建设准则，而不是以信息资源或信息系统为中心的开发理念。

实用性原则可以指导不同类型的图书馆信息资源建设。在我国，公共图书馆、高校图书馆和科研机构图书馆被称为图书馆事业的三大支柱。公共图书馆是由公共税收或公益资金依法建立，面向社会开放，可以免费借阅文献资源的图书馆，具有保存人类文化遗产、开展社会教育、传递科学信息和开发智力资源的职能。② 大型综合性公共图书馆应是地区的文献信息枢纽，具备向人们提供全球信息资源的能力，承担传递科学信息和开发智力资源的职责，因此，这类图书馆应加强数字信息资源建设，保证全球信息资源的拥有率。中小型公共图书馆的主要任务是为地方经济和文化发展服务，普及科学文化知识、丰富群众文化生活、满足群众阅读需求，因此，这类图书馆需要重视符合地方经济和文化发展的有关信息资源，广泛了解群众的需求并据此收集能满足群众学习、阅读需要的信息资源，注重信息资源的综合性和广泛性。高校图书馆是由大学建立并管理的图书馆，负责收集、整理各种文献资料，以满足其学生和教职工对教学及研究的需要。高校图书馆藏书注重对学术性、技术性、知识性较强的信息资源的收藏，长期以来各馆都已形成了具有自身特色的系统化馆藏。③ 高校图书馆在信息资源开发的过程中，应立足现实，注重馆藏建设与学校发展及学科发展的

① 肖希明，黄连庆. 以需求为导向的数字信息资源开发[J]. 中国图书馆学报，2007(6)：65-68，87.

② 吴慰慈，董焱. 图书馆学概论[M]. 北京：国家图书馆出版社，2018：105-106.

③ 刘艳明. 高校图书馆数字信息资源建设的原则探讨[J]. 情报杂志，2004(7)：121-122.

一致性，使馆藏资源更好地促进学校的教学与科研的发展与进步。科研机构图书馆又称专业图书馆，是主要致力于某些学科或主题领域专业文献的收集、整理和加工，为相关领域人士提供深度信息服务的图书馆。科研机构图书馆提供深度信息服务的前提是拥有前沿的、具有权威性的、广泛全面的信息资源，因此，这类图书馆应更加注重外文信息资源的收集，关注相关领域全球的前沿动态，为用户提供信息服务。

2.3.2 系统性原则

系统性原则是指以系统的观念与系统科学的方法，处理信息资源系统各要素之间以及信息资源系统与环境之间的相互联系与作用，保证有序、高效地进行信息资源建设。系统性原则要求信息资源建设应该注重如下几方面问题①：

①要求重视科学知识的系统性。随着人类社会的进步和科学技术的不断发展，学科的分化越来越细，各门类知识相互渗透、交叉，形成了大量的边缘学科、交叉学科、横断学科，从而形成了一个纵横交错的客观知识体系。要科学完整地反映信息资源知识内容内在的系统性，必须对浩瀚的信息资源进行系统的选择、采集、组织和开发，使图书馆收藏的各学科信息资源能真正反映该学科的发展历史、现状和远景。

②要求重视信息资源自身的系统性。信息资源自身的系统性主要体现在信息资源在出版生产上的连续性。比如时效性较强的报纸、期刊、杂志、丛书丛刊和多卷书等连续出版物，通常都有自己特定的出版周期。要实现信息资源自身的系统性，需要把握住信息资源出版生产的连续性特点，制定长期的信息资源采集和维护计划并贯彻执行。

③要求重视用户信息需求的系统性。各地各类型图书馆所服务的用户不是完全相同的，这些用户在年龄分布、文化水平、知识结构上可能存在差异，这就导致他们对信息资源的需求在内容、程度、时间和类型上也会不同。重视用户信息需求的系统性，就是需要调查用户的众多信息需求，结合本馆的宗旨、发展目标和服务目标，确定本馆信息资源建设的方向和重点，使本馆信息资源的系统性与用户信息需求的系统性保持一致。

---

① 肖希明. 信息资源建设(第2版)[M]. 武汉：武汉大学出版社，2020：84-85.

2.3.3 特色化原则

特色化原则是指图书馆信息资源建设要注重本机构特色，具有与其他机构信息资源不同的特点与优势。坚持特色化原则就是要在信息资源采集、存储与提供上做到“人无我有，人有我优，人优我特”。具体来说，特色化原则要求图书馆信息资源建设注重如下几个方面：

①要求重视学科特色。学科特色是指对某些学科、专业文献进行系统而完整的收藏，从而形成自己的特色。① 学科特色在高校图书馆和科研图书馆体现较多，它们分别依据自己的重点学科和重点研究领域或项目对相关信息资源进行重点收藏、重点建设、优先投入，从而保证这些学科的系统完整，保障教学和科研任务的完成。②

②要求重视专题特色。专题特色是指围绕某些专题，比如人物、事件等，对相关文献进行系统而完整的收藏，如建党百年特藏、名人研究特藏等。上海大学图书馆在建党百年和建校百年之际，为更好地展示“上大人”的科研成果，传承和弘扬“上大人”的学术精神，启动了《上大文库》建设工作，通过建立实体收藏和展示空间，同步开设专题网站线上展示，希望全面系统地建设本校学者学术成果体系，为广大师生的学术科研提供帮助和服务。

③要求重视地方特色。地方特色是指根据本地区的地理、历史、经济和文化特点，完整系统地收藏本地文献，从而形成特色地方文献。地方文献产生发展于一个特定地域的环境，属于某一地域的文化积淀和历史产物，具有“存史、资政、励志”③的作用，对于研究本地区的历史及现状，发挥本地区优势，具有独特的价值。

④要求重视资源类型特色。数字化、网络化时代下，图书馆信息资源体系既包括实体馆藏，也包括虚拟馆藏。重视类型特色是指图书馆在信息资源建设中既要重视实体特色馆藏建设，也要重视特色虚拟馆藏建设，主要是特色数据库建设。特色数据库是指充分反映本单位或本地区资源特色

① 叶继元. 信息资源建设[M]. 北京：科学出版社，2021：34.

② 李友诚. 图书馆特色馆藏的数字化建设探讨[J]. 图书馆，2002(4)：51-53.

③ 黄俊贵. 地方文献工作刍论[J]. 中国图书馆学报，1999(1)：55-60，73.

的信息总汇①，如特色文献数据库、特色影像数据库、特色多媒体数据库等。

2.3.4 经济性原则

经济性原则是指图书馆进行信息资源建设过程中，要考虑成本与效益问题，使有限的采购经费能够采集更多有用的信息资源，努力实现“投入最小、效益最大”的目标。资金短缺是图书馆信息资源建设面临的最大难题。虽然我国提出了科教兴国的发展战略，逐步加大了对科技、教育、文化事业的投资额度，但是受到经济发展水平、人口数量、物价等因素的影响，图书馆的采购经费对于图书馆事业的发展、读者的需求来说是比较匮乏的。② 特别是近十余年来，纸本文献价格快速上涨，图书馆纸本文献采购资金的增长率很难跟上物价上涨指数，导致每年新购纸本文献数量呈下降趋势。在这种情况下，图书馆应该把每年有限的纸本文献采购经费用在刀刃上，需要杜绝滥采、误采，避免出现纸本文献复本量过多或过低的极端情况，最大限度地降低信息资源采集成本，同时提升已购信息资源的利用率，充分利用其价值。

2.3.5 针对性原则

针对性原则是指图书馆在进行信息资源建设时，应根据本馆的性质、目标、任务、服务对象、软硬件条件等，在充分考虑信息用户需求的前提下，确定将要建设的信息资源重点、范围、类型与数量。不同类型图书馆的任务、性质各不相同，因此，其信息资源建设必须要有针对性。例如，专业图书馆的主要任务是为本单位的科学研究服务，其用户大部分是从事研究并在某一领域颇有造诣的专家，因此，他们对信息资源的需求系统而又全面，特别是大型的参考工具书、有关的核心期刊、特种文献、质量较高的专著和外文文献资料，应从这些需求出发搞好信息资源建设。公共图书馆的任务主要是为地方的政治、经济、文化、科学发展服务，针对它综合性服务的特点，公共图书馆的信息资源应全面而广泛。高校图书馆的主

① 何坚石，樊国萍. 数字图书馆中特色数据库的建设[J]. 图书馆建设，2003(2)：33-35.

② 常书智. 文献资源建设工作[M]. 北京：北京图书馆出版社，2005：52.

要任务是支撑学校学科建设、科学研究与人才培养，其用户主要是校内不同学科的师生与其他工作人员，因此这类图书馆需要结合学校学科专业特色与用户需求来进行信息资源建设。总之，针对性原则使得图书馆信息资源建设有的放矢，不至于偏离轨道，提高信息资源建设的准确性和价值性。因此，信息资源建设人员应当定期调查分析用户的信息需求，了解他们的知识结构以及信息需求的变化，有针对性地选择、采集与开发用户所需的信息资源。

2.3.6　共建共享原则

共建共享原则是指一个地区、一个系统、一个国家乃至全球的图书馆之间，图书馆与其他信息机构之间，建立广泛的合作关系，科学规划，分工协作，共同建设，相互提供利用，建立相互联系、相互依存的信息资源保障体系。① 信息资源建设坚持共建共享原则，对于更好地满足用户多样化的信息需求，大幅度提高馆藏信息资源的利用率，大幅度提高用户的信息资源保障率，具有重要的意义。② 因此，各类型图书馆应该积极参加信息资源共建共享活动。

---

①　肖希明. 信息资源建设(第2版)[M]. 武汉：武汉大学出版社，2020：91.

②　袁海波，孟连生. 网络环境下信息资源共建共享的实践——兼述国家科技图书文献中心的建设与发展[J]. 情报学报，2002(1)：57-62.

3 信息资源的选择

信息资源选择是信息资源建设的首要环节，它是由文献采访演变形成的概念，是图书馆采访工作人员依据本馆信息资源建设目标与原则，在调查分析现有馆藏结构与规模、用户信息需求的基础上，对各种来源的信息资源进行鉴别、判断，从中挑选出符合用户需求的各种信息资源的过程。在目前数字化、网络化环境下，信息资源的选择对象既包括纸本信息资源，也包括数字信息资源。本章主要对图书馆纸本文献资源选择和数字信息资源选择做说明。

3.1 纸本文献资源的选择

纸本信息资源仍然是图书馆信息资源体系的重要组成部分，它主要包括纸本图书、期刊、纸本三类。这里主要介绍纸本图书、纸本期刊的选择。

3.1.1 纸本图书的选择

英国公共图书馆学家麦考文(L. R. Mccolvin)认为，“图书选择是图书馆中最基本的任务，或者称为基本职能”，“优良的图书选择会导引出优良的读者服务”。① 了解图书选择的必要性、依据、工具、过程、方法，是进行图书选择的前提。

① 黄宗忠. 论图书采访学[J]. 图书馆，1997(4)：4-11，14.

3.1.1.1　图书选择的必要性

图书选择是图书采购前不可或缺的一项工作，不仅支撑图书采购，而且因为存在如下多种原因，彰显其必要性。

(1)图书出版数量庞大。2020 年我国出版新版图书 213636 种，总印数 23.22 亿册(张)；重印图书 275415 种，总印数 60.19 亿册(张)。① 面对如此巨大的图书出版数量，对于大多数国内图书馆而言，是无法采购所有新出版的图书的。这时，图书馆必须集中人力、物力与财力，选择与采购更适合本馆的性质、目标与用户需求的图书。

(2)图书质量参差不齐。2020 年，全国出版社科人文类书籍 33.1 万种，科学技术类书籍 6.9 万种，综合类书籍 0.4 万种。② 严格意义上讲，出版的这些图书质量是参差不齐的。虽有一大批专家学者出版了质量上乘的学术著作，但也确实存在一些内容雷同、知识创新程度低，甚至连篇累牍、文字冗长的图书。若不加选择，随便采购新版图书或重印图书，将造成馆藏图书的内容交叉与重复，出现馆藏冗余性大、价值不高的问题，同时也会给用户查询与利用图书增加困难。因此，图书馆采访人员必须以敬业的精神、科学的方法遴选那些高质量的图书。

(3)图书价格日益高涨。中宣部出版物数据中心提供的 2020 年上半年图书在版编目(CIP)数据显示，在 2020 年上半年新书定价持续上涨。其中，哲学类新书定价中位数为 52 元，社会科学类新书定价中位数为 55 元，自然科学类新书定价中位数为 68 元，综合类新书定价中位数为 180 元。③ 2021 年 1350 所图书馆参与馆配的图书单册平均价格为 58.32 元，较 2020 年上涨 8.95%。④ 其他调查数据也说明，图书价格正在日益高涨。然而，图书馆采购经费的年增长率往往跟不上图书价格上涨速率。这就给图书采购造成很

① 国家新闻出版署.2020 年全国新闻出版业基本情况[R/OL].[2022-8-29]. https://www.chinaxwcb.com/uploads/1/file/public/202011/20201104100014_77qg4korlu.pdf.

② 国家新闻出版署.2020 年新闻出版产业分析报告[R/OL].[2022-8-29]. https://www.nppa.gov.cn/nppa/upload/files/2021/12/910c52660b947756.pdf.

③ 上半年，新书定价持续上涨[EB/OL].[2022-8-29]. https://zzrb.zznews.gov.cn/content/202008/13/c1515693.html.

④ 商报·卷藏数据分析组. 书价全线上涨，党史党建读物正盛[EB/OL].[2022-8-29]. http://www.chinawriter.com.cn/n1/2022/0331/c403994-32388734.html.

大的障碍。在网络化、数字化环境下，各类型图书馆为了提高所购资源的利用率，往往将大部分采购经费用于数字信息资源，而纸本图书采购经费增长十分有限，致使越来越多的图书馆不得不缩减图书采购品种与数量。这种严峻的现实情况迫使图书馆采取精准、科学的图书选择以及创新的采购模式。

3.1.1.2 图书选择的依据

不同时期、不同地区、不同类型的图书馆有各自的图书选择依据。它们主要包括如下几类：

(1)用户需求

满足用户对图书的需求是进行图书选择的基本依据。因为不同用户往往拥有各自的图书需求，涉及不同学科、不同层次的图书，所以图书馆需要考虑本机构核心用户的实际需求，有目的地选择适合于用户的各种图书。此外，也因为不同图书馆的服务对象不同，所以图书馆在选择图书时必须结合用户类型及其不同层次或类型的知识需求，有针对性地选择图书。例如，大学图书馆必须基于本校学科设置与用户需求，选择那些知识性较高的专业图书；而公共图书馆必须考虑不同层次用户的需求，兼顾图书的学术性、思想性、知识性、趣味性，实现馆藏图书的丰富多样，以适应不同用户的需求偏好，更好地服务于社会大众。

(2)图书的学科属性与用途

大部分图书是属于某个学科或跨学科的。这些不同学科领域的专业书籍往往覆盖不同的学科主题，拥有不同类型、层次、规模的用户群体。即使是同一学科领域的著作，因图书层次不同、面向的用户不同，图书馆采访人员也必须做适当取舍。例如，在物理学领域，大学图书馆往往不会选择中学教材与参考书，而把图书选择聚焦于面向大学生或研究生以及专业教学所需的图书。另外，图书用途也会显著影响图书选择。例如，大学图书馆对教材与教学参考书需求旺盛，往往会优先选择一些知名出版社出版的专业类图书。

(3)图书的内容质量

图书馆满足用户信息需求的能力不仅取决于馆藏文献的数量，还取决于馆藏文献的内容质量。图书内容质量是指图书本身具备的思想性、科学性、艺术性、知识性、创新性等，体现了图书的核心价值。图书合格并不意味着其内容质量就高，也并不意味着其内容就能得到市场和用户的认可。

一本图书只有经市场检验，在目标用户群中产生了较好的社会反响，获得了较高的认可度，才是一部具有较高内容质量的图书。① 图书内容价值体现在图书的载体价值、文娱价值、学术水平、影响水平、资讯价值、实用价值、教育有效性、政治文化价值、作者专业水平等方面，覆盖图书的多种属性与价值，如图书的知识性、科学性、先进性、前沿性、创新性、真实性、时效性、趣味性、互动性、适用性、艺术性、认可度、作者影响力、政治价值、社会价值等。②

(4)图书的责任者

图书的责任者是指图书的著者和编者。依据图书的责任者选择图书，实质上是根据著者或编者的学术水平及其社会知名度与影响力等标准来判断图书的内容价值。③ 一般来说，图书的责任者的学术地位和知名度越高，其作品的学术水平与价值就越高。在许多学科领域，同一种类或主题的图书往往有多家出版社出版，这些图书内容多有交叉，特别是在各类教材中，出现很多不同著者或编者撰写的同名图书。这时，选择图书应该优先选择学科、专业领域知名学者或专家出版的重要著作。当然，图书选择也不能忽视那些由年轻学者撰写的具有知识创新价值的著作，比如由优秀博士论文出版的专著与丛书。

(5)图书的出版者

图书的出版者也是图书选择的重要依据。这是因为，图书的出版者和图书的质量有紧密的关系。目前人们普遍认为，那些在出版界有较高声誉和知名度的出版社，其出版的图书往往在质量上有更高保障。通常情况下，著名的出版社不仅拥有规范的图书出版流程，而且有更高的图书选题与出版质量监控要求与评审机制，从而保障出版的图书具备较高的质量。2022年，全国哲学社会科学工作办公室推荐申报“2022年度国家社会科学基金后期资助暨优秀博士论文出版项目”的出版机构有63家，它们是人民出版社、学习出版社、中国社会科学出版社、商务印书馆、中华书局、社会科学文献出版社、中央党校出版社、中央文献出版社、中央编译出版社、中共党史出版社、世界知识出版社、高等教育出版社、法律出版社、经济科学出

① 齐宏亮. 浅析图书内容质量的判断标准[J]. 编辑之友，2010(7)：42-43.

② 刘丹妮. 图书内容质量评价指标体系构建与应用研究[D]. 北京：北京理工大学，2015.

③ 肖希明. 信息资源建设(第2版)[M]. 武汉：武汉大学出版社，2020：157.

版社、中国财政经济出版社、中国大百科全书出版社、科学出版社、九州出版社、民族出版社、国家图书馆出版社、教育科学出版社、文化艺术出版社、人民音乐出版社、外文出版社、解放军出版社、军事科学出版社、文物出版社、故宫出版社、上海世纪出版集团、上海人民出版社、上海三联书店、上海古籍出版社、上海远东出版社、上海社会科学院出版社、天津古籍出版社、天津人民出版社、山东人民出版社、湖北人民出版社、广东人民出版社、四川人民出版社、陕西人民出版社、北京大学出版社、中国人民大学出版社、北京师范大学出版社、清华大学出版社、外语教学与研究出版社、中国政法大学出版社、国防大学出版社、复旦大学出版社、华东师范大学出版社、上海交通大学出版社、南京大学出版社、浙江大学出版社、武汉大学出版社、山东大学出版社、吉林大学出版社、厦门大学出版社、南开大学出版社、中山大学出版社、四川大学出版社、西南大学出版社、兰州大学出版社、安徽大学出版社。今后，图书馆采访人员应该优先选择上述享有较高声誉的出版机构出版的图书。

(6)图书的价格

图书的价格是图书馆采访人员选择图书必须考虑的重要因素。这是因为，一方面，图书价格大幅上涨，与往年等额的图书采购经费无法继续采购与往年相同数量的图书，图书馆采访人员不得不缩减计划采购的图书种类与复本数量；另一方面，图书采购经费增加幅度往往跟不上图书价格上涨水平，采访人员在采购图书时就须量力而行，合理使用有限的购书经费来采购用户所需的图书，尽量减少复本量，限制某些非必要的高价图书采集。对于某些价格昂贵但图书馆必须收藏的图书，应该提交图书馆文献采访委员会，由该委员会就是否采购进行讨论与决策。

3.1.1.3 图书选择的工具

当今世界文献的出版，无论是在数量还是类型上，都超过了以往任何时代。想要高效率、低成本地采购所需的信息资源，采购人员必须善用各种书目工具。它们主要包括征订目录、通报性书目、积累性书目、参考性书目、在版书目、网上可供书目、开放获取图书目录等。

(1)征订目录

征订目录是出版发行机构向零售书店、图书馆和读者征求出版物订购信息的目录清单，内容包括出版物简要介绍、价格及订购编号等信息。它按照出版社提供的出书计划和有关资料，分期分批地介绍将要编印、出版图书的内容，传递和宣传出版发行信息，以便图书馆选择和预订书刊资料。中文图书征订目录主要包括《新华书目报. 科技新书目》《全国地方版科技新书目》《新华书目报·社科新书目》《标准新书目》《农村新书目》《内部书征订目录》《全国大中专教学用书汇编》《北京图书信息报》《上海新书报·上海新书目》《天津新书目》《四川新书目》《广东新书目》《浙江新书目》《港台新书目录》等。

国内编印的外文图书目录主要包括《外国科学技术新书(T)征订目录》《外国社会科学新书(S)征订目录》《外国学术团体新书(L)征订目录》《外国辞书(R)目录》。国外编印的外文图书目录主要包括英国的《培加蒙新书通报》(*Pergamon Bulletin*)、德国的《斯普林格新书》(*Springer New Books*)、美国的《威利新书预告》(*The Wiley Previews*)等。

(2)通报性书目和积累性书目

通报性书目和积累性书目是一种积累报道全国各地出版社已经出版发行的图书情况的总书目，是记录一定时期内文献出版情况的目录，其主体是国家书目。它们可用来检查已经收藏的文献的完整情况，并作为选购和补购图书的依据。在这类书目中，国内主要包括《全国新书目》《全国总书目》《中国国家书目》和《中国图书在版编目快报》①；国外主要包括美国的《累积图书索引》(*Cumulative Book Index*)、《英国国家书目》(*British National Biliography*)、《法文出版物总目》(*Bibliographie de La France-Biblio*)、《德国书目》(*Sentsche Bibliographie*)等。

(3)参考性书目和在版书目

参考性书目是采访人员采购图书时用来参考而非直接订购的目录，包括各种联合目录、专题目录、推荐书目等。所列图书均是已经出版发行的图书。

在版书目又称在售书目、库存书目，是各国仍在印刷发行，或在一个国家内、一种语言范围内有出售和有库存，可以买到的图书的目录。它一般由大型出版公司、出版协会等汇编出售。它的使用特点是能帮助人们了解各国图书出版情况，知道图书的存货、缺售或绝版情况，以及价格变动、书商名称，并附有出版名录。目前全世界有 90 多个国家出版在版书目。比

① 肖希明. 信息资源建设(第 2 版)[M]. 武汉：武汉大学出版社，2020：182.

较著名的在版书目包括《国际在版书目》(*International Books in Print*)、《美国在版书目》(*Book in Print*)、《惠特克在版书目》(*Whitaker's Books in Print*，原名《英国在版书目》)、《法国在版书目》(*Les Livres Disponibles*)、《德国在版图书目录》(*Verzeichnis Lieferbarer Bucher*)以及《日本书籍总目录》等。

(4)网上可供书目

网上可供书目是出版机构通过其网站为大众提供最新图书的目录。如今国内许多出版社在互联网上注册域名，建立网站，借助网络新媒体向广大用户提供可供查询的图书目录和最新出版信息。例如，著名的中原书城国际互联网站开通的书页信息栏目就有“中国可供目录”“中国主要批销中心可供目录”“网上征订”“每周新书”①等。图书采访人员通过参考网上可供书目，可以获得大量的书目信息，从而改进图书采访工作。

(5)开放获取书目

开放获取图书出版是开放获取运动中相对较新的领域。早在 1996 年，美国国家科学院出版社就开始尝试通过网站提供免费电子图书，如今越来越多的出版社加入图书开放出版行列。“欧洲开放获取出版网络”基金会创立了开放获取图书目录(Directory of Open Access Books，DOAB)，截至 2023 年 1 月 3 日收录了 63463 种图书②，并提供图书的检索、阅读与下载。

3.1.1.4　图书选择的流程

图书选择应根据图书馆的性质、任务和用户对象，综合考虑不同学科、不同层次的用户需求，可以按照以下工作流程进行图书选择③：

①熟悉和了解馆藏和本馆图书采购年度计划、用户需求和出版发行情况。

②主动而广泛地收集各种书目情报，并仔细审阅征订书目，然后进行圈选，并确定复本数，完成图书的初选。图书初选可由读者推介，或由图书馆采访人员圈选，也可将书目送交有关专家、用户圈选后，图书馆采访人员再根据馆藏情况进行取舍。

③将初选后的图书进行查重，了解本馆以前是否收藏，以避免不必要

---

① 张慧敏，肖静. 高等院校图书馆学与信息化应用研究[M]. 长春：吉林人民出版社，2019：177.

② Directory of Open Access Books[EB/OL]. [2023-1-3]. https://doabooks.org/.

③ 韩红予，张联锋. 高校图书馆文献采访理论与实践[M]. 武汉：武汉大学出版社，2012：132-133.

的重复采购；或检查新购图书是否为修订版本或重印本，并重新作出是否采购该图书的初步选择。

④图书复审。图书馆采访人员将圈选后的书目送交主管领导审批。这时，该领导需要根据图书馆信息资源建设的方针、信息资源结构和用户反馈信息，对将要采购的图书进行评估，在调整、剔除不合理图书的基础上，最后确定将要采购的图书。

3.1.1.5 不同类型图书馆纸本图书选择实践解析

(1)国家图书馆纸本图书选择实践解析

作为国家文献信息资源总库，国家图书馆馆藏资源建设的总原则是：中文求全，外文求精；国内出版物求全，国外出版物求精；多品种，少复本。国内出版的各文种、各类型、各载体文献应全面采集，尽可能保证入藏品种和版本的齐全，以履行国家总书库的职能并成为中文文献提供的最终保障基地；世界各国和各地区出版的有代表性的、有较高学术价值和参考价值的文献为重点采选，以满足为中央和国家领导机关立法和决策、重点科研、教育、生产单位服务的需要。国家图书馆馆藏纸本图书包括中文图书(含港澳台地区出版的中文图书)、外文图书。采选方式有接受交存、购买、接受捐赠、文献交换、征集、接受调拨、复制、接受托存等。

①国家图书馆纸本中文图书类型与数量。

国家图书馆馆藏中文图书按文献语种划分，可分为汉语言图书及全国各少数民族语文图书。按出版区域划分，可分为内地(大陆)出版的中文图书和港澳台地区出版的中文图书。截至2021年年底，国家图书馆馆藏中文图书总量达1230余万册件(见表3-1)。

表3-1 国家图书馆馆藏各类中文图书数量一览表(截至2021年12月)

文献细类	册(件)量
中文普通图书	11 626 398
少数民族语文图书	258 242
台港澳地区图书	421 984
盲文图书	6 735
合计	12 313 359

上述各细类的中文图书的采选方式各有所侧重，其中中文普通图书和少数民族语文图书的采选方式主要是接受交存、购买和接受捐赠。港澳台地区出版的中文图书的采选方式主要是购买和接受捐赠。盲文图书的采选方式主要是接受交存和接受捐赠。

②国家图书馆纸本中文图书选择原则与方式。

按照馆藏资源建设总原则，国家图书馆纸本中文图书的采选可划分为四个层级，即全面采选、重点采选、适当采选和不予采选。

一是全面采选。对于辛亥革命以来国内正式出版的各种中文图书全面采选，不在入藏范围的类型图书除外。

二是重点采选。对于我国各级政府的出版物，如全国人民代表大会、政治协商会议、最高人民法院和最高人民检察院等司法机关、国务院各部委和直属机关、中央军委和各总部、中共中央领导机关等国家机构的出版物，包括政府公报、简报、法律法规、工作报告、统计资料、业务报告、资料汇编、研究成果等，重点采选。台湾、香港、澳门地区出版的文献重点采选。其他重点采选的图书包括：反映本地区政治、经济、社会、文化方面历史及现状的文献，各界知名人士的著述，学术性与资料性较强的哲学、社会科学方面的文献和参考工具书，具有较高参考价值的自然科学与技术科学方面的文献，获国内外重要奖项或知名奖项的文学作品，等等。

三是适当采选。对于交存到馆的重印本图书适当采选。对于未列入交存范围的各机关团体、学术团体、企业、事业单位、高等学校和科学研究机构出版的图书，符合以下标准者适当采选：编辑出版机构为省(市)级的机关团体、全国性学术团体、科学研究机构、重点高等院校；编辑出版机构为具有相当影响力的大型企业、事业单位；编辑出版机构具有学术权威性；具有较强的学术性、资料性、参考性或有一定的收藏价值。

四是不予采选。中文文献资源建设的基本原则是“中文求全”，但根据文献价值、出版质量、用户需求、入藏条件等，目前有部分文献未正式纳入馆藏，如中小学教辅读物(面向中小学生的复习资料、辅导材料、练习册和习题集、作业本等)、低幼少儿读物(手工制作类、少儿卡片挂图、玩具等)、未装订成册的卡片、挂图、拼图、画页、年画、纪念册、效率手册，各种形式的挂历、台历，非书形式的出版物等则不予采选。

③国家图书馆纸本中文图书采选复本制度。

国家图书馆中文图书采选复本为 1~4 部，其中中文普通图书采选复本为2~4部，分别为保存本(保存本是国家图书馆为履行建设国家信息资源总库职责而特藏的永久保存的馆藏文献)1部，基藏本(基藏本是国家图书馆为长期提供读者利用而设立的基本藏书，基藏本特定时间内兼作借阅本)1部，其余作为借阅本。中小学教材采选入藏2部，即保存本和基藏本。港澳台地区出版的中文图书采选复本为1部，分流为基藏本。如有通过文献交换或接受捐赠的方式到馆且内容价值较高的港澳台地区的中文图书，可采选入藏2部。

根据《中华人民共和国公共图书馆法》第26条“出版单位应当按照国家有关规定向国家图书馆和所在地省级公共图书馆交存正式出版物”的规定，国家图书馆依法接受出版单位交存正式出版物，对国内正式出版的中文图书的采选方式主要是接受交存。根据图书类型、单价不同，出版单位交存图书样本的复本数量也不同，具体原则为：单本定价在100元以下的图书每种3册，单本定价在100元以上或成套定价在1000元以上的图书则每种1册或1套。

国家图书馆中文图书采选在遵照馆藏复本数量总原则的基础上，还依据通过交存、接受捐赠等方式已入藏图书复本数量确定图书购买的复本量。中文图书购买方式主要是通过招标采购向出版社直订，对于部分缺藏的年代较久的中文图书则通过书商进行零星采选补藏。

④国家图书馆纸本外文图书类型与数量。

截至2021年年底，国家图书馆馆藏外文图书总量达448万册(件)，语种多达123种。馆藏各主要语种外文图书数量见表3-2。

表3-2 国家图书馆馆藏各语种外文图书数量一览表(截至2021年12月)

语种	册(件)量
西文图书	2473733
俄文图书	697500
日文图书	1185927
外文善本	37825
东文图书	84706
合计	4479691

⑤国家图书馆纸本外文图书选择原则与方式。

国家图书馆纸本外文图书在“求精”的采选方针下，遵循全面采选、重点采选、适当采选和不予采选的原则。

一是全面采选。全面采选的外文图书主要包括：研究中国和华人的文献，国际共运著名领导人的著作(包括较大文种的全集、选集)，国际法、国际条约和各国的宪法、重要法律法令，著名国际奖项(如诺贝尔奖项)和重要国家级奖项(如龚古尔奖项)获得者以及国家院士级学者的著作等。

二是重点采选。重点采选的外文图书主要包括：研究国际共运著名领导人以及中国党和国家领导人的学说、思想和生平的著作，各国国家、政府、主要政党、重要社会团体首脑人物和各界有影响人物的著作，海外出版的中文文献以及译成外文的中国古今重要文献，海外华人著述、翻译、编辑的有重要参考价值的文献，有关我国周边国家政治、经济、文化、民族、宗教、军事、地理等情况的文献，各学科有参考价值的工具书、学术著作，大型综合性百科全书，大、中型字典、词典，国际性和国家级的人名词典、地名词典，世界性和国家级年鉴等。

三是适当采选。适当采选的外文图书主要包括：普通文艺作品，学科基础知识读本，科普读物，高等学校教材，旅游与娱乐类图书等。

四是不予采选。不予采选的外文图书主要包括：普通儿童读物、中小学教科书及内容荒诞、价值不高的图书。

国家图书馆外文图书主要通过购买、交换和接受捐赠等方式入藏，其中购买是最主要的采选方式。

⑥国家图书馆纸本外文图书采选复本制度。

国家图书馆对于国外出版的外文图书采选 1 个复本，分流为基藏本。对于通过接受捐赠、国际交换等方式获得的具有较高学术价值、收藏价值，利用率较高的外文图书，可增加入藏 1 个复本。外文图书的购买通过招标采购的方式进行。国际交换是国家图书馆获取外文文献的重要渠道，国家图书馆本着“以我所有、换我所需、平等互利”的原则，广泛与世界各国的国家级图书馆、高校图书馆、公共图书馆以及其他文献信息单位建立书刊资料交换关系，根据双方订立的国际交换协议，开展文献资源的交换工作，配合采选部门补充馆藏。截至 2021 年年底，国家图书馆与 117 个国家和地区的 556 家机构建立了交换关系，年平均交换到馆文献资源约 2 万册(件)。

(2)南京图书馆纸本图书选择实践解析

纸本图书选择是南京图书馆采选工作的重点，侧重于馆藏特色图书(历史文献、地方文献、国学等)选择，年均新选购中外文图书9万余种，形成了一套完整的纸本图书选择程序，有效支撑了图书馆信息资源建设。主要做法是：

第一，制定《南京图书馆中文普通图书采选工作细则》《南京图书馆外文书刊采访工作条例》，各类中外文图书均严格按照标准执行。

第二，建立南京图书馆纸本图书选择原则，包括：总原则——满足大众需求，确保重点收藏，注重特色，藏用结合，以用为主，达到馆藏的实用性、系统性和科学性。具体实施原则——实用性原则、系统性和发展性原则、特色化原则、协调性原则、经济性原则、连续性和完整性、复本控制原则。其中，实用性原则要求实现馆藏的实用性、系统性和科学性；系统性和发展性原则要求按照馆藏资源结构合理、重点馆藏突出、特色馆藏系统完整、重点藏书与一般藏书有机结合的要求选择图书；特色化原则要求凸显江苏区域性文献资源特点，形成更新、更完善的地方文献建设体系；协调性原则要求确保文献资源共建共享合理布局，逐步建立覆盖全省、合理共享的文献资源保障体系；经济性原则要求提高馆藏的内容质量、使用质量；连续性和完整性原则要求保持重点馆藏、特藏等出版物的历史延续性和完整性；复本控制原则要求合理确定文献复本数量。

第三，明确纸本图书选择的学科结构、文种结构和类型结构。学科结构方面，社会科学品种占55%，自然科学占40%，综合性文献占5%；文种结构方面，以中文为主，其次是英文，适当补充日、法、德等文种的文献，少数民族语言文字文献原则上不收藏，中外文文献经费占比分别为58%、42%；类型结构方面，中文图书(含港台书)占总经费的32%，外文图书占7%，其他(含加工耗材、珍贵文献征集、音像制品等)占4%。

第四，明确中文纸本图书选择方式。

①全面选择的中文图书包括：本省各出版社出版的所有文献资料(中小学教材、教参、教辅，低幼读物，年历片、画片、教学挂图，县乡一级报纸、广播电视报除外)；江苏地区人士论著和曾在江苏活动过的海内外知名人士的著作；江苏地方文献，指有关江苏地区的政治、经济、军事、历史、科学、文化、教育等方面的正式或非正式出版的文献，包括方志、地图、地名录、手稿、抄本、照片等；各学科领域的基础理论著作、前沿著作、重要著作，以及普及性读物；国家新闻出版署颁布的《全国获奖图书目录》、

文化和旅游部颁布的《省级图书馆工具书核查目录》所列的图书；国家科学院、工程院院士级学者的著作；国家重要法律、法令、法规；综合性大中型工具书、检索工具，国内外标准汇编本，国内市级以上出版社出版的综合性年鉴；当代哲学、社会科学重要学术流派的主要学者著作。

②重点选择的中文图书包括：中国共产党及其领导人的著作、生平及传记；各国重要社团首脑人物的生平及传记；各学科有参考价值的著作；同一学科不同流派、不同观点、有价值的文献；学术性、史料性、艺术性较高的香港、台湾、澳门地区出版的中文文献以及参考工具书；馆藏不完整的古籍和民国文献；新善本、新方志；各专业工具书。

③有选择采选的中文图书包括：中小学教参(以试题为主的不采选，以理论、分析、指导、解题方法为主的可适当采选；供中小学教师使用的中小学基础课教参不采选，中小学教师继续教育教材、教学法、教学经验总结等可适当采选；小学生作文选不采选，中学作文选集及评析可适当采选)，低幼读物(以图为主的低幼读物不采选，少儿美术作品集、以文字为主的儿童文学类作品可适当采选)，绘画(浅显的儿童简笔画不采选，具备一定教学理论、教儿童如何绘画的书可适当采选；漫画集或以漫画的形式讲解某一专业领域中基础知识的读物可适当采选)，字帖(供练字用的字帖不采选，作为书法作品的字帖、书法教学用书可适当采选)，连环画(64开本的连环画不采选，32开本的连环画可适当采选)，生活服务类图书(各类菜谱、食养、食疗类及生活服务类图书可适当采选)，考试用书(司法考试用书、各类型等级考试用书可适当选择)，普及型读物(计算机类、旅游类、家装设计类、励志类、金融证券类、经典名著、人物传记类可适当选择)。

④不宜选择的中文图书包括：中小学教科书、教学辅导读物；少数民族语言的书刊文献；单页宣传画、连环画、活页、画片；各种日历、台历、挂历、识字卡片、教学挂图；商业广告、产品样本；美国政府四大科技报告；国颁、部颁单册工业技术标准；50页以下的图书、64开及以下开本的口袋书迷信、荒诞、淫秽书刊文献；英文版购权影印图书。

第五，明确外文图书的选择标准：立足"求新""求精"，不采选复本；以英文为主，日文、德文、法文、俄文为辅；社会科学图书以政治、经济、管理、金融、法律、文化、教育、艺术为重点；科学技术图书以新兴学科、高新技术、机械制造、电子信息、生物化学、工程技术、能源环保、建筑、轻纺、交通运输、计算机应用为重点；学术文献以重要国际组织、学(协)

会的重要出版物，国际性和地区性学术会议出版物，学术水平较高的论著为重点；工具书方面以综合性大中型工具书、检索性图书、世界各国综合性年鉴、大中型字典和辞典为重点；重点选择国际上获著名奖项著作、中文重要著作的外文译文、国外研究中国的著作。

(3)清华大学图书馆纸本图书选择实践解析

高校图书馆作为高校的文献信息资源保障和支撑体系，其文献资源建设的重心是为学科建设服务。特别是在“双一流”建设背景下，需要以一流大学和一流学科建设的需求为导向和目标，针对学科建设实现精准采购，保障图书馆重点学科专业文献资源的准确性和完整性，提高文献资源的利用率，使图书采购经费使用更高效、更合理，建设满足读者需求、服务于教学科研的多元化、高质量的馆藏资源保障体系。

清华大学图书馆(含专业图书馆及院系资料室)的实体馆藏总量约562.45万册(件)(截至2021年)，形成了基本覆盖全学科、包含丰富文献类型和载体形式的综合性馆藏体系。在清华大学百余年的发展历程中，纸本资源的持续建设贯穿文献资源建设的始终，是文献资源建设的重点。清华大学图书馆的纸本资源建设的重心同样也是为学科建设服务，根据学校教学、科研以及学科建设的发展需要，依据不同学科领域用户的文献需求，制定纸本图书选择方针政策，遵循纸本图书选择原则，执行纸本图书选择细则，并根据学校学科建设发展需要，不断调整教学科研纸本图书的选择策略。实施路径是：

第一，确立了纸本图书选择的基本原则，包括：

①针对性原则。图书馆根据学校学科设置、教学科研发展方向、各层次读者需求和文献价值采选图书。入藏的图书以教学科研用书为主，兼顾师生素质提升需要。

②系统性与连续性原则。图书馆按照馆藏内容系统完整、结构科学合理的要求采选图书，体现馆藏的综合性、研究性，多文种、多类型的特点。遵循系统性和连续性原则，注意学科重点文献和特色文献的系统完整，连续出版物、丛书、多卷书、工具书的系统完整。

③经济性原则。图书馆结合本馆经费情况，制订科学可行的预算计划，合理分配和使用文献购置经费，做好经费决算与馆藏利用绩效评价。同时利用馆际互借、文献传递、受赠等非购入手段补充文献，满足读者需求。

④协调性原则。图书馆注重纸质图书和电子图书之间的协调，以及各

种采选方式之前的协调，合理进行采选分工，建立完善的采选工作程序，实现多种载体文献的合理配置。①

第二，制定了中外文图书采选标准。清华大学图书馆在采集中外文图书时要求：中文纸本图书选择要广，基本保证全品种图书覆盖；外文纸本图书选择要精，注重纸电图书采选平衡。为此，清华大学图书馆制定了具体的采选标准：

①学科发展需要。学科文献资源建设是高校图书馆根据学校教学、科研以及学科建设的发展需要，依据不同学科领域用户的文献需求，对学科资源进行规划、采选、组织和管理的过程。清华大学在 2017 年 12 月制定了"一流大学建设高校建设方案——清华大学"，详细阐述清华大学一流大学建设目标以及学科结构与层次。根据学校建设方案，图书馆关注学校学科建设、院系发展以及新学科建立需求，划定中外文图书采选的重点学科范围，根据中图法大类划分，采选数学、物理、化学、力学、机械、自动化技术、能源与动力工程等重点优势学科图书，注重文科类纸本图书的采选，包括哲学、管理学、社会科学、教育、文学、历史等重点发展学科。图书馆也注重院系发展与新学科建设，将新建学院如临床医学院、药学院、碳中和研究院、国际与地区研究院、出土文献研究与保护中心等相关的学科的纸本图书纳入重点采选范围，并不断增加对新学科、新领域图书的采选力度。同时，清华大学图书馆建立了校图书馆、专业分馆、院系资料室三级文献保障体系，共有人文社科图书馆、美术图书馆、金融图书馆等 6 个专业图书馆，分别在美术类、金融类、法律类、经管类、建筑类纸本图书方面进行更专业、更有深度的采选。

②教学科研需要。图书馆的文献资源是为学校教学科研提供保障的，纸本图书的采选依据本校教学科研所涉及的需求层次确定图书选择的范围和深度。清华大学图书馆注重对教材教参图书进行重点采选，通过收集教师课程指定配套教材目录、组织符合大学层次教材教参专题目录、关注高等教育出版社、清华大学出版社等教材类图书出版信息，有针对性、持续地进行教材教参类图书的采选。同时，在图书馆设立马克思主义理论研究和建设工程重点教材专架，在总馆和法律分馆、美术分馆设立教学参考书

① 钟建法. 高校图书馆信息资源采访[M]. 广州：世界图书出版广东有限公司，2014.

专架，集中展示教材教参图书。在外文教材教参图书选择方面，作为清华大学外国教材中心，开展了国外教材比较研究，调研国外一流大学教材目录以及服务情况，系统性地选择理工类、管理类外文教材教参图书，与全国11家高校外国教材中心形成合力，实现资源共建共享。

③读者素质提升需要。图书馆是“人类知识的宝库”，它有着深厚的文化底蕴，是高校素质教育的重要基地。清华大学图书馆拥有百余年的历史，积累了丰富的资源，在引导读者提升政治素养、开阔学术视野、陶冶情操、培养审美等素质教育方面也发挥着重要作用。图书馆在纸本图书的选择上，除了选择用于教学科研的纸本图书，还选择丰富课余生活、拓展科学知识面、普及美育和德育方面的图书，如国内外内容质量较高的小说、诗歌，心理健康、创新创业、技能提升、职业规划、体育健康等主题图书。图书馆设立了相关主题专架，包括红色图书专架、经典导读图书专架、诺贝尔奖图书专架，以专题的形式集中展示通识教育类图书。图书馆还积极开辟读者荐购的渠道，建立“水木荐书”平台，为读者展示最新的图书书目信息，读者可以在平台上方便快捷地荐购图书。同时，图书馆会组织中外文新书展、港台版图书展，让读者参与图书馆文献资源建设，满足师生读者个性化、多元化的需求。

④图书质量。纸本图书的选择要以可靠、准确的信息为依据，根据图书内容的主题、质量和影响等确定图书价值。清华大学图书馆要求馆配商根据采选要求对书目进行收集和初筛，采访人员根据书名、著者、出版者、出版时间、内容简介等信息对图书进行选择。其中，书名直观地反映图书的内容，著者的权威性影响对图书价值和使用的判断，出版社的信誉度以及与学科的契合度影响对图书质量的判断，内容简介涵盖图书所包含的知识水平和学术价值，图书分类帮助判断图书内容与学科的相关度。图书馆在采访细则中列出了重点采购的30家核心出版社以及按中图法大类划分重点采购的图书分类，在每年年末根据30家核心出版社提供的当年新书目对本馆图书进行查漏补缺。同时，图书馆也会关注各类排行榜，如《文津图书奖》《光明书榜》等，根据榜单书目信息对图书进行查补。

⑤适当采选与不予采选的范围。在清华大学图书馆图书采选细则中规定了适当采选与不予采选的范围。对于选题重复且品种较多的图书如经济类图书适当采选，习题集、社会职业考试类图书、普通文艺作品、科普与通俗读物、生活旅游类图书、文娱类图书慎重选择。不予采选的范围包括：

读者对象层次低于学校教育层次的图书，如高职高专、小学中学教育方面的图书；与学校学科、专业设置无关的图书(不包含交叉学科)，如服装、纺织、食品类等；思想内容不健康的图书；外形不符合入藏标准的图书，如小开本(64开本以下)图书、页数少的小册子等。

⑥复本标准。复本量的确定要考虑文献的质量、使用目的、内容时效、读者群体大小、同主题文献出版情况、文献价格等。清华大学图书馆图书采选细则中规定中文图书可选择1~3个复本，经济类等同主题较多的选择1个复本，工具书选择1个复本，图书定价较高的(超过5000元)选择1个复本；理论著作、学术著作、教学参考书、文艺作品、通识类图书等可选择2~3个复本；基础学科类的、学科契合度高的、学术价值与基础理论价值高的图书选择3个复本；港台版图书、外文图书选择1个复本，纸电不重复选购，对于教材教参可保证纸电同采。对于读者推荐内容主题与图书质量较高的，高预约数、高借次的图书，会根据馆藏情况、借阅次数、图书磨损程度等选择增加复本。

3.1.2 纸本期刊的选择

期刊文献的出版周期短、内容新，传递信息快，能够及时反映一定社会历史条件下的政治、经济、文化和科学技术等方面的发展状况，为人们了解科学知识与社会发展提供了生动、丰富、可靠的资料。期刊是图书馆不可或缺的一种重要信息资源。虽然目前电子期刊、网络期刊越来越多，但是纸本期刊仍是馆藏文献资源的重要组成部分，对于满足用户信息需求，如促进高校教学和科研，具有其他信息资源不可替代的作用。期刊选择是期刊订购的首要环节，直接影响所购期刊质量的优劣。

3.1.2.1 纸本期刊选择的原因

期刊已成为人们获取专业知识、科学文化、娱乐与消遣的重要来源之一。图书馆虽然在数字时代面临纸本期刊与电子期刊的两难选择，但是纸本期刊并没有因电子期刊的产生而消亡。纸本期刊选择与采购仍是图书馆信息资源建设的一项重要业务工作。图书馆采访人员对纸本期刊进行科学选择的主要原因是：

①期刊数量的稳定增长。随着信息社会的到来与知识经济的快速发展，期刊数量也获得了稳定增长。从2020年的统计数据来看，我国共出版期刊

10192种，其中共出版哲学、社会科学类期刊2688种，文化、教育类期刊1401种，文学、艺术类期刊661种，自然科学、技术类期刊5088种，综合类期刊354种。① 对于如此众多的各种类型的期刊资源，几乎没有一个图书馆能采购国内出版的所有期刊，而实际上图书馆也没有必要采购全部期刊。这就是为什么必须进行期刊选择的根本原因。

②期刊价格的暴涨。在期刊数量不断增长的同时，期刊的价格也不断上涨。现有研究数据显示，在1980—1986年，国内期刊平均价格指数1986年是1980年的1.95倍②；在1996—2000年，国内期刊平均价格指数2000年是1996年的1.67倍③；在1999—2004年，国内期刊平均价格指数2004年是1999年的1.63倍④。也就是说，每隔5年左右，期刊价格涨超1倍。不过，与此同时，图书馆期刊采购经费却没有成比例增加，致使许多图书馆不得不缩减期刊预定的品种与数量。这就涉及一个关键的问题，即如何选择那些合适的期刊。因此，在各类期刊价格直线上涨而期刊采购经费又不能大幅度增加的情况下，科学地选择期刊就更有必要了。

③馆藏空间有限。现刊往往需要期刊架来陈列，它们占用馆藏空间较大；过刊虽然可以密集存放，但是由于长年累月积累的过刊太多，也导致过刊书库吃不消。为了利用有限的馆藏空间来陈列与存储那些有较高需求和高利用率的期刊，就必须科学选择期刊，实现馆藏期刊资源的最优配置。

④电子期刊的冲击。电子期刊与纸本期刊相比具有多种优势，如获取方便，便于检索、共享，易于保存、打印、复制、编辑、获取全文，不受时空限制，不受环境影响，利用率较高等，所以电子期刊获得了用户和图书馆管理者更多的青睐。许多图书馆把大部分期刊采购经费用于电子期刊数据库的购买，导致以往采购的纸本期刊种类与数量明显下降，这就给图

---

① 国家新闻出版署.2020年全国新闻出版业基本情况[R/OL].[2022-8-29].https://www.chinaxwcb.com/uploads/1/file/public/202011/20201104100014_77qg4korlu.pdf.

② 刘永胜. 1980—1986年国内期刊价格的变化[J]. 图书情报工作，1986(3)：40-42.

③ 张海霞. 1996—2000年国内期刊价格分析[J]. 情报资料工作，2020(增刊)：25-26.

④ 高江丽. 1999—2004年纸质期刊价格走向分析[J]. 图书情报工作，2005(增刊)：120-121，152.

书馆纸本期刊采购带来很大的冲击。图书馆需要制定新的图书馆期刊采购政策，平衡电子期刊与纸本期刊的采购，尽量实现电子期刊与纸本期刊的互补。一般来说，对于那些非必不可少的纸本期刊，只要被图书馆购买的电子期刊数据库收录并提供利用，图书馆就不必选择这些纸本期刊；即使图书馆需要提供某些不可或缺的高质量纸本期刊，也必须适当缩减复本量。这时，正确选择纸本期刊就变得尤其重要。

3.1.2.2 纸本期刊选择的依据

期刊不论内容还是形式，都与纸本图书有着不同的特点。在纸本期刊采访过程中，需要考量以下因素①：

(1)主题

期刊的主题属性是期刊选择第一个也是最重要的参考因素，因为所有的图书馆资料通常是按照主题来组织的。期刊采购人员首先要识别期刊的主题，如《管理世界》或《法学评论》，然后根据相关学科知识、项目研究或教学计划需求来评估该期刊。期刊如何支持机构的目标和计划是重要的考虑因素，也要考虑与更大范围知识领域的关系。事实上，只有期刊采购人员了解期刊主题，才能做出理性的选择决定。

(2)知识内容

期刊集中反映的知识内容是期刊选择必须考虑的另一个关键因素。在期刊选择过程中，特别是当仅利用期刊征订目录做出期刊选择决策时，通常很难对期刊的知识内容作出明智的估计。然而，这个问题在期刊选择前必须得到解决。在评估期刊知识内容时，要注重期刊内容与用户需求的匹配度，尤其是学术期刊的采购更需要从学科、专业的角度进行精准匹配。在期刊的内容质量上，一般来说，核心期刊是科技、文化传播的核心媒介和核心载体，是质量较高的期刊。因此，在进行纸本期刊选择时应优先选择相关学科领域的核心期刊，同时注重保证它的连续性和完整性。

(3)潜在应用

期刊采购人员需要根据用户需求与期刊潜在应用对期刊进行审查，以确保能够采购合适的、高质量的期刊。在预测使用水平之前，人们必须知

---

① Rutledge J, Swindler L. The selection decision: defining criteria and establishing priorities[J]. College & Research Libraries, 1987, 48(2): 123-131.

道期刊内容及其性质，同时分析预采购的期刊被使用的可能性有多大以及可以达到什么样的使用水平。这时，期刊采购人员可根据期刊的使用频率、被引用率、影响因子、是否属于核心期刊等指标来进行初步分析。如果已订购的某种期刊较之其他相似类型的期刊的使用率低，说明该期刊可能不符合用户需求，期刊采购人员需要及时做出调整，停购该刊或减少该刊的订阅量。期刊的被引用率与影响因子越高，该期刊的内容质量也会越高，潜在应用就越广，可作为优先选择的期刊。

(4)与馆藏的关系

期刊选择还需考虑期刊与馆藏的关系。期刊是图书馆馆藏的重要组成部分，图书馆馆藏是经过长年累月建成的。期刊选择不仅要考虑期刊的主题与知识内容，还需审查该期刊的馆藏记录，了解该期刊是否已纳入馆藏范围。对于已订阅的期刊，期刊采购人员应该基于最新的馆藏建设政策和用户需求变化，做出是否继续订阅该期刊的选择，以保障图书馆馆藏的连续性与完整性；对于未订阅的期刊，期刊采购人员应该在评估该期刊对满足用户需求和填补馆藏空白作用的基础上，做出是否新订期刊的决定，以丰富馆藏期刊资源和更好地满足用户当前与潜在的信息需求。

(5)期刊的价格

虽然高价格通常会导致在做出期刊选择决定时更加谨慎，但是那些图书馆必须拥有或应该拥有的纸本期刊不会因价格相对较高而停购。只要用户对纸本期刊有较大的现实与潜在需求，那么，期刊采购人员就应该在期刊订购经费可负担的前提下选择该期刊。不过，期刊采购人员需要区分期刊的直接价格和相对价格，其中相对价格即期刊全年的订购价格除以年均被读者利用的次数。在纸本期刊选择过程中，固然要考量期刊的直接价格，但更要注意期刊的相对价格。某些直接价格较高的期刊，若使用频率高，那么其相对价格并不高。相对价格低的期刊应该是期刊采购人员优先选择的对象。① 不过，在某些期刊的相对价格不高也不低的情况下，期刊采购人员可以根据本馆所购的电子期刊数据库是否覆盖该期刊来进行选择。若已经采购了电子期刊，在纸本期刊非必不可少时，可以放弃订购该纸本期刊，通过利用电子期刊来满足用户需求。

---

① 肖希明. 信息资源建设(第2版)[M]. 武汉：武汉大学出版社，2020：170.

(6) 文种与语言

期刊的文种或语言是期刊选择必须考虑的一个关键因素，因为它涉及潜在使用的问题。某一领域的主要工作语言值得特别考虑。中文期刊选择与外文期刊选择依据会有较大的差异。中文期刊可以按上述五个因素来进行选择。外文期刊选择需要进一步区分通用的外国语(如英语、法语、俄语、阿拉伯语和西班牙语)期刊和其他常用的外国语(如日语、德语等)期刊，然后基于该期刊的影响因子与用户需求做出选择决策。对于外文期刊的选择，国内大多数图书馆重点是订购英文期刊，选择其他语种期刊较少。但不能忽视的是，在某些情况下，某主题文献的主要语言并不是英语，而是其他外国语，如意大利语，在这些主题文献又是十分重要的情况下，期刊采购人员就应该选择这些外国语的期刊。

(7) 期刊的可获得性

纸本期刊选择还应该考察期刊的可获得性问题。由于国内图书馆往往采购了"中国知网""维普数据库""万方数据知识服务平台"等数据库，这些数据库基本覆盖了国内出版的大多数期刊。在这种情况下，期刊采购人员就需要慎重考虑是否有必要选择和订购重复的纸本期刊。一般来说，选择纸本期刊，应该局限于学科领域的极少数顶尖优秀期刊或很受读者喜欢的优秀期刊；其他可通过开放获取或机构数据库获得电子期刊的，应该停购纸本期刊，以免造成过多的资源重复建设。这种情况同样适用于外文纸本期刊的选择。

3.1.2.3 纸本期刊选择的工具

选择纸本期刊的常用工具是期刊征订目录。它分为国内期刊征订目录和国外期刊征订目录。

(1) 国内期刊征订目录

国内中文期刊征订目录主要包括：南京大学发布的《CSSCI 来源期刊目录》《CSSCI 来源期刊扩展版目录》，中国科学院文献情报中心发布的《CSCD 来源期刊目录》，北京大学图书馆发布的《中文核心期刊要目总览》，中国科协发布的《我国高质量科技期刊分级目录》，《全国报刊简明目录》《港澳台报刊目录》，以及各出版社或经销商印制的征订目录，如《人天期刊征订目录》等。

(2)国外期刊征订目录

国外期刊征订目录可分为国内编印的外文期刊征订目录和国外编印的外文期刊征订目录两大类。前者主要包括《外国报刊目录》《外国丛刊目录》；后者主要包括《乌利希国际期刊指南》(*Ulrich's International Periodical Directory*)、《国际不定期连续出版物与年刊指南》(*Irregular Serials and Annuals: An International Directory*)、《乌利希季刊》(*Ulrich Quarterly*)、美国的《标准期刊指南》(*Standard Periodical Directory*)和《威林斯报刊指南》(*Willing's Press Guide*)、《德国报刊》(*Der Leitfaden fur Press und Werbunh*)、《法国期刊索引》(*French Periodical Index*)以及《日本杂志总览》等。

3.1.2.4 纸本期刊选择的方法

目前全国发行刊物已达上万种，如何在有限的期刊采购经费条件下采购最适合本馆的各种期刊，是期刊采购人员必须解决的关键问题。图书馆在选购期刊时，必须根据本馆的性质、目标、用户需求以及经费投入等因素来决定期刊订购的范围、品种和复本数量。这里以高校图书馆中文期刊选择为例，介绍几种实用的期刊选择方法。

(1)用户需求调查法

高校期刊采购人员基于本校学科建设、科学研究与人才培养对纸本期刊文献的需求，首先找出相关学科的专业期刊，按照需求程度(如最迫切需要的、比较迫切需要的、一般需要的和不需要的)设计期刊需求调查表格，然后请不同学科专业的师生、教辅人员和管理人员填写调查问卷，在回收调查问卷与进行统计后，根据相关调查数据，并综合考虑馆藏采购记录，做出新订或续订何种纸本期刊的决策。这种用户需求调查法能够真实反映用户的学科知识偏好与现实需求，但依赖于一定数量的调查样本数。样本数太少可能导致失真，不能为期刊选择决策提供有效依据。

(2)引文分析法

由于某一种期刊论文的被引用次数能从一个侧面客观地反映论文乃至期刊的学术水平和价值，所以可以利用引文分析法评估期刊的质量，为选择期刊提供参考。具体做法是：①选择一种或一组与某学科或专业相关的期刊；②统计其中某一学科或专业的一次文献后面所附的“参考文献”所在的各种期刊的被引次数；③将被引期刊按被引次数递减排序；④把排在最前面的被引次数达到某一要求(如被引次数占全部期刊被引次数的70%)的那几种期刊作为该学科或专业的重要期刊，它们构成纸本期刊选择的来源期刊。①

(3)目录对照法

目录对照法是选用一种国内较有权威性的检索工具作为对照目录，如《CSSCI来源期刊目录》，统计来源期刊目录中与本校学科建设与人才培养相关的期刊种数；依据学校不同学科建设与人才培养的需要，特别是重点学科建设需求，确定不同学科期刊采购的种数与复本数，优先保障为重点学科与优势学科采购其所需的CSSCI期刊。但需要注意的是，由于高校图书馆往往采购了国内期刊数据库，如"中国知网""维普数据库""万方数据知识服务平台"等，为避免过多的纸本期刊与电子期刊的重复建设，特别是在期刊采购经费有限的情况下，图书馆没有必要选择与采购所有与本校学科建设与人才培养相关的CSSCI来源期刊，而是需要根据用户需求的迫切程度，对某学科所有CSSCI期刊进行同类比较，从中选择排名靠前、质量更高、学术影响力更大的一部分期刊作为本馆采购的纸本期刊，同时用图书馆购买的电子期刊来覆盖未采购的CSSCI来源纸本期刊，实现纸本期刊与电子期刊的互补与有效利用。

(4)综合平衡法

对于高校图书馆来说，为了平衡不同学科的期刊需求，同时保障重点学科信息资源建设，避免期刊选择的盲目性，需要期刊采购人员采用综合平衡法来进行期刊选择。其主要步骤是：①根据学科重要程度，排出本校各学科重要性的顺序表。②确定各学科期刊选购的级别(完备级、研究级、学习级、基础级、最低级)和所占本学科期刊的相对比例。③根据以往订购经验，计算出各学科期刊中采购经费占全部中文期刊经费的比例，对不适合的部分进行调整，以在总体上达到经费的基本平衡。这时需要保证重点学科的期刊需求，兼顾其他学科的期刊需求。

3.1.2.5 不同类型图书馆纸本期刊选择实践解析

(1)国家图书馆纸本期刊选择实践解析

国家图书馆纸本期刊包括中文期刊(含港澳台地区出版的中文期刊)和外文期刊，采访方式有接受交存、购买、接受捐赠、文献交换、征集、网

---

① 秦雪珍. 核心期刊选择的新思考[J]. 图书馆，1998(6)：31-32.

络采集、接受托存、复制等。纸本期刊的采选遵循"中文求全，外文求精"的方针，采选范围为国内外以中国文字(含汉语言文字和全国各少数民族语言文字)记录的期刊，以及在国内出版的、以外国文字记录的期刊，对于国外以外国语言文字出版的外文期刊选择性采选。截至2021年年底，国家图书馆馆藏纸本期刊逾1600万册件，其中中文期刊总量逾890万册件，外文期刊总量720余万册件。

①纸本中文期刊选择原则与方式。

国家图书馆馆藏中文期刊按出版区域划分，可分为内地(大陆)出版的中文期刊和港澳台地区出版的中文期刊。中文期刊采选遵循分级入藏的原则，对于国内正式出版的中文期刊全面采选，采访方式主要是接受交存和购买。国内非正式出版的内部资料性的中文期刊有选择性地采选，如图书馆学、情报学领域，内容价值高、出版质量好的非正式出版期刊选择性采选入藏，采访方式主要是接受捐赠。对于未经省级或以上新闻出版行政部门审批的期刊，不予采选。港澳台地区出版的中文期刊的采访方式主要是购买、接受捐赠和交换。

国家图书馆对于正式出版的中文期刊的采选复本为1~7部，保存合订本1部，作为保存本，其余复本作为借阅本。对于非正式出版的中文期刊，采选复本为1部，以合订本形式保存，多余复本则根据相关规定进行销毁。港澳台地区出版的中文期刊采选复本为1部，保存合订本1部，作为保存本，通过接受捐赠或交换方式获得的期刊，作为借阅本，流通结束后下架销毁处理。

根据《公共图书馆法》规定，国家图书馆接受国内正式出版期刊的交存，出版单位将其正式出版的期刊按每期3册交存至国家图书馆。中文期刊的购买按照财务相关规定采取招标采购的形式，由中标供应商采选。购买复本量在采选总复本量不变的原则下，根据期刊的交存情况确定，一般采购复本为0~1部，即交存情况优秀的期刊一般不再购买复本。部分期刊会根据馆内各阅览室读者服务的需求，另多购买1~3个复本。

②纸本外文期刊数量、选择原则与方式。

国家图书馆馆藏外文期刊语种十分丰富，其中包括英、日、俄、法、德等70余个语种。截至2021年年底，馆藏外文期刊53000余种，其中现刊近5000种，过刊约48000种。馆藏各主要语种外文期刊数量见表3-3。

表 3-3　国家图书馆馆藏外文期刊数量(截至 2021 年 12 月)

语　　种	册(件)量
西文期刊	55449
俄文期刊	10035
日文期刊	18530
东文期刊	1873
合计	7207180

国家图书馆馆藏外文期刊在“求精”的采选方针下，遵循全面采选、重点采选、适当采选和不予采选的原则。

对于内容涉及国家立法和决策、研究中国和华人的外文期刊全面采选。对于内容与我国重点发展的支柱性产业相关的外文期刊，各学科领域具有较高参考价值的学术类外文期刊，有关我国周边国家政治、经济、文化、民族、宗教、军事、地理等情况的外文期刊，图书馆学与信息管理等有参考价值的外文期刊等重点采选。对于科普类、旅游与娱乐类以及儿童教育与学习类外文期刊适当采选。对于商业广告类及内容质量低下、出版不规范的外文期刊则不予采选。

国家图书馆外文期刊的采访方式以购买为主，其次是国际交换和接受捐赠。国外出版的外文期刊原则上采选 1 个复本，分流为基藏本。外文期刊购买按照财务相关规定采取招标采购的形式，由中标供应商采选。

(2)南京图书馆纸本期刊选择实践解析

纸本期刊是南京图书馆信息资源建设的主要类型之一。中外文期刊订购工作均严格按照《南京图书馆中文期刊采访条例》《南京图书馆外文文献采访工作条例》执行，年均中外文报刊入藏量都在 7000 种以上，注重保持馆藏重点报刊、核心报刊的连续性。南京图书馆纸本期刊选择策略是：

第一，确立纸本期刊选择原则，包括：

①政治性。坚持正确的舆论导向，坚持把传播和积累有益于民族素质提高、经济发展和社会进步的科学技术和文化知识，弘扬中华民族优秀文化，丰富人民群众的精神文化生活作为己任，采购国家新闻出版署正式批准的中文期刊及具有一定学术价值的行业内部期刊，杜绝非法出版物和淫秽低俗读物。

②学术性。中文期刊采访需具有学术价值、理论价值、文化价值和艺术价值。优先考虑北京、上海、深圳等在政治、经济、文化、艺术诸方面都具前瞻性的地区重要期刊。核心期刊全面入藏，以保证采购的中文期刊能充分反映各学科最先进的学术水平。

③系统性。中文期刊作为一种特定类型的文献，要保证馆藏期刊的完整和连续。为符合图书馆各类型读者的需求，根据《中国图书馆图书分类法》合理选购各类期刊，使整个馆藏全面丰富而又严谨，形成科学的藏书体系。

④特色性。要保证江苏版地方特色。通过各种征订途径收集全省范围内的正式出版物及部分行业内部期刊。报纸要保证收集到地市级党报、全省范围发行的各种报纸。

⑤发展性。中文期刊的采访既要满足当前需要，也要展望未来。要适应现代化科学、技术、文化、艺术诸多方面发展的需要，馆藏也要随着未来发展进一步完善，并适时在保障馆藏体系的前提下相应作出调整。

第二，明确纸本期刊的选择范围。立足于"读者至上"的服务宗旨，中文期刊的采访与馆藏力求各门学科采选合理得当，适合各位读者，充分体现科学性和综合性。主要方法是：

①全面入藏自办发行的优秀的、具有一定影响力的社会科学邮发期刊。

②保证每个自然科学类目入藏的期刊都有代表性。

③少儿中文期刊不作为馆藏，只陈列于少儿馆提供阅览。

④全面系统地采选人大报刊复印资料的专题刊。

⑤全面采选各学科核心期刊及文化和旅游部颁布的《省级图书馆期刊核查目录》所列期刊，同时收藏大学学报。

⑥为满足广大市民的文化需求，采选文化、时尚、科普、健康类期刊。

⑦全面采选省级以上经出版管理部门登记公开及内部发行的报刊，重点采选直辖市和各省市的党报、科技报、经济报及休闲类报纸，选择性采选市级以下(含市级)公开和内部发行的报刊(本省广播电视报、县市级党报及学生学习类报除外)。

⑧适当采选香港、澳门、台湾地区及国外出版的中文报刊。

(3)清华大学图书馆纸本期刊选择实践解析

清华大学图书馆结合本校经费情况，通过优化纸质期刊的选择和采访，与电子期刊互为补充，使本馆纸质期刊形成有特色、有延续性的完整体系，提高纸质期刊的使用率。清华大学图书馆在资源建设初期就非常重视纸本期刊的建设，单独设立期刊部，负责期刊的选择、编目与阅览。截至2021年年底，清华大学图书馆积累期刊合订本61.78万册。在纸本期刊的选择上，清华大学图书馆制定了纸本期刊采访原则，并根据期刊的出版特点、期刊的载体与利用的变化，不断调整期刊的选择策略。

清华大学图书馆纸本期刊选择包括(以下原则)：

①针对性原则。纸本期刊的选择依据学校学科设置，优先选择学科专业教学与研究所需的期刊，特别加强各专业核心期刊、权威期刊的采选。同时考虑读者的实际需求，除重点保障专业所需期刊外，还考虑提升读者素质的通识类、科普类期刊。

②连续性原则。期刊的最大特点是具有连续性，在选择期刊时注意保持期刊的连续性和完整性。对于缺期期刊，及时联系出版社或馆配商进行催缺补藏。

③协调性原则。做好纸本期刊与电子期刊的协调、订购期刊与交换赠送期刊的协调，尽量减少资源的重复配置。

同时，清华大学图书馆制定了纸本期刊的采选标准：

①学科专业匹配。图书馆全面选择与学校学科专业设置高度契合的核心期刊，将在期刊评价上具有较高影响力的学科核心期刊或期刊目录如《科学引文索引》(SCI)、《工程索引》(EI)、《中文核心期刊要目总览》、CSSCI等收录的期刊，作为筛选核心期刊的依据。重点选择教育科研所需的常用期刊、综合性报刊、知识性较强的素质教育报刊。同时，充分考虑院系专家与读者的意见，如在清华大学人文社科图书馆落成时，集中征集了学科专家对于文科类纸本期刊的订购建议，选择了500余种中外文期刊，以满足读者的需要。

②期刊质量。图书馆在选择期刊时，除了把握期刊的学术价值与利用价值外，还要考察期刊的外部特征，如编辑出版单位、出版频次、开本、发行方式等。考虑期刊编辑的特征，包括主题范围、内容层次、读者对象等，从中可以了解到刊物的指导思想、发展目标、主要内容和读者群。

③不予采选范围。对于内容与本校学科专业设置无关的期刊、大学层次以下的期刊，不予采选；外形超薄、开本特大、出版频次极其不规律的期刊，不予采选；通过交换和赠送渠道可以稳定获取的期刊，不予采选。随着电子期刊的快速发展与广泛应用，近年来，清华大学图书馆逐步减少对纸本期刊的采选，每年召开期刊订购协调会，集中讨论下一年期刊选择

与删减方案。如2021年年末，根据学科专业的变化情况、电子期刊的保障情况、读者的使用情况、期刊的发行与到刊情况、电子期刊的捆绑情况、复份情况等，图书馆对总馆的科技类期刊与科普读物进行了大幅删减，停订300余种科技类纸本期刊。2022年，根据各分馆反馈的情况，停订人文类、法律类、美术类、金额类180余种纸本期刊。图书馆通过多方面的综合评估与兼顾读者需求，平衡纸电期刊的协调发展。

3.2 数字信息资源的选择

数字信息资源与实体信息资源共同构成了图书馆信息资源体系。由于计算机技术、数字存储技术、现代通信技术和网络技术的飞速发展及有机结合，信息存储和检索的地理界限已经被打破，人们能通过计算机网络，查询分布于世界各地的数据、图表、文献等信息。① 数字信息资源在生产、存取、传递、载体形态等方面与纸本文献有完全不同的特点，相较于传统纸本文献资源，具有节约空间、及时性强、可多人阅读、存取方便、检索迅速等优点。对图书馆来说，无论是选购新的数字资源，还是续订使用到期的已有的数字资源，都面临着对数字资源的选择和评价的现实问题。数字信息资源选择需要考虑特定的原则、标准和注意事项。

3.2.1 数字信息资源选择的原则

(1)价值原则

数字信息资源选择需要遵循价值原则。所谓价值原则，就是以数字信息资源所能发挥的价值为导向进行数字信息资源的选择。数字信息资源的价值性主要分为内容价值和其他价值，其他价值包括数字信息资源的来源、形式等。数字信息资源的内容价值应是进行数字资源选择时所考虑的主要因素，要注重数字信息资源的准确性、完整性、时效性、客观性、可信性、权威性等。②

(2)系统原则

数字信息资源选择需要注意系统原则，即选择的数字信息资源与原有

① 黄燕. 图书馆数字化内容选择原则阐释[J]. 情报资料工作，2006(6)：53-55.

② 唐琼. 图书馆数字资源选择标准研究[D]. 武汉：武汉大学，2009.

的印刷型馆藏或数字信息资源应能构成合理的馆藏结构，在学科主题、文献类型、文种、时间与地区上形成一个完整的信息资源体系，且在内容、数量、品种上保持一定的系统性，能够满足不同用户信息需求。

(3)安全原则

数字资源选择涉及版权、合同和隐私保护的问题，这些问题是图书馆在数字资源选择过程中不能忽略的因素。图书馆在数字信息资源选择的过程中应确保数字信息资源来源合法，如发生第三方版权纠纷，图书馆无须承担责任；能够对数字资源非法使用行为进行合理处理；清晰约定本馆和数字信息资源提供方的责任和义务，明确合同条款符合图书馆的要求；确保数字信息资源供应者不将用户信息及其使用统计数据用于商业目的等。

(4)实用原则

数字信息资源的实用原则主要强调：采用简易友好的界面，通过合适的菜单、帮助界面或教程为读者提供指导；提供检索界面和特殊资源的手册或文件；检索结果方便处理；有独立的平台；电子期刊 URLs 稳定且可持续使用；能够通过行业标准技术(如 Open URL、DOI、Z39. 50、XML)与图书馆现有集成检索系统或其他界面系统兼容，并能收集可靠、有用的统计数据；具有较好的系统响应速度等。① 满足这些因素的数字信息资源系统可以提升读者检索和获取数字信息资源的体验和效率，进而提升数字信息资源的使用率，发挥其应有价值。

(5)成本效益原则

与纸本文献资源相比，数字信息资源使用起来更加方便，但定价模式发生了变化。图书馆在选择数字信息资源时，需要了解该数字信息资源的销售方式与定价模式，同时考虑本馆是否订购了纸本期刊，尽量用最少投入获得最大收益，包括数字资源的使用效益。此外，还应关注如价格变化、维护成本、管理成本、服务成本等因素，提升数字信息资源带来的效益产出。

3. 2. 2 数字信息资源选择的标准

把握数字信息资源选择的标准，可以帮助图书馆采购人员更好地做出数字信息资源选择。这些标准主要包括以下几个方面：

---

① 唐琼. 数字资源选择标准研究：基于国内外馆藏发展政策的考察[J]. 图书馆杂志，2011，30(10)：22-29.

(1)质量性

数字信息资源的质量性是指数字信息资源是否具有较高的质量，即资源信息是否正确，其内容、事件、观点、数据是否可靠、正确。这需要全面考察候选的数字信息资源是否有政治上或意识形态上的偏颇，是否有概念性或逻辑性的错误，信息内容是否完整，是否有研究基础，是否经过编辑或评价机构过滤，是否按专业格式书写和注释，是否有拼写、语法错误或常见打字错误等，数字信息资源出版者在业内是否具有较好口碑和信誉度等。①

(2)经济性

在商业数据库采购价格不断上涨的背景下，选择价廉物美的数字信息资源是图书馆信息资源建设的关键环节。为实现信息资源建设投入少、效益大的目标，图书馆需要充分考虑数字信息资源的采购价格和本馆的经费投入，量力而行，努力避免电子文献之间或纸本文献与电子文献之间的重复采购，从而避免因盲目采购而造成的资源重复建设与采购资金的浪费。

(3)合法性

数字信息资源选择必须十分重视数字信息资源的版权问题。图书馆采购人员应具备高度的版权意识，在采购数字信息资源前，要多方考察数字信息资源供应商或经销商是否拥有数字信息资源版权，或是否能提供有效的版权解决方案。对于代理商，要考察其是否拥有正规、完整的版权，其出售行为是否超越其代理权，是否存在无权、非法出售的行为。同时，不与有限使用权的单位私下协商，超权限链接使用他人购买的联机数据库。②另外，图书馆采购人员还要了解数字信息资源版权的使用要求与时限，以便图书馆能够合法、合规使用已采购的数字信息资源，避免侵权行为的发生。

(4)相关性

相关性是指在选择数字信息资源时，必须基于用户信息需求和馆藏资源建设目标的需要来筛选各种类型的数字信息资源。在数字化环境下，用户信息需求在广度、深度、内容上都有较大变化，图书馆应满足用户对数字信息资源多元化的需求，选择具有代表性、新颖性、相关性的高质量数字信息资源。③

① 徐佳宁. 网络资源的选择与评价[J]. 图书与情报，2003(6)：61-63.

② 胡乃志. 高校图书馆数据库评价与选择的策略研究[D]. 长春：东北师范大学，2007.

③ 肖希明. 信息资源建设(第2版)[M]. 武汉：武汉大学出版社，2020：178.

(5)时效性

数字信息资源选择的时效性强调对信息资源内容价值发挥的时效的评估。具备较好时效性的数字信息资源应具备以下一个或多个特征：该数字信息资源为近期制作的或更新的；内容新颖，符合读者对资源的需求；强调资源的动态性，明确更新频率规范并严格执行。

(6)开放性

数字信息资源的开放性要求所选的数字信息资源尽量是开放获取与开放共享的。由于目前开放获取期刊、开放获取图书、开放获取知识库、开放数据等多种数字信息资源不断涌现与发展壮大，图书馆采购人员应该重视这些开放性很强的数字信息资源，通过广泛的收集、整理与组织，使之成为图书馆用户可利用的免费数字信息资源。此外，选择商业化的数字信息资源时，也需考虑供应商所提供的数据库系统的开放性与数据资源格式的开放性，以便采购的数据库能够更好地与图书馆其他数据库实现融合，从而方便用户使用这些数字信息资源。

3.2.3 电子期刊数据库的选择

由于电子期刊是目前最常用也是最重要的一种数字信息资源，所以有必要进一步说明电子期刊数据库的选择。电子期刊数据库的选择必须遵循数字信息资源选择原则，从以下几个方面进行甄别与遴选①：

(1)调查电子期刊数据库供应商的合法性

图书馆采购人员需要对拟采购的电子期刊数据库供应商是否已经在中国版权保护中心取得授权进行调查，要求供应商出示相关许可证件证明其合法性，以免将来出现法律纠纷。

(2)评估电子期刊数据库的价格

为签订最实惠的采购合同，图书馆需要评估电子期刊数据库价格的合理性。对于同类型电子期刊数据库，如中文期刊数据库，应该货比三家、择优选购；需要了解单购价与团购价差异、地区价格差异、因并发用户数量不同产生的订购价格差异；还需了解是否存在其他附加隐性收费和数据库的每年价格涨幅等。

---

① 黄卫珍，邢金荣．谈高校图书馆电子期刊数据库的订购[J]．图书馆学研究，2006(3)：55-56，44.

(3)对电子期刊数据库进行数据分析

为提供决策依据，图书馆采集人员需要对该电子期刊数据库收录的数据内容进行分析，包括：

第一，了解数据库收录的数据源期刊范围与数量，要分析：①收录的数据源期刊包括哪些学科专题；②每一种学科专题包含多少种期刊；③每一种学科专题的核心期刊有多少及其占此学科期刊的比例；④SCI(或SSCI)、EI来源刊有多少种及其占核心期刊的比例；⑤整个数据库核心期刊总量及其占比。

第二，进行数据完整性分析，包括：①对照纸本期刊内容，检查电子期刊在刊期数量、每期论文数量上的完整性；②对照纸本期刊内容，检查电子期刊所载论文内容的完整性，包括检查电子期刊论文是否与纸本期刊论文在内容、排版上一一对应，检查电子版期刊论文是否缺少图像、表格、彩图等；③检查电子期刊论文是否可提供用户浏览、阅读、下载的多种通用格式，比如PDF、HTML。

第三，进行数据连续性分析，包括：①检查电子期刊数据库收录的期刊在卷、期上是否连续，若出现较多不连续的期刊，将可能制约用户获取某些比较重要的论文，该期刊数据库质量就存在较大问题；②检查电子期刊数据库收录期刊的连续性与稳定性，了解数据库期刊注销情况，如果每年注销的期刊过多，则会影响该期刊数据库的连续性。

第四，进行数据时效性分析，包括：①检查电子期刊数据库中的论文出版是否是及时的，是否与纸本期刊同时出版，若不是，是先于还是滞后于纸本期刊的刊发；②由于许多电子期刊数据库中的论文往往在纸本期刊刊发后需要一段时间才能提供给用户，就需要考虑这种时滞有多长，若时滞过长，说明该电子期刊数据库的时效性不强；③检查电子期刊数据库是否提供网络首发。目前中国知网(www.cnki.net)提供网络首发。网络首发的显著特点和优势是能够减少出版时滞，促进科研成果快速传播；可推动传统学术期刊的数字化转型，出版多种新型论文，如增强论文、协创论文、数据论文、双语论文等。

第五，进行数据回溯性分析，包括：①了解电子期刊数据库收录的资源类型及其数量，比较数据内容异同；②分析电子期刊数据涵盖的时间长短、年代范围，了解数据的回溯性。一般来说，收录的内容越全越好，收录的年限越久越好。

(4)进行电子期刊数据库检索系统分析

电子期刊数据库检索系统是连接用户和数据库之间的桥梁，直接影响用户对电子期刊的使用。提供丰富、高效的检索功能是电子期刊数据库必须满足的基本要求。所以需要对电子期刊数据库检索系统进行分析，包括：

①分析检索系统稳定性。电子期刊数据库检索系统必须稳定可靠，不能经常由于无法解释的原因而造成系统停止运行，由此造成用户反感与放弃使用。

②分析检索界面。检索界面是用户感受数据库的一扇门，应该美观、易用，尽量使检索界面简单、直观、易操作，满足不同使用者的需求。

③分析检索功能。了解检索系统是否提供尽可能多的检索方式与检索字段，如常见的主题、篇名、关键词、作者、作者单位、文献来源、摘要、全文、分类号、基金、参考文献等检索方式；了解检索系统是否提供多层次、多级别的检索，如提供初级检索、高级检索、专业检索等，以便满足不同用户的检索需求；了解检索系统是否需要专门的阅读器或浏览器，该阅读器或浏览器是否提供多种必要功能，如保存、打印、放大、缩小浏览、翻页，以及对文本内容是否可以进行选择、识别、复制、粘贴等。

④分析检索结果。分析检索结果是否全面准确，下载和使用是否比较方便，输出格式是否灵活多样。

⑤分析检索系统辅助功能。了解检索系统是否具有跨语种检索能力，是否可以选择简体、繁体或者外文方式进行显示，是否可以进行二次检索、三次检索、组合检索等，是否可以有选择地暂存检索记录，是否提供检索结果的链接服务，是否提供检索系统的简介、帮助功能、客户服务、信息反馈等辅助功能。

3.2.4 开放获取期刊的选择

开放获取(OA)期刊在OA运动中发展最快。截至2023年1月4日，作为美国国立卫生研究院国家医学图书馆的生物医学和生命科学期刊文献的免费全文档案库，公共医学中心(PMC)收录了3931种免费全文期刊。①“开放获取期刊目录(Directory of Open Access Journal，DOAJ)”收录来自132

① About PMC [EB/OL]. [2023-1-4]. https://www.ncbi.nlm.nih.gov/pmc/about/intro/.

个国家和地区的 18801 种 OA 期刊、8420069 篇论文。① 面对越来越多的 OA 期刊，图书馆在数字信息资源建设过程中，可以参照如下流程进行选择：

(1)广泛采集不同来源的 OA 期刊，特别是某些专门的 OA 期刊网站(如 DOAJ、PMC、我国“国家科技期刊开放平台”)提供的 OA 期刊，下载该网站或 OA 期刊数据库提供的 OA 期刊目录。

(2)评估 OA 期刊质量，优先选择高质量的 OA 期刊。按照一般的国际 OA 期刊规范，检查 OA 期刊是否拥有如下 8 项内容：①OA 声明。期刊网站上显著标有“开放获取”等标识。②明确版权归属于作者。不与作者签署任何版权转让合同，在期刊相关页面明确说明。③为作者提供文章许可声明选择。OA 期刊网站明确说明采用 CC 协议，由作者选择所采用的 CC 协议类型。④提供预印本政策。发布 OA 期刊预印本政策，鼓励作者在正式投稿前将论文手稿以预印本发布，不被视为重复发表。⑤提供绿色仓储政策。允许作者将文章的任何版本格式存储在第三方知识库。⑥公开“论文加工费”(APC)政策。在网站页面上明确公开 APC 费用及细则。⑦提供开放数据政策。允许作者选择将论文的过程数据作为文章附加资料同时开放获取出版，提供数据存储方式。⑧规范开放接口。提供业内标准接口(OAI、FTP)或标准编程接口，供用户批量获取论文全文和元数据。② 高质量的 OA 期刊往往具备上述内容，应该优先选择高质量的 OA 期刊。

(3)评估 OA 期刊与本馆数字信息资源的契合度，优先选择实用性强的 OA 期刊。由于许多 OA 期刊来自不同学科，且一些 OA 期刊网站提供的期刊在学科分布上十分广泛，所以图书馆在选择 OA 期刊时需要基于本机构用户的需求，对收集的 OA 期刊与本馆已购纸本期刊和电子期刊在期刊种类与学科分布上进行比较分析，筛选出哪些 OA 期刊属于本馆没有订购且能补充本馆数字信息资源的 OA 期刊，哪些 OA 期刊已被本馆订购，同时区分哪些 OA 期刊不适合于本馆收藏。

(4)评估 OA 期刊影响力，优先选择影响力较大的 OA 期刊。根据 OA 期刊是否被重要数据库(SCI、SSCI、EI、CPCI、PubMed、Scopus 等)收录，是否为著名出版社(Elsevier、Springer、Wiley、Ovid、Sage、Taylor & Francis

① DOAJ [EB/OL]. [2023-1-4]. http://doaj.org/.

② 彭媛媛，黄金霞，陈雪飞，赵展一. 开放科学进程中的 OA 期刊发展：2017—2020 年[J]. 农业图书情报学报，2020，32(12)：29-40.

等)出版，是否为重要学协会主办，是否被知名 OA 平台(DOAJ)收录，是否具有同行评议机制，是否有 JCR 影响因子等指标，对候选 OA 期刊影响力进行评估①，优先选择影响力较大的 OA 期刊。

3.2.5 数字信息资源选择的注意事项

数字信息资源选择应该注重以下事项：

(1)资源质量

资源质量是信息资源价值的重要体现，主要包括功能质量和内容质量。功能质量主要涉及数字资源所在界面或检索系统的性能标准，内容质量应从客观性、科学性、原创性、代表性和可操作性方面进行评价和衡量。② 在进行数字信息资源选择的过程中，应注意兼顾数字信息资源的功能质量和内容质量，通过高质量资源的选择和引入帮助用户更好地获取和利用信息资源。

(2)资源价格

资源价格是数字资源选择必须重视的因素之一。当前数字资源的引入成本持续增长③，在进行数字信息资源选择中，更需要考虑数字资源的定价模式以及引入数字信息资源的成本效益。目前国内外权威的数字资源定价权掌握在资源商手里，在进行选择时需要注意价格的变化以及配套赠送的服务或设备的价值，同时要尽可能全面地了解和考量该资源商已达成的合作案例等。④

(3)资源平台

资源平台直接影响到用户使用数字信息资源的满意度，在选择数字信息资源时，对资源平台需要注意两个问题：一是数字资源平台的质量，如平台的持续稳定性、运转情况监测与维护、针对网络故障提供应急预案与

---

① 徐晶晶，路纳新，葛红梅. 图书馆开放获取期刊遴选与编目实践——以中国医学科学院图书馆为例[J]. 图书馆杂志，2022(8)：55-61.

② 徐宽，任河. 数字资源长期保存的内容价值判断依据研究[J]. 图书情报工作，2013，57(13)：72-75，100.

③ 肖珑，章琳. 引进数据库的发展趋势与价格成本策略[J]. 大学图书馆学报，2015，33(1)：5-13，20.

④ 王玉波，徐文贤. 论数字资源采购的规范管理[J]. 情报科学，2010，28(2)：211-214.

保障措施等①；二是数字资源平台的界面及功能设计，应符合用户者的使用习惯，提供有利于提升用户使用体验和用户获取信息资源便捷度的设计，如跨设备阅读、外网访问等功能的设计及实现。

(4)资源功能

数字资源的功能设计及实现程度直接影响到用户对于数字信息资源的获取和使用，是数字资源价值发挥的基础。在进行数字资源选择的过程中，对技术设计及功能设计的评估需要注意以下几个方面：该资源提供者是否支持数据内容、数据组织和数据利用的标准化和开放性要求；是否采用遵循开放国际标准或通用的数据格式、数字对象唯一标识符、元数据格式、标引与分类语言；是否采用标准和开放的系统调用方式；是否提供可嵌入的资源检索接口，支持采购单位将这些接口嵌入自己的系统和服务，允许用户通过整合这些接口的跨库检索系统来检索多个数据库；是否支持多种数字资源之间的开放链接服务等。②

(5)资源版权

在数字信息资源的使用过程中，很容易产生使用风险，其中很多都涉及资源版权的问题，这需要图书馆采购人员在进行数字信息资源选择时采用一定的措施进行控制和规避，包括审查数字信息资源内容的合法性，明确图书馆和数据提供方各自的权利和义务③，优先选择具有权威性和学术价值的、时效性强的、无版权争端的数字资源④。

(6)资源利用

资源利用情况是特定资源是否满足用户需要的直接反映。图书馆需要在数字信息资源选择时对已有数字信息资源进行评估，更好地掌握用户需求。此外，现实中数字资源的利用情况大致也遵循长尾理论，因此，在选择数字信息资源时，需要优先考虑数据量大、覆盖范围广泛的数据库；对

---

① 王萍，王毅，文丽. 优化读者满意体验的数字资源建设探究[J]. 中国图书馆学报，2014，40(5)：98-109.

② 张晓林，宛玲，徐引篪，宋小冬，王欣. 国家科学数字图书馆数字资源采购的技术要求[J]. 中国图书馆学报，2004(4)：16-21.

③ 邱奉捷，韩新月，陈瑜. 图书馆数字资源共建共享中的版权风险防范[J]. 新世纪图书馆，2018(2)：52-56.

④ 齐东峰. 图书馆学术电子书采购诉求与出版商利益的矛盾与平衡[J]. 国家图书馆学刊，2014，23(3)：99-104.

于那些专题数据库，在选择时也应该尽量做到小而全。①

(7)资源供应商及其服务

资源供应商是数字信息资源的提供方，在数字信息资源选择中应优先考虑具有合法出版、发行资质的资源供应商。② 资源供应商提供的服务关系到数字信息资源在实际使用中的价值发挥。在选择数字信息资源时，需要关注资源供应商是否提供了规范的使用统计数据分析报告、免费试用期、标准的培训支持、及时高效的售后服务、长期稳定的数字资源保存五方面的配套服务③，对于所提供的服务范围广、质量高的资源供应商，可以列为优先合作的对象。

3.2.6 不同类型图书馆数字信息资源选择实践解析

3.2.6.1 国家图书馆数字信息资源选择实践解析

国家图书馆数字信息资源的建设始于20世纪80年代，1996年年初又向文化部申请成立了"数字式图书馆试验项目"，以中国博士论文影像数据库为切入点开展试验性数字资源建设，实现数字资源网络化服务。自2000年以来，国家图书馆在数字信息资源建设方面投入了大量的资金和人力，有计划地进行数字资源库建设。④ 通过制定明确的数字资源建设规划，其为数字资源建设确定目标、明确方向，提供宏观指导。国家图书馆数字信息资源建设以"弘扬民族文化、传承文化遗产为目标，以服务于国家立法和决策、国家重大项目工程建设以及学术研究为重点。遵守知识产权的相关规定，边建设边服务"为指导思想，按照"中文为主，外文为辅，通用性资源外购为主，特色资源自建为主"的方针，执行"统筹规划、公益为主、突出特色、遵循标准、科学管理、自建购进并举"等基本原则，主要采取自主建设、引进建设和合作建设三种方式开展数字信息资源建设，丰富数

① 宓永迪. 长尾理论在图书馆的应用[J]. 图书馆杂志，2007(5)：11-13.

② 申庆月. 数字资源采访版权风险分析和防范[J]. 图书馆杂志，2014，33(6)：24-28.

③ 唐琼，吴钢，谭明君. 图书馆数字资源选择标准体系权重的确立研究——读者与馆员的双重视角[J]. 图书情报知识，2011(3)：26-34.

④ 李致忠. 中国国图书馆馆史资料长编[M]. 北京：国家图书馆出版社，2009：1122-1145.

字化馆藏。①

经过20余年的发展，国家图书馆的数字信息资源建设取得了一定的成果，在我国的军事、国防、科技、教育、卫生等领域发挥了重要的文献保障作用，也为国家数字图书馆的进一步发展及向智慧图书馆的转型奠定了坚实的基础。国家图书馆数字信息资源主要包括三大类型：馆藏特色数字资源、外购数据库、网络采集资源。截至2021年年底，国家图书馆数字信息资源总量达2497.98TB，其中馆藏特色数字资源1904.48TB、外购数据库285.21TB、网络采集资308.29TB。资源内容主要包括：电子图书2181256种、2661797册，电子期刊55884种，电子报纸3553种，学位论文11665298篇，会议论文7815528篇，音频资料1919972首，视频资料199412小时。

根据《国家图书馆文献采选条例》，国家图书馆对于市场上已有的质量较高、影响较好的中外文数据库，有选择地进行采选。其进行数字信息资源采选时，综合考虑的因素主要包括：读者需求、内容质量、知识产权状态、制作质量、存取质量、潜在利用价值、设备配套、平台功能、开放与整合等。具体执行时应坚持以下原则：

(1)在信息资源内容选择上，注重与馆藏其他类型文献资源的协调互补，重点采选国内外具有一定科学、文化、教育和历史价值的数字信息资源。对于符合重点服务对象需求的、我国重点发展的支柱性产业所需的和学术价值较高的数字信息资源，重点采选。相同条件下，优先选择可提供元数据、备份数据、裸数据及服务持续性强、服务方案更优的数字信息资源。

(2)在信息资源类型选择上，重点采选收录范围广或在某学科领域具有一定权威性、工具型或学术型的数据库。除国内外著名的二次文献库外，尽可能采选全文数据库。

(3)在知识产权情况选择上，高度重视所采数字信息资源的版权问题，从多方面如供应商资质、平台合法性、资源内容授权来源等进行版权审查，所有资源单元应知识产权清晰，不存在任何纠纷问题。存在版权瑕疵或知识产权不明晰的数字信息资源不予采选。

① 李致忠. 中国国图书馆馆史资料长编[M]. 北京：国家图书馆出版社，2009：1299-1301.

(4)在版本选择上，坚持永久保存原则，尽可能选择多用户的网络版和可将数据资源装载于本地的镜像版。对于历史价值和学术价值较高的文献资源优先采选镜像版。如所选资源有其他载体类型，优先考虑具有更多附加价值的数字信息资源，如提供备份数据、永久访问权、存档权及可馆外远程访问等。

(5)在平台功能选择上，注重与已有数据库资源及管理平台与设备的兼容性与可整合性，平台应同时具备易用、性能稳定、检索功能强、界面设计友好等特点。

(6)在语种选择上，侧重中文和英文数字信息资源，其他语种则适当采选。

(7)在采购方式选择上，坚持经济性原则，应充分利用多载体联合采购的价格优势，尽量降低数据信息资源的使用成本。

3.2.6.2 南京图书馆数字信息资源选择实践解析

数字信息资源是南京图书馆信息资源的重要组成部分。截至2021年年底，南京图书馆提供的服务数据库共有65个，数字资源存储总量约为292TB，本地镜像为288TB，对外服务总量为750TB；提供的开放获取资源平台共有183个，其中中文平台43个、外文平台143个。南京图书馆的数字信息资源选择采取了如下一套完整、规范的采选程序：

(1)成立“南京图书馆数字资源管理委员会”，制定《数据库资源外购与管理办法》，明确数字信息资源年均采购经费比例。为做好南京图书馆数字资源管理工作，南京图书馆专门成立了“南京图书馆数字资源管理委员会”，明确数字资源管理委员会委员成员和数字资源采编小组的工作职责；制定《数据库资源外购与管理办法》来规范数字信息资源采选工作；确定南京图书馆数字信息资源年均采购经费比例，即占总购书经费的25%，约400万元；确定各类数字资源占比，即中文数据库占14%、外文数据库占4%、电子图书占2%、其他占4%，从而为数字信息资源选择提供参考。

(2)明确数字信息资源选择原则与要求。根据江苏省政治、经济、科研、生产、文化教育等各领域的现状和发展需求，结合本馆的办馆方针和服务对象，明确数字信息资源采选必须遵循系统性、累积性、完整性、稳定性、针对性、实用性、地方性、特色性原则，同时兼顾普及与提高的需要。要求采选时应注意体现综合性、研究性、特色性、多类型特点；力求节约经费，增加品种，实现文献资源的共建与共享；制定科学可行的计划，合理使用文献购置经费，科学地分配各类型采购比例，保证质量；逐步加大数字资源采选，增加数据库购置数量。

(3)确立数字资源选择标准。南京图书馆对电子出版物、数据库及网络信息资源三个类型数字资源，确立了相关的选择标准，包括：①电子出版物的选择标准：注重对内容质量、制作质量、存取质量、潜在利用价值、设备配套等方面的综合考虑；重点采选重要检索刊物、大型综合性百科全书；适当购置具有文献价值和实用性较强的字典、辞典、古籍等；逐年增加中文电子图书的采选。②数据库资源的选择标准：以购买为主、自建为辅，其中以购买中文版为主、外文版为辅，全文版为主、文摘版为辅，本地镜像为主、包库用户和光盘版为辅；系统、完整采选全文多用户网络版中文连续出版物数据库；凡本馆收藏完整的，或重要的外文连续出版物，如遇纸本连续出版物停止出版，应采选网络版光盘；具有重要参考价值的大型数据库一律采选全文多用户网络版，不宜采选文摘版和单机版；适当选择本馆认为有必要收藏的其他相关网络版和光盘版文献。③网络信息资源的选择标准：分专题选择网络信息资源，并将文化领域的重大事件和重要问题以及地方文化信息资源作为选择重点；需要对网络信息资源的出版内容、网站优劣、操作使用等方面进行综合考查；边建设、边研究，不断总结、积累经验，逐步形成网络信息资源体系。

3.2.6.3 清华大学图书馆数字信息资源选择实践解析

20世纪初，清华大学图书馆就制定了大力发展数字资源的文献资源建设目标，经过多年的积累，图书馆文献资源数量尤其是数字资源馆藏持续增长明显。2021年，图书馆可访问电子期刊已近17万种，电子图书735万种，数据库达913个(包含子库)，数字资源的总量位于全国高校前列。在多年的建设与资源的积累过程中，清华大学图书馆重视数字资源选择的评估与评价，通过对资源引进前的评估，使资源的建设既契合学科建设要求，又满足读者需要。通过对资源使用后评价，可以对学科资源建设与服务做出动态的调整与优化。

为加强数字信息资源建设，清华大学图书馆制定了数字信息资源选择原则：

①需求导向原则。图书馆数字信息资源的选择需要依据学科发展的特

点和师生的实际需要，有针对性地进行取舍，优先选择与学校学科契合度高的、多种资源类型相结合的数字资源，保证数字资源建设的质量与使用效益。

②整体协调原则。随着各类数字文献资源馆藏比例的快速增长，数字信息资源在经费投入、资源数量上远高于纸本资源，数字馆藏与纸本馆藏内容交叉重复现象明显加剧。因此，需要做好中长期全面规划与优化配置，使数字信息资源建设与纸本信息资源建设相协调，注重纸电平衡，形成一个内容系统完整、结构科学合理的馆藏信息资源保障体系。

③连续性原则。由于数字资源具有连续性的特点，图书馆需要进行持续的投入，在选择新订、续订或停订时，都需要进行充分的评估，谨慎地决策。

④共建共享原则。图书馆有限的文献资源采购经费无法覆盖海量的数字信息资源，因此，图书馆坚持共建共享原则：在校内图书馆与院系紧密合作，共同分担费用，并争取更多的院系购买的资源开放全校使用；在校际资源共建上，积极参与全国性或区域性的采购联盟，在价格和服务等方面争取有利条件。

依据上述原则，图书馆制定了数字资源选择的评估办法与评价方式，具体的采选标准和方式包括以下几个方面：

①资源契合度。清华大学图书馆在选择数字资源时，选择与学校学科建设契合度高的资源，优先保障一流学科资源，并根据学校学科发展规划进行动态调整，在满足一流学科资源的前提下，逐步向其他学科资源倾斜。同时加强一流学科领域资源的完整性、规模性及专题性建设，对一流学科领域发展前沿、研究热点、最新学术成果等方面资源加以关注和保障。① 同时，选择与本校读者信息需求契合度高的资源，在充分了解各学科各层次读者实际需求的基础上，最大限度地保障数字资源选择的针对性和读者满意度，优先选择读者使用范围广、使用频次高的综合性数字资源。图书馆会跟踪学校学科发展情况，尤其是新学科建设情况对新资源的选择进行评估，利用电子资源利用绩效分析平台，与 JCR、ESI 等的期刊数量进行匹配，计算核心期刊保障率，同时对应教育部学科分类，分析一流学科书刊

① 于宁，贾延霞，武丽娜，等. 聚焦支持高校教学与科研——清华大学图书馆资源建设实践与思考[J]. 图书情报工作，2021，65(1)：34-40.

保障情况，对于保障率低的学科，与学科馆员共同分析其与清华大学“双一流”建设学科之间的关系，根据分析结果对保障率低的学科资源集中力量强化建设。同时资源建设馆员与学科馆员、分馆负责人通过面对面交流、收集问卷等方式调研读者需求，根据学科资源采选原则与资源评估结果，每年召开数字资源采购协调会，共同商定资源的订购。

②资源质量。数字资源的内容质量和学术价值是图书馆选择数字资源的重要依据，着重选择学科内容覆盖面广，收录数据量大、准确性高、权威出版物所占比例高、内容更新频次快、资源组织科学合理的数字资源。对于全文期刊数据库，优先选择核心期刊占比高、收录期刊影响因子高、独家收录比例高、无时滞的资源。对于文摘索引数据库，偏重评价源文献的数量及覆盖范围、索引质量、分析功能、与一次文献的链接和查全查准率。① 对于电子图书数据库，考虑出版社声誉好、专业性强、经典图书多，与纸本图书能形成互补的资源。对于事实型数据库，选择数据涵盖范围广，数据有特色和针对性、数据准确的资源。

③资源使用。数字资源需要借助服务平台与检索系统才能被使用，平台的检索方式，如浏览功能、简单检索、高级检索、图像检索等，都影响读者的使用。检索方式和检索字段越多，界面越友好、易用，检索的有效性、可靠性越高，读者的使用体验就越好。平台的检索速度，检索结果的查全率、查准率，检索结果的显示、排序、分析、输出、保存、支持文献管理软件等功能，都影响读者的使用感受。同时，平台能否提供使用说明和帮助文档、提供网络培训课程、定制个人检索历史与分析等，都是图书馆在选择数字资源时要考虑的资源使用方面的因素。

④资源服务。数字资源提供商的产品服务与用户的有效利用密切相关。资源的服务包括很多方面，图书馆在选择资源时会考虑以下几个方面：友好的资源访问方式，是 IP 控制，使用用户名、密码登录，还是校内建立镜像或客户端等；便捷的校外访问方式，通过 VPN、代理或校外账号等；良好的用户培训支持，提供线上、线下的使用指导；快速地响应资源使用中的问题和故障，反馈用户的建议和问题；及时提供标准的资源使用统计报告，以及与数字资源配套收录的文献列表和 MARC 数据。

---

① 钟建法. 高校图书馆信息资源采访[M]. 广州：世界图书出版广东有限公司，2014.

⑤资源价格与成本。数字资源的购置价格组成相对复杂，在初次选择时除了要考虑资源的唯一性、权威性、数据量、与同类产品和本馆已有资源的重合度等，还应了解是否有全国或地区采购方案，其他图书馆的采购情况，是否提供各类组合优惠等，在谈判时争取最优价格。对于续订的数字资源，通过多维度的评价方式计算资源的使用成本，包括通过年度电子资源使用统计，对电子资源进行使用效益分析与成本分析，为电子资源的续订与停订提供数据支持。通过图书馆管理系统（ALMA）自动收割COUNTER报告数据以及与资源列表数据、订单信息的关联统计，分析学科电子书刊的使用量与使用成本，对于使用量高的资源进行重点保障，同时加强对使用量较低资源的宣传与推广。①

① 于宁，贾延霞，武丽娜，等. 聚焦支持高校教学与科研——清华大学图书馆资源建设实践与思考[J]. 图书情报工作，2021，65(1)：34-40.

4 信息资源采集

信息资源采集是指人们采用一定的方式和途径，按照一定的程序和规则收集经过选择的信息资源的过程。① 信息资源采集直接影响图书馆信息资源数量的多少与质量的高低，也可影响图书馆信息资源建设水平与成效，并进一步影响图书馆服务的开展与图书馆职能的发挥。因此，信息资源采集是信息资源建设的重要环节与核心业务。由于信息资源整体上可分为纸本信息资源(即纸本文献资源)和数字信息资源(即电子信息资源)两类，所以本章将对这两种类型的信息资源采集分别进行论述。

4.1 纸本文献资源采集

在海量信息资源中，虽然数字信息资源日益增长，但是纸本文献仍然占比巨大，纸本文献采集仍是图书馆采集人员的主要工作之一。纸本文献采集需要遵循信息资源建设的六大原则，重点做好图书、期刊、报纸与特种文献的采集工作。由于报纸采集比较简单，一般基于用户需求、专业或学科特色、地方特色来进行选择与采集，所以需要重点关注纸本图书、期刊与特种文献的采集。

4.1.1 纸本文献采集特点

纸本文献采集呈现以下几个方面的特点：

① 肖希明. 信息资源建设(第2版)[M]. 武汉：武汉大学出版社，2020：181.

(1)文献出版量大，价格上涨快

国家新闻出版署 2021 年 12 月公布的《2020 年全国新闻出版业基本情况》显示，2020 年，全国共出版图书、期刊、报纸、音像制品和电子出版物 417.51 亿册(份、盒、张)，包括：①出版图书 103.74 亿册(张)，其中，出版新版图书 213636 种，总印数 23.22 亿册(张)；重印图书 275415 种，总印数 60.19 亿册(张)；租型图书总印数 20.33 亿册(张)。②出版期刊 10192 种，每种平均期印数 1.12 万册，总印数 20.35 亿册。③出版报纸 1810 种，每种平均期印数 8.67 万份，总印数 289.14 亿份。①

这些数据说明我国新闻出版产业已经达到较大规模，这为图书馆纸本文献采集提供了丰富的文献来源。不过，自 20 世纪 80 年代后期以来，纸本文献价格一直呈现快速上涨趋势。根据美国研究图书馆协会的统计，1986—2009 年的 23 年间，期刊经费支出上涨了 381%，而同一时期内图书支出增长 77%，图书馆总支出增长 183%，消费者物价指数(CPI)增长 97%。在英国，学术期刊平均价格在 1998—2003 年上涨了 58%，而同期英国零售价格指数只增长 11%。虽然大学图书馆期刊支出比例增加了，但是它仍不能维持期刊购买力。② 国内某高校图书馆的统计数据显示，与 2012 年相比，该馆 2013 年度订购的 341 种中文期刊价格上涨，上涨幅度为 2%～300%，其中大约有 30%的期刊上涨幅度在 50%以上，8%的期刊上涨幅度在 100%以上，平均上涨率为 28.4%。③ 2018 年 7 月 15 日上市的《读者》(校园版)杂志提价 50%。在这种情况下，图书馆必须解决采购经费有限与文献价格不断上涨之间的矛盾。

(2)采购的类型多，来源广泛

从纸本文献种类来看，有图书、期刊、报纸，原版外文图书，特种文献等。这些文献来源广泛，如中文期刊有邮政发行、非邮发、自办发行、赠送、交换等；中文图书的来源更多，从图书供应商或书店预订或现采、网上订购、出版社自办发行、书商发行、作者本人发行等；外文原版图书和期刊可从国内有资质的进出口公司，如中国图书馆进出口总公司或中国

① 国家新闻出版署 .2020 年全国新闻出版业基本情况[R/OL]. [2022-8-29]. https://www.chinaxwcb.com/uploads/1/file/public/202011/20201104100014_77qg4korlu.pdf.

② 盛小平. 社会网络视域下的开放获取机制[M]. 广州：中山大学出版社，2017：4.

③ 郑琳. 期刊涨价中的无奈与思考[J]. 怀化学院学报，2013，32(4)：57-59.

教育图书进出口公司等购进。

(3)用户需求差异大，采购数量大

各类型图书馆往往拥有不同的服务对象，不仅用户规模大，而且用户需求差异显著。针对不同用户需求，图书馆既要采集不同学科的纸本文献，努力满足用户对不同学科专业知识的需求，也要采集不同专业知识层次的纸本文献，努力满足不同层次用户的信息需求，既要采集国内出版的与用户需求相关的各种文献，也要采集国外出版的有收藏与利用价值的各种文献。虽然目前许多图书馆每年把七成以上的采购经费用于数字信息资源建设，但是随着各级政府对文化教育事业的重视程度加深，对图书馆的投入也不断增加，每年采购的纸本文献数量还是相当多的。

(4)采集方式多种多样，招标采购占多数

纸本文献采集可分为购入式采集方式和非购入式采集方式，前者包括预定、现购、邮购、网购等，后者包括呈缴、交换、接受捐赠、征集、调拨等。其中，预订是图书馆等文献收藏机构在某些印数有限的图书出版前，根据出版商提供的征订信息预订所需图书的行为。图书馆将订购意向和预订数额反馈给出版部门。现购是图书馆采购人员到某个特定的图书经营点(包括书市、书店、出版社等)现场采购图书的一种方式。邮购是图书馆采购人员根据有关的书目、广告、订单等直接与外地书店的邮购部、出版社的读者服务部、有关单位的图书经销商联系，按照所开列的书目或范围数量要求，采用邮寄托运的方式购买所需的图书资料。① 网购是图书馆采购人员检索网上书店或图书供应商、经销商的书目信息，然后购买图书的一种方式。呈缴是国家为保证完整地收集和保存本国全部出版物，以法律或法令的形式规定全国所有出版社和其他出版单位，凡新出版的文献，都必须向国家或地方政府指定的图书馆等单位缴送一定数量的样本。交换是指两个以上图书馆之间以及图书馆与其他文献收藏单位之间，直接进行图书互换，或通过协调机构间接进行交换，以达到互通有无、调剂余缺、资源共享的目的。接受捐赠是指图书馆接受团体或个人捐赠的图书，以丰富馆藏的一种形式。征集是指图书馆有针对性地从机构和个人那里获得各种内部文献和珍贵文献的方式。调拨是指在上级主管部门或信息资源协作协调机

---

① 肖希明. 信息资源建设(第2版)[M]. 武汉：武汉大学出版社，2020：184-187.

构的组织下，有计划地将一些图书馆的图书调拨给有需要的图书馆，使接受调拨的图书馆可以迅速地扩大馆藏规模。① 目前，图书招标采购是纸本文献的主要采购方式，占90%以上。

(5)图书采购周期长，变数多

由于图书再版或重印率低、印数少，市场寿命短，为了保证馆藏文献更新的时效性及连续性，保证图书馆的文献收藏不至于出现中断现象，图书馆必须持续进行采购。图书采购存在一些变数，需要采取某些补救措施。现采是补充漏购的主要方式之一。

4.1.2 图书招标采购

目前对于图书的大宗预订采购，主要采用招标采购的方式。图书招标采购是指以图书馆为主体单位直接面向图书供应商进行的图书招标采购行为。图书招标采购有四个方面的优势：有利于选择资信优良、服务质量高的代理商，保证文献资源采购的高质量；有利于发挥集体智慧，避免“一言堂”，防止盲目决策；有利于规范市场秩序，提高采购的透明度，实现必要的监督与制约，防止腐败现象发生；有利于图书馆获得更多的配套服务和优惠折扣，在总体上节约成本；有利于提高工作效率。②

目前高校图书馆图书招标采购是通过集中采购管理部门(校采招办)委托第三方招标公司方式进行的。由于高校图书采购项目一般是政府财政拨款，所以往往通过政府采购模式，采取公开招标的方式确定图书供应商，进行图书预订采购。

4.1.2.1 政府采购模式

政府采购是指各级国家机关、事业单位和团体组织，使用财政性资金采购依法制定的集中采购目录以内的或者采购限额标准以上的货物、工程和服务的行为。政府采购的主要特点是：

①政府采购资金来源的公共性。政府采购资金来源于政府财政拨款，即由纳税人的税收所形成的公共资金。

②政府采购的广泛性。政府采购对象众多，覆盖使用财政性资金采购

① 肖希明. 信息资源建设(第2版)[M]. 武汉：武汉大学出版社，2020：191-192.

② 王巧萍. 高校图书馆图书的招标采购[J]. 图书馆论坛，2005，25(3)：120-122.

依法制定的集中采购目录以内的或者采购限额标准以上的各种货物、工程和服务。

③政府采购的非营利性。政府采购的目的不是为了营利，而是为了实现政府职能和公共利益。

④政府采购的规范性。政府采购必须遵循《中华人民共和国政府采购法》规定的采购流程，建立完善的采购制度。

⑤政府采购的公开性。所有的政府采购信息都是公开的，一切采购活动都要作出公共记录。政府采购遵循公开透明原则、公平竞争原则、公正原则和诚实信用原则。

对于政府集中采购目录以内的货物、工程和服务，必须实施集中采购。集中采购是指国家机关、事业单位和团体组织的采购均由一个专门从事采购的部门负责，不允许由使用单位自行采购。其采购过程为：由使用单位向财政主管部门提出采购计划，获批后由政府采购部门安排采购，采购项目结束后由使用单位进行验收，财政部门直接向供应商或承包商支付采购资金。这种采购方式将采购、支付和使用单位三者分离，能够保证物美价廉，节约财政资金，也便于政府采购政策措施的运用。

与集中采购稍不同的是分散采购。分散采购是指采购人对采购限额标准以上的未列入政府集中采购目录的项目自行采购或者委托采购代理机构代理采购的行为。分散采购和集中采购的共同点和区别是：①采购过程中所应遵循的原则相同，均是公开、公平、公正和诚实信用。②采购方式相同，均应采用公开招标、邀请招标、竞争性谈判、单一来源采购、询价、竞争性磋商等国家规定的采购方式。③集中采购的实施主体只有一个，即集采机构；分散采购的主体，按照法律法规的规定，可以是采购人、集中采购机构或是集中采购机构以外的采购代理机构。

4.1.2.2 图书政府采购公开招标流程

图书是属于集中采购目录范围内的货物。图书政府采购往往采用公开招标方式。图书政府采购公开招标流程由招标、投标、开标、评标、定标及签订采购合同等阶段组成。这里以高校图书馆图书政府采购公开招标为例来作说明。

(1)招标

招标是图书馆事先公布图书采购的条件和要求，以一定的方式邀请不特定或者一定数量的图书供应商或经销商，在规定的时间、地点投标，图书馆按照公开规定的程序和条件发布招标需求的行为。包括以下步骤：

第一，开展招标准备工作，包括：

①组建图书公开招标工作小组。招标工作小组一般由 7 人或 9 人组成，其中图书馆 3 人，包括主图书馆馆长、采访部主任、采购馆员；图书馆馆长或主管图书馆工作的副校长任招标工作小组组长；其他人员来自纪检、审计、财务等相关部门。

②依据图书馆年度纸本图书采购经费预算及图书采购需求，招标工作小组起草各种文件，有图书采购供应商招标项目意向书、图书采购基本情况说明，内容包括：图书品种、类型、数量、金额及近年采购情况等；图书供应商投标资格要求、评标的主要依据以及评标标准、评标打分表等。

③招标方式说明：有关招标方式、划分标段的理由及具体划分情况的说明。

④评标说明：有关评标方式、评标标准、评标小组组成等方面的说明。

⑤财务说明：主要说明招标后文献结算付款事宜。

第二，图书馆根据对图书供应商的招标数量及技术需求，向学校财务处或采招办提交政府采购编号申请书，由学校相关部门向市财政部门申请政采编号批文，拿到批文后在市政采网上公布采购招标意向，公示期为 1 个月。

第三，准备招标文件。招标文件是供应商准备投标的文件和参加投标的依据，同时也是评标的重要依据。图书招标文件内容通常包括：

①招标通告或投标邀请。招标通告的内容一般有：图书馆名称、地址；采购文献类型、数量、金额；文献提供的时间要求；获取招标文件的办法、地点和费用；提交投标书的地点和截止日期，开标时间和地点等。

②投标须知或投标人须知。主要对本次投标总则、投标文件(包括对投标文件形式上的要求，如标书内容、语言、格式，投标的有效期和截止日期，开标的时间、地点等；对投标内容的要求，如文献类型、学科分类等)、投标、开标和评标、定标和签订合同、纪律和监督、需要补充的其他内容等进行简要说明。某些招标文件在“投标须知”前会列出一个“投标须知前附表”(见表 4-1)。

表 4-1 招标文件中的"投标须知前附表"示例

序号	名称	编列内容
1	采购人	采购人名称： 详细地址： 校方联系人： 联系电话： 技术联系人： 联系电话：
2	采购代理机构	采购代理机构： 详细地址： 邮　　编： 联 系 人： 电话/传真： 电子信箱：
3	项目内容	项目名称： 包件×： 招标编号： 政府采购编号： 预算金额： 最高限价： 服务内容： 合同履约期限： 合同履约地点：
4	资金落实情况	已落实
5	招标形式	公开招标
6	合同履约期限	包件×：
7	合同履约地点	包件×：
8	付款方式	具体详见"第…章"中的商务条款
9	投标人资质条件、能力	详见公告内容
10	是否接受联合体投标	是或否
11	投标预备会	是或否
12	招标答疑	—
13	是否允许递交备选投标方案	是或否
14	投标有效期	投标截止之日起　天

续表

序号	名　称	编 列 内 容
15	投标保证金	本次招标要求投标人递交投标保证金。 1. 投标保证金的金额： 包件×： 2. 递交时间：投标截止时间前； 3. 递交形式：电汇、转账。 户名： 开户行： 账号：
16	投标文件份数	纸质版投标文件正本壹份，副本伍份
17	签字或盖章要求	—
18	装订、密封要求	装订要求： 密封要求： 不同包件须单独制作、单独装订
19	密封袋封套上写明	采购人名称： 投标文件 项目名称：/包件名称： 投标人名称： 在　年 月 日 ___:___ 时分前不得开启
20	投标截止时间	—
21	递交投标文件地点	—
22	是否退还投标文件	无论中标与否，一律不退
23	开标时间、地点	时间： 地点：
24	非单一产品采购项目的核心产品(如有)	是或否适用
25	评标委员会的组建	评标委员会构成： 评标专家确定方式：
26	投标时须携带的资料	1. 纸质版投标文件 2. 数字证书(CA证书)、笔记本电脑 3. 与投标文件一致的法定代表人授权委托书(或法定代表人证明书)以及相应身份证原件

续表

序号	名称	编列内容
27	投标文件上传	1. 投标人须在响应截止时间前将签字、盖章后的投标文件扫描上传至××政府采购云平台 2. 本项目招投标相关活动在××政府采购云平台电子招投标系统进行
28	招标代理服务费	招标服务费： 收费标准：
29	项目类型	服务类
30	其他	—
31	解释权	本招标文件的解释权属于×××

③服务要求。主要包括采购方要求投标方提供的服务内容、服务形式、配套需求等。

④合同条款。主要包括买卖双方的权利和义务条款、文献运输条款、支付方式条款、不可抗拒力条款、违约损害条款、争议解决方式条款，以及杜绝盗版、订单满足率、无法到货图书的处理、MARC 数据提供、图书加工、图书质量问题的处理等条款。

⑤评标方法。主要包括评标方式、投标的否决条件、评标标准细则等。

⑥评审结果的公布方式及评标报告的提交需求。

第四，图书馆向集中采购管理部门(如政府采购中心或学校集中采购中心)提交实施某项图书招标采购的申请报告及相关资料。由集中采购管理部门审批图书公开招标申请并确定招标文件。采购招标通告公示结束后，采购管理部门将委托第三方招标公司开展招标工作。

第五，第三方招标公司以被委托采购单位的名义在市政采网上发布招标通告，邀请相关单位投标，并对投标单位进行资格审查。所有投标单位在投标前须向图书馆提供工商营业执照(含最新年检证明)、税务登记证、银行最新资信证明、法人代表身份证(如为委托人出席招标会，则须附上法人委托授权书及受托代表的身份证)等相关资料的复印件(要求加盖公章)，由投标工作小组进行资格审查与确认。资质审查的主要目的在于全面了解图书供应商基本的真实情况，甄别判断其是否具备实力参与图书招标采购任务，淘汰一些不符合要求的图书供应商。这时需要对书商的行业资质、业务能力、服务水平等业务因素，注册资金规模及其限制力度、人员结构及其业务水平等非业务因素，进行全面审查。审查要点主要包括三个方面[①]：①采购实力：是否具有全国性的图书采购网络，是否经营丰富多样的图书品种，是否与足够多的国内图书出版机构有直接供货关系。②销售实力：是否有大客户名单和供应大客户的条件与经验，是否拥有较大的后备仓库和团体选购的场所，是否能够提供足够多(如 1 万种图书以上)的现货供应。③技术实力：是否拥有从事书目数据加工业务的专业人员，是否能提供标准的 MARC 书目数据，是否能每月提供足够多的新书书目数据，是否建立了功能完善、性能稳定的图书电子商务网站。并同时公布投标、开标、评标日期。

(2)投标

投标是指投标人看到招标通告后，根据招标通告要求填写投标文件，并将其送交第三方招标公司的行为。一般来说，投标包括以下几个方面：

①投标准备。通过资格审查获得投标资格后，投标人要在规定的时间内完成投标文件的起草等活动。

②提交投标文件。投标人严格按照招标文件内容的要求准备好投标文件，并在投标截止日期前向第三方招标公司提交投标文件。投标文件可以由以下内容，按顺序以及招标文件提供的格式组成：投标函；法定代表人资格证明书或授权委托书；投标报价表；商务响应偏离表；服务要求偏离表；资格证明文件；资格声明；服务方案；综合实力；投标保证金交纳证明；投标人保证金退还账户信息；服务团队；其他。

③密封投标文件。第三方招标公司收到投标书后，要将投标文件密封保管，确保标书不会损毁，内容不会被泄露。

(3)开标

开标是第三方招标公司在预先规定的时间和地点将投标人的投标文件正式启封揭晓的行为。开标需投标人或代表参加。开标在投标人按照招标文件规定的时间、地点和方式交送竞标文件后公开进行。所有投标人及被邀参加的监督部门都要参与开标活动。开标时将对投标书进行形式审查，对符合法定要求的，应当众拆封，后立即组织评标。

---

① 陈平殿.21 世纪的信息资源建设[M].北京：海洋出版社，2011：113.

(4)评标

评标是评标委员会根据招标文件的要求，对所有的标书进行审查和评比的过程。评标由集中采购管理部门或第三方招标公司从政府采购的专家库中挑选5位或7位评标专家组成评标委员会。一般情况下，在图书馆制定招标文件的过程中已经征求过意见的专家不再作为评标专家。评标委员按照招标文件中所规定的评标标准、方法和中标条件进行评定打分，为保持图书评标的客观性和结果的可参照性，可为评标设计评分表(见表4-2)，对主要指标进行分值量化处理。

表4-2　某高校图书招标采购评标评分表示例

<table>
<tr><th>序号</th><th>评审因素</th><th>满分</th><th>评分要点及标准说明</th></tr>
<tr><td colspan="4">客观分</td></tr>
<tr><td>1</td><td>报价得分</td><td>20分</td><td>经评标委员会确认满足招标文件要求的有效最低折扣率为满分20分。满足招标文件要求且报价最低折扣率的为评标基准价，价格得分=(评标基准价/投标折扣率)×价格分值</td></tr>
<tr><td rowspan="2">2</td><td rowspan="2">综合实力</td><td>6分</td><td>投标人通过质量管理体系认证、职业健康安全管理体系认证、环境管理体系认证的每项得2分，最多得6分(须提供有效期内的证书复印件，未提供的得0分)</td></tr>
<tr><td>2分</td><td>投标人具有全国性的图书采购网络，经营图书品种丰富，综合图书投标人与全国400家以上的图书出版单位有直接供货关系，对于本项目的供货渠道正规、合理，出版机构合作情况丰富、多样的程度在0~2分内打分(至少提供50份出版社的授权书，不足50家的得0分，50家及以上的得2分)</td></tr>
<tr><td rowspan="3">3</td><td rowspan="3">到书率</td><td>2分</td><td>预定图书3个月内到书率承诺为90%以上的得2分；89%~80%的得1分；80%以下的得0分</td></tr>
<tr><td>2分</td><td>预定图书半年内到书率承诺为95%以上的得2分；94%~90%的得1分；90%以下的得0分</td></tr>
<tr><td>3分</td><td>现采80%图书的到书周期控制在10天之内的得3分；11~20天的得2分；21~30天的得1分；超过30天的得0分</td></tr>
</table>

续表

序号	评审因素	满分	评分要点及标准说明
4	订到率	5分	投标人提供近3年订到率反馈表进行评分，平均订到率在95%以上的得5分；90%~94%的得3分；85%~89%的得1分；85%以下的得0分
主观分			
5	服务团队	10分	①架构合理、专业人员配备齐全、项目团队管理与骨干人员有多年相关从业经历、人员数量能够满足需求或优于需求、人员资料及证书齐全且优秀，得7~10分； ②架构基本合理、专业人员基本配备齐全、人员数量基本能够满足需求但有所欠缺、人员资料及证书基本满足要求，得4~6分； ③架构不合理、专业人员配备不齐全、人员数量不能够满足需求或有所欠缺，人员资料及证书有所缺陷，得1~3分； ④未提供得0分
6	服务方案	25分	(1)对本项目的理解、服务范围及目标的评审标准(0~4分)： ①对项目内容理解深刻透彻、服务范围及目标明确的，得3~4分； ②对项目内容理解一般、服务范围及目标不明确的，得1~2分； ③不提供得0分
			(2)对本项目时间进度保证措施的评审标准(0~5分)： ①时间进度保证措施全面完善、可行度较高的，得3~5分； ②时间进度保证措施较为全面、可行度一般的，得1~2分； ③未编制方案的得0分
			(3)对本项目提供其他特色服务、增值服务的评审标准(0~4分)： ①完整且可执行性强得3~4分； ②增值服务较完整、可执行性一般得2分； ③有增值服务、可执行得1分； ④不提供得0分

续表

序号	评审因素	满分	评分要点及标准说明
6	服务方案	25分	(4)对应急方案的评审标准(0~5分): ①应急保障内容全面、保障措施完整、保障承诺可行性强的,得3~5分; ②应急保障内容缺漏较多、保障措施不全面、保障承诺缺乏可行性的,得1~2分; ③不提供得0分
			(5)对本项目售后服务方案的评审标准(0~5分): ①方案编制科学、合理、可行、详细,具有指导意义的,得4~5分; ②方案编制基本合理、基本能够满足要求的,得2~3分; ③方案编制基本可行,但存在部分缺陷的,得1分; ④不提供的得0分
			(6)对培训方案的评审标准(0~2分): ①完备且合理得2分; ②欠完备、欠合理得1分; ③未响应得0分
7	资源保证措施	8分	(1)对制定服务资源保证计划与承诺的评审标准(0~8分): ①服务资源保证计划和关键环节控制保障措施详细、完整、可行,实质性承诺相关违约责任、经济赔偿责任的,得6~8分; ②有相关服务资源保证计划和关键环节控制保障措施,相关违约责任、经济赔偿责任的,得3~5分; ③服务资源保证计划和关键环节控制保障措施欠完备、欠合理,相关违约责任、经济赔偿责任不清晰的,得1分; ④未提供得0分
		7分	(2)对质量保证体系完备性与措施合理性的评审标准(0~7分): ①质量保证体系及措施非常完备合理且有针对性,得5~7分; ②质量保证体系及措施完备且合理,得2~4分; ③质量保证体系及措施欠完备、欠合理,得1分; ④未提供得0分

续表

序号	评审因素	满分	评分要点及标准说明
8	物流运输方案	5分	①方案编制科学、合理、可行、详细，具有针对性，关键路径合理，对项目实施具有指导意义的，得4~5分； ②方案编制基本可行，具有针对性，但存在部分缺陷的，得2~3分； ③方案编制基本可行，但不具有针对性，存在缺陷的，得1分； ④不提供得0分
9	数据质量	5分	①数据质量与项目需求完全贴合、完全满足招标需求的，得4~5分； ②数据质量与项目需求基本贴合、基本满足招标需求的，得3分； ③数据质量与项目需求关联性不大、不能满足招标需求的，得1~2分； ④不提供得0分

在评标过程中，需要重点关注以下三个方面：

①资金。在进行图书招标采购时，各馆都会根据自身资金的情况，对图书供应商提出适当的要求，在付款方式和折扣上争取更多的优惠。

②服务承诺。全面具体的服务承诺和售后服务是图书供应商在激烈的市场竞争中获胜的必备条件，也是图书馆提高工作效率的基础。它规范投标人履行以下活动：

a. 图书订购支持。例如，以国内核心出版社为主，定期及时地提供符合图书馆(采购单位)要求的书目信息；提供网上订购系统，为现采提供人员和采集器等设备服务；应具有协助查重能力，避免出现重复配送；提供免费加工(如图书供应商免费提供粘磁条、盖馆藏章、贴条码、贴书标等图书加工服务)、提供规范的CNMARC编目数据等。

b. 保证预定图书到书时间与到书率。图书供应商应保证85%以上预订图书3个月内到货，半年到书率在95%以上，现采95%的图书30天内到货。对未能订购到的图书需提供理由，要有补缺的能力和责任。

c. 投标人如在图书品种或数量上不能到达招标人的要求，则应在收到订单90天之内向招标人反馈未订到的图书信息，除推迟出版或发生影响合同履行的不可抗力情况以外。若自预订图书出版之日起超过3个月，不能按时预定的图书种数或册数超过订单订购数的15%，即可以认定该投标人不具备预订条件，招标人有权缩减投标人份额或终止预订，由此造成的损失由投标人承担。招标人有权采取相应的补救措施(如向其他投标人补订图书)。

d. 投标人不得更换招标人的图书订单，不得搭书，配送图书与订单不符，将予以退货。单批到馆图书(种)的不合格率不得高于1%；年供图书的不合格率超过三批(含三批)以上的，招标方可将投标方视为故意挟带其他图书或无供书能力，招标方可以单方面终止合同，由此造成的损失由投标人承担。

e. 若发现有污损、图文不清、缺页、倒页、缺附件等问题的质量不合格的图书，一律予以退换，不能以已加工为理由拒绝，由此造成的损失由投标人承担。

f. 保证不提供盗版图书。若有此情况，一经查实，投标人除须负社会和法律责任外，还须支付图书馆(采购单位)购买该种图书总码洋10倍的罚金，终止合同并取消投标人3年投标资格。

g. 投标人应承担投标及合约中应承担的全部责任与义务，不允许中标后将本次招标合同分包或转包，一经发现将终止合同并取消投标人3年投标资格。

h. 投标人应有接收图书馆(采购单位)特需图书的采购订单(品种和数量不限)的能力，并保证在要求期限内送达指定地点。

i. 图书包装严格按标准包，到馆图书包装完整，按批码放到指定地点。图书纸质清单要随书送到，具有总清单包(颜色标识，内有总单)。电子清单邮件需即时发送，清单内容要规范，包含书名、ISBN、价格、复本和出版社等信息。

j. 提供符合国家财税法要求的售书发票，一批一票，发票上需注明种册数、批次、折扣、码洋和实洋，按实洋付款。

k. 送交到招标人的图书，以图书定价作为计算书款的依据，经验收发现书款与发货单不相符的，招标人及时通知投标人核算，投标人接到通知之日起10个工作日内不予核算的，则以招标人验收的实际金额支付书款。

l. 投标人应根据招标人实际工作运行过程中发生的情况，提供相应的服务保障；保持电邮的实时联系，对招标人反映的工作中的问题，投标人应在3个工作日之内予以解决或提出解决方案，若5个工作日内投标人对提出的问题没有提出对应的解决方案，招标人有权缩减投标人份额。

m. 投标人每3个月与采访人员核对一次订单批号，以免漏收、漏订。对1年以上未到货图书，招标人有权取消订单，改向其他投标人订购。书商应定期清库并及时告知采访人员。

n. 投标人在处理订单时，有下列情况之一，要以电子邮件形式征询招标人意见进行处理：

第一，实际书价超出订单书价的15%、图书(单本)价格在500元以上且副本在2册以上的，需征询意见后再确认。

第二，影印版图书，订购复本在2册以上的，需征询意见后再确认。对于征询意见后需要订购的影印版图书，则需要单独打包并在清单上加以注明。

第三，价格另算的随书的配套磁带、光盘，或以光盘、磁带为主要载体的多媒体资料，需征询意见后再确认。

第四，若ISBN或书名与预定单不一致，需征询意见后再确认。

③对图书供应商的其他要求。包括良好的资信记录、售后服务和其他优惠，如定期发送纸本新书目录、赠书、会员待遇、赞助等。

评标委员会按照评标总得分由高到低进行排序，进而确定预中标图书供应商，并向集中采购管理部门或第三方招标公司提交评标报告，由后者将评标结果在相关政府采购网站上公示出来。

(5)定标

定标是评标委员会决定中标供应商的行为。在评标结果公示期结束后，若无疑义，由第三方招标公司向预中标供应商签发《中标通知书》确认中标；但是如果发现预中标供应商投标文件与实际情况不相符，则取消其中标资格，并没收投标保证金。

(6)签订合同

中标供应商在接到中标通知书后，在投标文件的有效期内凭中标通知书，并按《中标通知书》指定的时间、地点与图书馆所在高校签订政府采购合同。在合同履行过程中，如果图书馆发现需要增加图书的购买量，则可以在不改变其他规定的前提下与中标的图书供应商协商签订补充合同，但签订补充合同增加的购买量不能超过原计划的10%，否则要重新组织采购程序。在履行合约的过程中，任何情况下，供应商不得分包转包。

4.1.2.3　图书招标采购注意事项

实践证明，图书招标采购给图书馆带来了最为实际的经济效益和服务效益，但也存在招标采购效率低下、图书质量不高等问题。因此，图书招标采购需要注意并有效处理好以下几个关键问题①：

(1)不能过度追求折扣率，避免影响图书采购质量

在图书招标采购模式下，采购的权利被分散到集中采购的领导部门与从事具体采访工作的图书馆采购人员。但是，主持图书集中采购的领导部门往往不了解馆藏资源建设的特点和实际需求，甚至将图书等同于政府采购中的普通商品，在采购中往往追求高折扣率，或侧重于标书的价格与承诺，而非图书供应商的经营实力与声誉。与此同时，图书供应商为了中标的需要，往往会从折扣率入手，通过大幅压低价格争取中标，而忽视了图书质量与服务的跟进。其结果很可能导致一些进货渠道正规、服务完善而运营成本相对较高的图书供应商无法中标。而那些刻意压低价格的图书供应商中标后又很难严格履行合同约定，有时会将一些低质量、低折扣的图书混杂于其中，较少提供出版量少、利润少的专业图书，直接影响了图书的采购质量。因此，图书招标采购不能过度追求折扣率，以防止降低图书采购质量，避免图书馆的利益受到损害。

(2)不能过度追求规范化，避免影响图书采购效率

图书招标采购有一套规范甚至比较烦琐的采购流程，从邀请各个部门人员集中讨论，到组织专业人员实地考察书商的实力，从采购人员对文字材料的繁杂编制，到安排招标时间、负责编制招标文件、发布招标信息、接收招标报名、收标甚至重新组织招标等一整套流程，需要比较长的时间，将产生比较高的时间成本，明显降低图书采购效率。更何况在这段时间内，由于图书供应商尚未确定，图书采访和编目工作无法正常开展，从而进一步制约馆藏资源建设。因此，图书招标采购应该遵循规范的采购流程，但这一流程不能过于烦琐，以免影响图书采购效率。

(3)不能过度追求集中化，寻求图书招标采购与自主采购的最佳组合

在实行图书招标采购的过程中，一些图书馆发现，图书招标采购与图

① 徐荻惠. 论文献信息资源政府招标采购和图书馆自主采购权[J]. 图书馆，2010(3)：123-124.

书馆文献资源建设存在不协调的地方，如文献资源建设的长期性与招标采购合同操作的短期性之间的矛盾，文献资源采购的不确定性与招标采购的提前预订方式的矛盾，文献资源采购的灵活多样性与招标采购的集中性及规模性的矛盾，图书采购周期与年度政府采购经费使用周期之间的矛盾等。这就需要在普遍实施图书招标采购的情形下，提高图书馆自主采购的权利，寻找图书招标采购与自主采购的最佳组合，并通过图书馆文献资源的自主采购在一定程度上解决上述图书招标采购与图书馆文献资源建设不协调的问题，最大限度地克服图书招标采购的弊端，让图书馆和供应商最终成为共赢的双方。① 在此方面，上海大学图书馆主要采用自主采购方式“上大迅采”来弥补招标采购的不足。“上大迅采”是承载上海大学图书馆采购理念与创新意义的数字化采购应用方案，将“快速高效”理念与信息技术深度融合，从采购需求编制到供应商报价响应、再到发布成交公告全部在线进行，教师居家也可完成技术和商务需求的提交，与承办人实时沟通完善，实现“不见面、云采购”。截至 2022 年 4 月 30 日，“上大迅采”累计发布 530 个项目的成交公告，累计成交金额 1.51 亿元，累计节省预算资金 620 万元；共有来自全国 23 个省、自治区、直辖市的供应商参与报价响应，其中成交供应商涵盖了 21 个地区。“上大迅采”打破了投标不满 3 家就要流标的条框限制，第一轮报价时间截止后不满 3 家供应商响应的将延长报价时间，等标期缩短为 5~8 天，完全能够满足各类项目供应商在线响应所需时间，有效提高采购效率，平均采购周期缩短 20%以上。②

(4)明确投标保证金事项

目前许多图书招标采购项目，特别是大型图书招标采购项目，都要求投标人提交投标保证金，但是某些小型图书招标采购项目并不要求投标人提交投标保证金，以便小型图书供应商参与投标，更好地体现了图书招标采购的公平性。

要求提交投标保证金的招标采购项目，应该在“投标须知”中要求投标人在投标截止时间前，按“投标须知”规定的金额、担保形式向采购人递交投标保证金，并作为其投标文件的组成部分。投标保证金有效期与投标有

---

① 戴艳清. 公共图书馆文献的招标采购与自主采购——基于我国《公共图书馆法》立法的背景[J]. 图书馆杂志，2013，32(3)：38-42.

② 张月璐. 上大迅采：疫情防控下的采购数字化解决方案[EB/OL]. [2023-01-08]. https://czb.shu.edu.cn/info/1121/2043.htm.

效期一致。凡不按要求递交保证金的，评标委员会将否决其投标。中标通知书发出之后五日内，退还未中标投标人保证金；中标人与图书馆(采购单位)书面合同签订后五日内，退还中标投标人的投标保证金。但发生下列情况之一时，投标保证金将不予退还：①投标人在投标函中规定的有效期内撤销或修改其投标文件的；②中标人在收到中标通知书后，无正当理由不与图书馆(采购单位)订立合同，在签订合同时向图书馆(采购单位)提出附加条件，或者不按照招标文件要求提交履约保证金的；③被证实在本项目投标中有围标、串标，损害图书馆(采购单位)利益行为的；④中标人未能按招标要求履行投标承诺的或拒绝完成招标文件规定的其他约定；⑤具有欺诈、弄虚作假投标的行为，或其他违背或不符合招标投标法及有关法律法规相关规定的行为。

4.1.3 期刊采购

纸本期刊采购是一项复杂的业务工作。由于期刊品种较多、质量参差不齐、发行渠道不一，期刊采购工作有一定的困难。期刊采购既要考虑各方面的影响因素，如用户需求、期刊声誉、期刊质量、期刊类型、期刊价格、期刊使用率、期刊语种、期刊出版者、期刊的可获得性与可检索性、期刊装帧设计等方面因素，也要遵循基本的期刊采购原则，并采用有效的期刊采购方式。

4.1.3.1 期刊采购原则

为避免纸本期刊采购的盲目性和无效性，期刊采购应该有目的、有计划、有针对性地采集高质量的期刊文献，并遵循如下原则：

①满足用户需求。纸本期刊采购应该体现“用户至上”的思想，将那些有较大用户需求、深受用户欢迎、利用率高的刊物纳入采购范围。为此，在实施期刊采购前，期刊采购人员既要调查用户需求，根据用户需求确定期刊采购的种类、名称与数量，也要调查分析现有的馆藏期刊资源利用情况，对于长期利用率很低的期刊可以停购，仅继续采购那些利用率较高的期刊。

②具有较高质量。图书馆采购的纸本期刊，不管是学术性期刊还是科普性期刊、技术性期刊、情报性期刊、检索性期刊(文摘、题录、索引等)或工具资料性期刊(统计资料、要人传记、时事纪要等)，都应该拥有可供阅读或学习的较高知识含量与参考价值，一般应该属于 CSSCI 或核心期刊，

或中国科学引文数据库(CSCD)期刊、国外知名引文索引(SSCI、SCI、EI、A&HCI)来源期刊。这些期刊所收录的论文往往具有较高质量和较大影响，有更多的读者和更高的利用率。

③丰富馆藏结构。图书馆采购的纸本期刊要覆盖不同的学科，保证重点学科和一般学科专业建设的需要，或某种学科专业背景用户的知识需求，同时不断优化不同学科专业期刊采购的品种与数量，从而完善馆藏期刊学科结构；要考察图书馆收藏的各学科、各类型的刊物是否体现了一定的层次级别，努力通过提供不同层次的期刊来满足不同层次的用户需求，从而优化馆藏期刊等级结构；还要考察图书馆每年新购期刊在馆藏期刊总数中所占的合适比例，保证馆藏期刊建设的活力，从而改善馆藏期刊时间结构。

④突出馆藏特色。纸本期刊采购也需要突出特色化原则，包括突出专业特色和地方特色，建立特色化馆藏期刊资源体系，保证其系统性、新颖性，使某类期刊信息在本系统(地区)的文献资源中占据权威地位①，这对提供信息资源保障具有特别重要的意义。

4.1.3.2 期刊招标采购

目前，期刊招标采购已成为图书馆期刊采购的主要方式。期刊招标采购的优势主要是：体现了公开、公平和公正的市场基本准则，促进期刊采购市场的有序竞争，提高期刊的入藏质量；创新且丰富了图书馆期刊采购方式，改变了以邮发和非邮发两种方式为主的传统期刊采购模式；降低了期刊采购成本，节约了采购支出，提高了采购经费的使用效益；获得卖方更多服务优惠，如直接送货到图书馆；增加期刊采购透明度，有效地抑制期刊采购中的不正当行为，减少徇私舞弊、暗箱操作以及腐败现象的产生。总之，期刊招标采购在控制投资成本、降低投资风险、提高投资质量、减少腐败等方面发挥了积极的作用。

期刊招标采购流程与图书招标采购流程相同，这里不再赘述。但有一点需要说明，在科学合理地评价期刊供应商时，有其独特的评价标准。它涉及期刊供应商的公司实力、服务情况、到货情况、账目结算等方面的评估(见表4-3)。

① 任爱平. 高校图书馆中文期刊采购分析[J]. 图书馆建设，2004(5)：41-43.

表 4-3 期刊供应商招标采购评价指标①

一级指标	二级指标
公司实力	银行资信证明；公司承办报刊业务年限；公司近3年在本地业绩；是否有完善的商务网站；征订期刊的品种量(邮发、非邮发)；能否承接报纸征订
服务质量	订到率；到刊率；能否提供国内最新刊物出版情况及电子报刊目录；能否免费提供MARC数据；能否送货到户并提供交接单；因不可抗拒因素影响报刊供应的处理能力；对停刊、休刊、改名、改订购号等信息的反馈效率；破损报刊的退换；能否进行中文期刊预加工，包括盖馆藏章、插磁针、贴索刊号等附加服务
送货情况	送刊频次；每天(周)送递的准时情况；约定寒暑假送货情况
结算方式	整体折扣；邮发折扣；非邮发折扣；付款方式

4.1.4 特种文献采购

4.1.4.1 特种文献的定义与类型

全世界每年都有数以千万计的由非正式出版单位印制的文献资料，国外将这些文献资料称作"灰色文献"或非公开出版物，在国内通常称其为特种文献。因此，特种文献一般是指出版发行和获取途径都比较特殊的科技文献。特种文献类型很多，既有"内部发行"和"内部交流"的科技图书、期刊、专业会议资料与论文集等，又有专供某一系统内部参考使用的科技简报、科技成果报告及汇编、生产技术资料、产品样本、技术鉴定书等，还有大量的学位论文、科技档案等。下面列举几种较为重要而常见的特种文献。②

(1)内部刊物(内部资料)和会议文献

内部刊物(内部资料)是指那些具有一定的保密性，由特定读者使用的

① 李蓉梅. 高校图书馆中文期刊招标采购工作的实践与质量控制[J]. 池州学院学报，2011，25(6)：105-107.

② 周悦珍. 国内特种文献的情报价值与开发利用[J]. 图书情报知识，1999(2)：40-41.

文献。这些文献主要由一些科研机构、大学编印，在本部门或本系统内部流通，重点介绍本单位研究动向、国内外学科发展态势、研究成果、课题进展等方面情况。会议文献包括会前、会中、会后文献，其中会后文献尤为重要。据统计，全世界每年产生会议文献数十万篇。学术会议文献是进行学术交流和传播科技信息的重要信息源。

(2)学位论文、专利文献和标准文献

学位论文特别是博士、硕士学位论文，都是在导师的悉心指导下，在掌握坚实的理论基础和专业知识后，针对某个问题而开展的专题研究，具有独到的见解和一定的创新性。专利文献与其他科技文献相比，具有独特的信息效用，具有专有性、地域性和时间性。随着人们对知识产权保护的认识提升，专利文献越来越显示其重要性，新产品的开发、项目的引进等都需要进行专利检索。

标准文献是从事科研、生产、设计、管理、产品检验、商品流通等的依据。标准文献具有体裁划一、逻辑严谨、统一编号等形式特点。随着科技的发展和时间的推移，旧标准文献失去时效而被新标准文献代替，更新较快。

(3)政府出版物和社会调查报告

政府出版物是各级政府及其下属部门公开发表的文件，以连续出版物居多，分为行政性文件和科技文献两大类。政府出版物的情报价值很高，能准确提供有关方针、政策及具体措施等，指导各项工作顺利开展。

社会调查报告反映社会的实际情况和民众的心态等，一般不予公开，只是在指定的范围内传阅，常被提供给政府或有关决策部门，作为其制定政策的参考依据。①

4.1.4.2　特种文献的采集方式

特种文献很少有专门的出版机构，一般都不是定期出版，这一特点使得特种文献的采集过程比较困难，目前除了一部分可以从特种文献订购目录和零散的订单上订到以外，大多数的特种文献都很难从正式渠道订到，有些甚至是非卖品，只能从非正式的渠道获得。特种文献采集方式主要

① 傅晓光. 特种文献资源概述[J]. 沈阳农业大学学报(社会科学版)，2003(2)：176-177.

包括：

(1)从各种订购目录上选购。

(2)利用检索工具了解出版信息。绝大多数检索刊物都搜集报道特种文献，定期对新到检索刊物进行检索，可获得有关专业特种文献的出版情况，从而有针对性地进行订购或索取。

(3)利用专业刊物获取信息。专业刊物经常刊登本专业特种文献的出版信息，尤其是会议文献出版信息。经常组织人员浏览专业期刊，可及时获得这一方面的信息。

(4)通过专业科技人员获取信息。与专业科技人员建立信息交换网可获得其他途径无法获得的信息，可采购到其他途径无法获得的文献。①

4.1.4.3 不同类型图书馆特种文献采集实践解析

(1)国家图书馆特种文献采集实践解析

按照前述对特种文献的概念界定，国家图书馆入藏的特种文献类型包括：非正式出版的中文资料和学位论文。非正式出版的中文资料主要包括会议文献、研究报告、民间诗文集、民间史料、资料汇编、政府资料等。学位论文包括博士论文、硕士论文、博士后研究报告及海外学位论文。对于收藏和参考价值不高，或其内容已被其他类型的文献所包含的特种文献，国家图书馆不予收藏，如一般性工业技术标准、一般性科研报告、技术报告、单行本标准文献、专利文献、商业广告、产品样本等。

①非正式出版的中文资料。

非正式出版的中文资料是未列入法定交存范围的文献资源，国家图书馆对于此类资料的采集原则是根据发布机构的级别、文献类型、文献内容的价值等有选择地采集。对于有较高研究价值、学术价值、历史价值及经济价值的会议文献、研究报告、资料汇编、民间诗文集、民间史料等，纳入重点采集范围。采集方式主要是购买、接受捐赠和征集。每种采选复本 1 部，分流为基藏本。截至 2021 年年底，国家图书馆拥有 9.8 万册件非正式出版的中文资料。

国家图书馆一直重视对非正式出版物的馆藏资源建设，于 2008 年成立

① 周和玉. 高校图书馆特种文献的收藏与管理[J]. 图书情报知识，1991(4)：41-42.

了专门负责非正式出版的中文资料资源建设的业务机构，即中文资料组，全面负责非正式出版的中文资料文献资源的采选、编目、加工、阅览服务等全流程工作，平均每年采选非正式出版的中文资料文献7000余册(件)。后随着国家对非正式出版物的发行、传播的管理日趋严格，特别是2015年4月颁布实施的国家新闻出版广电总局令第2号，即《内部资料性出版物管理办法》第15条第(2)点明确规定"严格限定在本行业、本系统、本单位内部交流，不得标价、销售或征订发行，不得在公共场所摆放，不得向境外传播；不得将服务对象及社会公众作为发送对象，也不得以提供信息为名，将无隶属关系和指导关系的行业、企事业单位作为发送对象"①，国家图书馆非正式出版的中文资料资源的服务范围进一步缩小。2019年进行内部机构调整，取消了中文资料组的机构建制，中文资料资源的采编业务合并入中文图书的业务流程中。

②学位论文。

国家图书馆馆藏学位论文包括博士学位论文、硕士学位论文、博士后研究工作报告和海外学位论文，采选层级分为全面采选、重点采选和适当采选。其中列入交存范围的国内教育与研究机构授予博士学位的学位论文、国内博士后撰写的研究工作报告全面采选；境外中国留学生撰写的博士学位论文、中国留学生博士后研究工作报告重点采选；国内教育与研究机构授予硕士学位的硕士学位论文则适当采选。同时采选上述论文的缩微平片、光盘、软盘及网络版等。截至2021年年底，国家图书馆馆藏学位论文文献资源总量约290万册件，其中博士学位论文约78万册(件)，博士后研究工作报告约8.6万册(件)，硕士学位论文约203万册(件)，海外学位论文有8000余册(件)。学位论文文献的采集方式主要有接受交存、购买、接受捐赠、征集和复制补藏。每种论文采选复本1部，分流入基藏本。

根据《中华人民共和国学位条例暂行实施办法》第23条"已经通过的硕士学位和博士学位的论文，应该交存学位授予单位图书馆一份，已经通过的博士学位论文，还应该交存北京图书馆和有关的专业图书馆各一份"，国家图书馆接受国内教育与研究机构授予博士学位的学位论文的交存。根据《博士后管理工作规定》第29条"设站单位应将报告报送国家图书馆"，国家

① 国家新闻出版署内部资料性出版物管理办法[EB/OL]. [2022-10-17]. https://www.nppa.gov.cn/nppa/contents/310/24157.shtml.

图书馆接受国内设立博士后科研流动站或博士后科研工作站的单位交存博士后研究工作报告。

港澳台地区的博士学位论文的采集方式主要是购买，从书商提供的目录中筛选符合要求的博士学位论文及有重要研究价值的硕士学位论文。优先选择社会科学与人文科学领域的论文，根据经费及论文价值内容等再择优选择科学技术领域的论文。

对于国内教育与研究机构授予硕士学位的硕士学位论文，采选方式主要是接收赠送。通过征集获得海外中国留学人员的博士学位论文和博士后研究工作报告。对于漏交缺藏的、有较高研究价值及学术价值的博士学位论文及博士后研究工作报告，则通过复制方式补充馆藏。

(2)清华大学图书馆特种文献采集实践解析

清华大学图书馆通过主动收集、接收捐赠、持续投入特色文献收藏等方式采集特种文献。其采集的特种文献的采集包括以下几个类型和方面：

①会议文献与科技报告。

会议文献是各种学术会议前后和会议中间产生的与会议相关的文献，包括会议议程、演讲课件、会议论文集等。清华大学图书馆对于会议论文的收集以电子资源为主。以计算机科学领域为例，该领域的学术交流、学术成果多以会议论文的形式出现，体现出信息技术更新更快、易于传播等特点，所以图书馆购买了美国计算机协会(Association for Computing Machinery)的 ACM Digital Library 数据库，其收录的计算机领域的会议论文为学校计算机科学与技术学科提供最新的文献支持。同时图书馆购买了美国物理联合会(American Institute of Physics)、美国机械工程师协会(American Society of Mechanical Engineers)的 AIP Publications、ASME Digital Collection 数据库，其收录相关学协会组织的会议录。除了采集国外会议文献，图书馆还购买了“中国重要会议论文全文数据库”“国际会议论文全文数据库”，为研究人员提供会议文献的查阅。科技报告来源于科技创新活动，是用于描述科学或技术研究的过程、进展和结果，或描述一个科学或技术问题状态的文献。图书馆对科技报告的收集也以电子资源为主，购买了“尚唯科技报告资源服务系统”，主要收录美国能源部所属科研机构及其合同单位所产生的科技报告、美国国家航空和宇航局出版产生的技术报告等。

②标准文献与专利文献。

标准文献根据制定的主体分为国际标准、区域标准等。清华大学图书馆早期对标准文献的收集主要根据学校的学科方向，通过出版商购买纸本标准文献，或通过捐赠渠道获取纸本标准文献。随着标准文献电子化程度越来越高，其具有时效性强、易于查找、方便使用等特性，图书馆不再收集单行本的纸本标准，而是通过购买中国知网的“标准数据总库”、美国材料与试验协会(American Society for Testing and Materials)的ASTM International数据库、国际自动机工程师学会(Society of Automotive Engineers)的SAE Mobilus数据库等标准文献数据库，保障国内外标准文献的查询与使用。专利文献主要指发明人对所发明成果的文字说明。清华大学知识产权信息服务中心是首批高校国家知识产权信息服务中心，为校级非实体机构，挂靠在清华大学图书馆，基于此，近几年图书馆购进了“合享(incoPat)全球专利文献”数据库、“智慧芽(PatSnap)全球专利检索分析”数据库、“中国专利/海外专利全文”数据库、“Orbis Intellectual Property 全球知识产权”数据库等多个专利文献数据库与专利分析系统，收集国家知识产权局专利信息等，依托丰富的知识产权信息资源和专业的人才队伍，提供知识产权信息服务。

③学位论文。

学位论文通常不公开发表，一般作为内部资料存放在学校的相关部门。清华大学图书馆是清华大学学位论文的接收单位之一，收藏1981—2015年公开的博硕士学位论文、博士后报告、博士哲学小论文的纸本，同时建立清华大学学位论文服务系统，收录1981年(答辩日)以来公开的论文电子版全文。除了收集本校的学位论文，图书馆还购买了中国知网的中国博硕士学位论文全文数据库、台湾学术文献数据库，ProQuest Dissertations & Theses Global数据库等，为师生提供中外学位论文的查询与使用。

④特色文献。

政府文献、地方志、家谱等都属于清华大学图书馆收藏的特色文献。清华大学图书馆根据历史上这几类资源的收藏与受赠情况对特色文献进行了重点收集。

a. 方志与民间地方文书。2007年，清华大学图书馆开始进行“地方文献特藏”专题建设工作，征集各地新编方志，已收集全国各地新编地方志1万余册，包括省、市、县三级地志，还有科技、交通、医疗卫生、教育等行业志。从2011年起，图书馆依托学校经费的大力支持，加大了对方志资源的采购力度，购进了大批重印的历代方志与新方志。自2010年起，清华大学图书馆在有关专家教授的精心指导和直接参与下，开始积极收集民间地方文书，迄今已收集入藏8万余件民间地方文书。这批文书资料年代跨越明、清两代及民国时期、中华人民共和国成立初期，地域涵盖山西、山东、河北等地，具体类型包括交易文契、合同文书、承继文书、私家账簿、官府册籍、政令公文、诉讼文案、乡规民约、信函书札等。

b. 联合国裁军文献。清华大学图书馆接收了由前联合国裁军事务首席政务官林国炯先生个人收藏并捐赠的联合国裁军专题资料。以这些资料为基础，整理建设了联合国裁军专题文献资料，资料中包含英文、中文、法文、西班牙语、阿拉伯语等多国语种图书2000余册，期刊会议录7000余册，各类会议的原始资料与各类非正式出版物5万余件。资料主题横跨裁军、军备控制、防止核扩散、战略研究、外交、国际关系与国际安全、裁军外交、战略研究等多个领域。后陆续接收了中国首任裁军大使钱嘉东先生、中国军备控制专家邹云华老师捐赠的一批军控类专著与内部军控文集等资料。

c. "保钓运动"专题文献。清华大学图书馆接受周本初教授及其他参加保钓运动者捐赠的大量相关刊物、资料和文献。2010年，清华大学图书馆正式成立保钓资料收藏研究中心，开始深入收集整理"保钓运动"的相关文献资料，开展专业化学术研究。①

4.2　数字信息资源采集

数字信息资源采集是指图书馆根据本馆的目的和任务，按照一定的原则和标准，通过一定的途径和方法，对众多的数字信息资源进行有目的的选择和采集，以满足其用户信息需求，并形成具有保障能力的数字信息资源体系的过程。数字信息资源采集不同于传统信息资源采集，主要表现在以下三个方面：

①采集标的不同。传统信息资源采集主要是采购实体纸本文献、磁带、录像带等；数字信息资源采集主要是采购电子图书、期刊和数据库等数字化资源。

②采集方式不同。数字信息资源采集突破了传统的邮发与非邮发两种方式，涌现出越来越多的创新方式，如集团采购、需求驱动采购、纸电同

① 清华特色资源[EB/OL]. [2023-01-10]. https://lib.tsinghua.edu.cn/zy/alxc.htm.

步采购等。

③采集难点不同。传统信息资源采集的难点在于选择高质量的文献资源及其提供者，以及确定合适的复本数量；数字信息资源采集的难点在于确定最佳的采集方式与选择最合适的数据库提供商。

数字信息资源采集并非全部依赖于购买，对于大量的开放获取信息资源，图书馆可以通过建立学科主题导航来免费使用它们。当然，目前大部分数字学术信息资源还是必须通过采购才能获得使用权。了解与掌握数字信息资源采集方式是实施数字信息资源采集的重点。下面将阐述两种主要的数字信息资源采集方式。

4.2.1 集团采购

数字资源集团采购是指多个图书馆组织起来，联合采购某种数字资源，以最少的经费，获取最优价格、最佳服务和最符合需求的资源。① 我国图书馆界从1997年开始对国外电子资源进行集团采购。1997年国家自然科学基金委员会与美国《科学》(*Science*)周刊达成协议，获得了《科学》网络版《科学在线》(*Science Online*)在全国开通三年的使用权，成为国家采购的先例。1998年10月下旬，清华大学图书馆代表10家大学图书馆与美国工程信息公司(简称"EI公司")签署了订购协议，拉开了我国高校集团引进数字资源的序幕。国家科技图书文献中心(NSTL)开展了我国图书馆数字资源的国家采购。中国高等教育文献保障系统(CALIS)组织了高校系统的数字信息资源集团采购。CALIS成立了管理中心、4个全国中心、7个地区中心和15个省中心，分别采取了系统内全国组团、地区组团、省内组团的采购模式。② 2010年，高校图书馆数字资源采购联盟(DRAA)正式成立，标志着国内高校数字资源集团采购进入了规范化、可持续发展的新阶段。

4.2.1.1 集团采购的优势

集团采购是一种非常有效的数字资源建设模式，已经成为许多图书馆采购数字资源的必然选择。它具有如下几方面优势：

---

① 肖珑，姚晓霞. 我国图书馆电子资源集团采购模式研究[J]. 中国图书馆学报，2004(5)：31-34.

② 宛玲，余向前，董伟. 我国图书馆数字资源集团采购的发展历程及特点[J]. 情报资料工作，2009(6)：65-68.

(1)降低数字信息资源采购成本

当前数字资源价格越来越昂贵，单个图书馆一般很难独自承受。实践证明，集团采购不仅因集团拥有雄厚的资金优势而受到数字信息资源提供商的青睐，而且因集团内成员馆数量多、需求大，拥有较高的议价能力，可以影响数字信息资源的定价，或将其控制在合理的利润范围之内。这样，通过集团采购可享受到批量购买的优惠价格，节省各个图书馆与数据库提供商进行谈判的时间成本。一般来说，集团规模越大，价格优惠越多，一般对比单个图书馆购买同一数据资源可以优惠25%~40%。此外，对于参加集团采购的各个成员馆来说，可以共同承担采购数字资源风险，从而减轻数字资源价格上涨对图书馆带来的经济压力，并降低采购失误风险。①

(2)缩小大中小型图书馆数字资源的差距

一些数字资源采购经费不足的中小型图书馆，通过集团采购不仅可以用同样的资金采购更多的数字信息资源，而且通过集团内的资源共享也可使用其他大型图书馆购买的数字信息资源，从而显著提高本馆可访问与利用的数字资源的数量与质量，极大地丰富了馆藏数字资源，从而有效解决因经费不足带来的大中小型图书馆数字资源不平衡的问题。

(3)实现图书馆信息资源共建共享

集团成员馆通过建立数字信息资源联盟网站，把各自购买的数字信息资源存储在不同的数据库镜像站点，通过联盟网站实现数字信息资源的整合与链接，并在统一检索界面下提供给集团所有用户使用，从而高效实现图书馆数字信息资源的共建共享。这不仅显著扩大了用户可获取的数字信息资源范围，减轻了各个图书馆采购数据库的经费压力与维护成本，而且避免了各个图书馆数字信息资源的重复建设，有效提升了图书馆信息资源共建共享的效率与效益。例如，广东省网络图书馆通过组织集团采购，促进了集团内各馆在培训、服务、数字资源使用等方面的交流与合作，石牌六所高校图书馆借此开展了更多的馆际互访与互借业务。②

(4)获得供应商更好的售后服务与技术支持

集团采购凭借集团成员规模数量与资金优势，可以要求数字信息资源

① 胡永生. 电子资源的集团采购：21世纪图书馆的必然选择[J]. 图书情报知识，2004(6)：42-44.

② 黄胜国，徐文贤. 图书馆数字资源集团采购模式研究[J]. 图书馆学研究，2009(9)：31-33，53.

供应商提供更好的售后服务与建设支持，包括根据集团用户需求修改和完善检索系统和统计功能，提供详细使用手册，改进用户检索界面等。此外，还可要求数字信息资源供应商改进培训服务，帮助用户掌握数据库使用技巧，提高用户使用数字信息资源的效率。在条件许可的前提下，争取通过在本馆或集团内建立镜像站点的方式来访问数字信息资源。

(5)共享集团成员设备和技术

通过建立集团采购的国内镜像站点和联盟网站，实现国内外数字信息资源的集中存储与共享，可以避免各馆自行进行对各类数据库的投资和重复建设，解决单个图书馆在采购数字信息资源上的技术与设备瓶颈问题，保障采购的数字信息资源与网络运行的安全性与可靠性，更好地实现数字信息资源的共享与利用。

4.2.1.2　集团采购模式

根据组织集团的范围、成员馆数量、学校规模、使用量、选择的数据库、购买的年限、使用的检索平台以及订购的纸本期刊数量不同等因素，目前共有如下十种集团采购模式①：

(1)会员制模式

会员制模式也可称为俱乐部模式，即在全国范围内以每个参加机构为单位组织集团，各自独立支付费用，通过集团购买资源，享受集团的优惠价格和服务。这是目前被大部分采用的、主流的集团采购模式，且一般都没有并发用户数量限制，操作比较简单。

(2)地区集团购买模式

按地区或机构组织集团，支付固定的费用，并由集团内各成员馆协商决定集团成员馆数量及其订购费用。对于高校图书馆集团采购而言，一般会根据学校的规模、学生数量、重点学科数量、博士点数量、文献经费、使用量等因素来确定每个图书馆的费用。比如国内采购 SpringerLink 数据库就是按照该模式购买的。SpringerLink 中国集团(SLCC)在全国共组织了 9 个集团：华北高校集团、上海高校集团、江苏高校集团、华东高校集团、华

① 杨毅，周迪，刘玉兰. 电子资源集团采购模式的探讨[J]. 图书情报工作，2005，49(9)：92-95，125. 肖珑，姚晓霞. 我国图书馆电子资源集团采购模式研究[J]. 中国图书馆学报，2004(5)：31-34.

中高校集团、东北高校集团、华南高校集团、西北高校集团、中国科学院/医学科学院集团。各集团内成员馆数量各不相同，每个馆支付的费用也各不相同，成员馆越多，每个馆分摊的费用就越少。该模式的优点是扩大了受益面，大馆可以帮助小馆，但缺点是操作起来非常复杂，而且没有一个统一的标准来衡量学校图书馆的大小，很难协调和平衡各成员馆之间的利益，容易引起各成员馆之间的矛盾。另外，当某个图书馆退出某集团后，其承担的费用就要分摊给别的图书馆，从而增加其他图书馆的负担，甚至可能影响整个集团的正常购买。

(3)用户分级购买模式

用户分级购买模式是根据不同用户的情况，确定不同的订购价格。目前有三种确定不同级别用户的办法：

①根据不同的使用量，确定不同的价格级别和使用量额度，由用户参考自己前一年的使用量来选择某个价格级别和使用量额度。比如，购买 EI Village 数据库时，EI 公司确定了 5 个级别的价格和检索次数额度，由用户自己选择价格级别和使用量额度。EI 公司会对用户的使用情况进行实时统计，在使用的前 10 个月内，如果检索次数达到用户所选择额度的 90%，EI 公司便会通知用户申请高一级别的价格。

②根据学校的规模、学生数量、重点学科数量、博士点数量、文献经费、使用量等情况，由数据库商确定每个用户的级别。

③根据每所学校的学生人数(FTE)确定不同的价格级别。比如，Ebrary 电子图书数据库生产商，根据每所学校的学生人数，将价格分为 9 个级别。若学校的规模比较小，价格也相对优惠。

(4)集团成员数量优惠购买模式

根据参加集团成员馆数量，确定不同的优惠价格。比如，PQDD(B)、ACM、AIP、APS 等数据库商，都是根据参加集团的成员馆数量，提供不同的价格。参加集团的成员馆越多，价格越优惠，所有参加集团的成员馆都可以享受这一优惠价格。这种模式比较适合国内图书馆采购国外数字信息资源。

(5)分学科选库购买模式

对于某些包含若干个数据库的大型数据库产品，集团成员可以根据不同学科组成若干个数据库组，各自选择购买不同的数据库(组)，而且选择购买的数据库(组)越多，享受的优惠也越多，但各成员馆的费用各不相同。

比如，Ebrary 电子图书数据库包含了近 2 万种电子图书，按照学科分为 7 类，用户可以选择购买。

(6)使用权限购买模式

对于绝大多数数据库来说，用户购买的是使用权，而不是所有权。购买使用权一般有两种方式：①用户若购买一年时间的使用权限，那么不仅可以使用数据库中当年的数据，而且可以使用数据库中的回溯数据，比如 EI、CSA、Inspec、NTIS 等数据库。②用户若购买一年数据的使用权，不管用户在该年内何时购买，都需支付一年的订购费用，但可以使用所购买年份的所有数据。若用户要使用回溯数据，一般需要另外付费，比如 ISI 公司 Web of Science，ISI Proceedings 和 SDOS 数据库等。

(7)捆绑纸本期刊购买模式

全文数据库提供商或销售商希望用户在订购电子期刊数据库时与纸本期刊捆绑购买，或者纸本期刊的订购种数必须达到最低要求，才有资格购买数据库，以便他们维持和扩大其纸本期刊的订单和销售额。在这种情况下，用户只要再支付少量费用，或者不支付费用就可以使用数据库中的所有期刊。也有一些出版社，为了鼓励用户订购更多的纸本期刊，规定用户在购买了数据库之后，如果再购买纸本期刊，可以享受相当大的优惠价格。比如，购买 Elsevier 公司的 SDOS 数据库，要求用户订购纸本期刊必须达到一定数量，对于已经订购的纸本期刊，即使超过了规定数量也不能撤销，这样，用户才有资格购买 SDOS 数据库。这种采购模式增加了图书馆经费压力，也容易造成资源重复建设。

(8)数据和检索平台组合购买模式

大多数数据库都是出版社自主版权的数据和检索平台，但是有的出版社只有数据，而没有检索平台，需要请别的公司作为他们的代理公司，将他们的数据放到代理公司的检索平台上，组成一个完整的数据库。这种数据库一般都有多个代理公司和检索平台，而检索平台的价格也不尽相同，用户对于各种检索平台的评价也各异。例如，购买 INSPEC 数据库，集团用户须先和 IEE 就 INSPEC 数据的价格直接谈判，再和代理公司进行平台价格的谈判，然后由集团用户去选择检索平台。

(9)并发用户共享购买模式

根据成员馆的数量，整个集团选择购买一定数量的并发用户，在集团内所有成员间共享这些并发用户。比如，CALIS 采购 OCLC First Search 数据库就是采用该模式。该模式适合于那些使用量不太大，但使用面比较广的数据库。

(10)共建共享购买模式

集团内各馆分别购买一部分内容，然后由集团内成员一起共享成员馆选择的所有内容。集团成员越多，共享的资源也就越多。这种模式较好地实现了信息资源共建共享，但往往有并发用户数量限制。比如，集团成员购买 Safari 电子图书数据库时，可以选择购买一定分值的图书和并发用户数量，集团内成员一起共享这些图书，并分摊费用(参见本书第 7 章内容)。

4.2.1.3　集团采购流程

数字信息资源集团采购需要集团代表成员的利益，协调平衡各个成员的关系，保证采购的数字信息资源具有广泛性、科学性、相关性、实用性。要实现这些采购目标，需遵循规范的集团采购流程，它包括以下几个步骤①：

(1)收集数字资源的相关信息。一般数字信息资源的基本信息主要包括数据库系统名称、出版商、主题、资料来源、更新率、收录起止年限、代理商信息等。

(2)征求集团成员馆采购建议。在成员馆进行问卷调查，发放“数字信息资源采购申请表”，由各成员根据自身实际需要，提出拟采购数据库，然后由集团对申请表分类、汇总与整理。

(3)对拟购数字信息资源进行综合审查。集团综合各成员需求现状及数字信息资源提供商的相关信息，对收集起来的申请表进行统计分析，圈定国内外公认的、品质高的、成员馆亟须的数字信息资源作为初步的采购对象。

(4)组织成员馆试用数据库。集团可要求数据库提供商对拟购的数据库向集团用户开放试用一段时间，以便确定最终的采购对象。为了解成员馆的试用效果，首先，需要对拟购数据库进行网上公告和充分试用(一般为 1—3 个月)，以获取试用效果数据；其次，在试用期结束后应对成员馆采购需求再次进行问卷调查或电话咨询，然后在此基础上组织专家论证拟购的

① 黄胜国，徐文贤. 图书馆数字资源集团采购模式研究[J]. 图书馆学研究，2009(9)：31-33，53.

数据库，综合分析其利用率(点击率)、学科相关性与实用性、系统的可靠性与易用性等多方面性能，最终确定拟采购的数据库。

(5)签订数字信息资源采购协议。在确定采购对象后，集团要与该数字信息资源提供商进行谈判，争取最优惠价格，取得一致意见后，签订集团采购协议。在签订采购协议前，集团采购代表需要仔细阅读并理解每一条款，以免以后给集团成员的使用带来不必要的麻烦。

(6)向数据库提供商付款。在签订采购协议后，集团应向数据库提供商付款，这些款项一般包括数据费、通信费以及相应的设备费用。所有费用最终可由集团内成员按一定比例分担。

4.2.1.4 不同类型图书馆集团采购实践

(1)江苏少儿数字图书馆项目联合采购实践解析

江苏少儿数字图书馆项目是由江苏省文化厅指导，南京图书馆牵头，全省公共图书馆共同参与建设的江苏省公共数字文化重点项目，旨在推进全省公共图书馆少儿数字阅读服务，推动全省少儿阅读活动的开展，加强全省少儿图书馆工作者之间、少儿家长之间以及图书馆与家长之间的沟通和交流。该项目自 2016 年开始运行至今，已与全省 100 家公共图书馆形成联盟，形成了一套趋于规范完备的采购程序。目前面向全省儿童实施服务，年均采购续订 10 余种优质资源、600 场少儿活动，并为成员馆配置了 230 台资源触控大屏、330 台资源 PAD，自 2016 年开通至今，累计访问总量 1580 多万人次。该项目联合(集团)采购实践路径如下：

第一，成立江苏省少儿数字图书馆项目建设领导小组，制定相关章程及方案。江苏少儿数字图书馆项目进入实施阶段初期，南京图书馆联合江苏省公共数字文化建设中心成立了江苏省少儿数字图书馆项目建设领导小组，成员由省文化厅、省馆、地级市馆、部分独立少儿馆指派的代表组成，领导小组设组长 1 名，副组长 2 名。领导小组负责对江苏省少儿数字图书馆建设的重要方案文件进行审定，对资源采购等重大事项进行决策，对项目实施和运行进行督查。制定《江苏省少儿数字图书馆联合建设章程(试行)》《江苏省少儿数字图书馆 2015 年联合采购出资方案》，从组织架构、成员馆加入条件、成员馆权利义务、出资依据及标准、加入和退出程序等几个方面形成规范。

第二，落实江苏省少儿数字图书馆联合采购组织。在江苏省少儿数字图书馆项目建设领导小组的指导下，江苏省公共数字文化建设中心负责执行此项目的建设，包括项目的方案文件起草、组织协调、业务指导等日常管理工作以及成员馆申请审批工作。成员馆享有数字资源采购的知情权和建议权，以及享有此项目建设的建议权和监督权。

第三，采用合作出资的方式进行联合采购。采用合作出资的方式，各成员馆按一定比例出资，汇同江苏省文旅厅公服处的专项资金，合作购买资源。其联合采购出资比例的依据是：

①根据《江苏省公共数字文化系统建设标准》的要求以及江苏省少儿数字图书馆的资金需求，确定每年以全省成员馆文献采购经费累计数量的3%作为资金投入。

②综合考虑各成员馆的类型(一般公共图书馆和少年儿童图书馆)、级别(省馆、市馆、区县馆)、文献采购经费性质(常规文献采购经费和专项文献采购经费)等因素来确定各成员馆的具体出资数量。根据影响各成员馆出资数量因素的变化，每年重新核定出资数量。

③少年儿童图书馆的出资比例高于一般公共图书馆。

④在文献采购总经费相同或相近的情况下，市级图书馆的出资比例高于县区级图书馆的出资比例；原则上市级图书馆的出资数量不得低于县区级图书馆的出资数量。

⑤在同级别的情况下，文献采购总经费少的成员馆的出资比例一般要高于文献采购总经费多的成员馆。

⑥个别图书馆因特殊情况对出资数量有异议，在不违反以上原则的情况下可另行协商。

第四，采用联合采购的地区总价模式。在价格模式上，江苏省少儿数字图书馆项目采用集团联合采购的地区总价模式，即数据库提供商以服务江苏省100家成员馆制定价格。在资源采购达成后，每家成员馆均享有所有采购源的数字资源的线上访问权和使用权，与线上数字资源配套的线下展示体验产品(触控屏、可编程模拟器件等)的长期使用权，数据库商提供的与少儿阅读推广活动相关的线上线下服务以及免费的活动策划、人员培训等服务。

第五，执行江苏省少儿数字图书馆联合采购流程。江苏省少儿数字图书馆联合采购流程分成三个阶段：

①商议阶段。即在每年年底，江苏省少儿数字图书馆项目建设领导小

组召开联采会，邀请13个地级市的公共图书馆以及部分区县馆分管儿童服务的负责人参会，召集已经使用的数据商、下个年度拟向其采购的数据商参加联采会，数据商给出下个年度的服务内容、服务价格，参会人员现场听取介绍，分别拟定下个年度采购资源内容、数量以及建议采购价格，由领导小组成员及参会人员投票决定是否采购、采购内容以及建议价格，并根据拟采购总价格商定各自出资比例。

②采购阶段。由南京图书馆发布标书进行招标采购，统计实际总采购价格。

③付款阶段。江苏省公共数字文化建设中心负责与各成员馆确定出资金额，分配数据商分别与指定的成员馆签订付款合同并按期付款。

(2)清华大学图书馆集团采购实践解析

清华大学图书馆承担高校图书馆数字资源采购联盟(DRAA)牵头馆与成员馆的角色，积极推动该联盟集团采购。DRAA引进资源的主要对象为国外数字资源和少量中国港台数字资源。截至2021年年底，DRAA有31家理事馆、14家牵头馆、710家成员馆、39家数据库商与6家代理商，组团138个数据库，9038个图书馆参与联盟集团采购。在DRAA集团中，图书馆、数据库商、代理商共同探讨集团采购数据库的合同共赢方案，共同维护长期友好的合作关系。清华大学图书馆主要采取以下行动来实施DRAA集团采购：

第一，引进数据库的组团谈判。清华大学图书馆承担33个引进数据库的组团工作，组团数据库数量居DRAA组团谈判数据库的首位，同时参加其他理事单位牵头的8个数据库的谈判组工作。清华大学图书馆每年负责牵头组织组团数据库的谈判，与来自中国农业大学图书馆、中山大学图书馆、四川大学图书馆、西安交通大学图书馆、东南大学图书馆的谈判专家组成谈判组，采用线下线上谈判的方式，就数据库的内容、质量、日常服务及承诺等方面与数据库商进行沟通，同时，重点就价格方案进行多轮次的博弈，在方案中分学科包、分学校层级、分西部省市优惠等，为DRAA成员馆争取最大限度的价格优惠。随着高校图书馆对数据库使用与服务要求的不断提升，在DRAA组团数据库谈判中，还需要就数据库是否提供校外访问方式、使用统计的提供方式、数据库试用的期限、过量下载的界定、长期保存与永久使用、协议/合同文本的中英文版本以及适用法律等问题与数据库商进行多次的商谈，以保证和提升组团数据库的服务质量与效益，同时在法律层面对成员馆的权益进行保护。

第二，发布组团数据库信息。在谈判完成后，清华大学图书馆作为牵头馆负责指导数据库商按照 DRAA 数据库集团采购方案大纲进行相关内容的填写，对谈判的方案进行初审后，提交 DRAA 理事会审核。对于有异议的方案，会根据 DRAA 理事会提出的修改意见督促数据库商对方案进行进一步的完善。在方案形成后，负责在 DRAA 网站上发布组团数据库的采购方案、评估报告、订购通知、试用通知，告知成员馆数据库方案的信息，提醒成员馆在平台上提交订购或试用回执。同时，负责解答成员馆对于方案的疑问，反馈成员馆对于数据库服务的意见。

第三，督促数据库商规范采购流程。采购流程规范方面，清华大学图书馆作为牵头馆负责指导数据库商在 DRAA 平台上的资源百科栏目更新，完善数据库商的基本信息与使用指南，提醒数据库商及时处理参团馆的订购与试用回执，督促数据库商核查参团数据库的数量统计与及时上传数据库的使用统计，组织数据库商和代理商参加 DRAA 采购业务培训班，使数据库与代理商更加深入地理解 DRAA 集团采购主要业务与工作规范。

第四，参与 DRAA 的其他相关工作。清华大学图书馆作为理事馆，还负责协助秘书处组织每年的 DRAA 引进数据库培训周，主持 DRAA 理事与用户座谈会；参加 DRAA 集团业务探讨会与集团采购谈判研修班；参加门户发展工作组，策划与实施 DRAA 门户的宣传与推广以及对数据库商使用 DRAA 门户进行培训；参与数据库评估指标体系的研讨与数据库的评估等工作，充分履行好理事馆的职责，发挥好理事馆的作用。

作为成员馆，清华大学图书馆根据 DRAA 集团采购规范，在门户及时提交订购与试用数据库回执，管理与核查本馆的数据库使用统计；参加引进数据库培训周，填写 DRAA 满意度调查与集团采购数据库、代理商评价，参加数据库培训与考试，积极申报培训周研讨会课题等，充分行使好成员馆的权利，为 DRAA 的发展贡献力量。

除了参与全国集团采购联盟，清华大学图书馆还参与北京地区高校图书馆文献资源保障体系(BALIS)资源协调管理中心的北京高校数字资源采购联盟工作，负责参与 51CTO 学院、橙艺艺术在线等中文数据库的组团谈判，为北京地区高校图书馆甄选优质的国内出版的数字资源，争取最优的价格与服务，同时参与资源协调管理中心关于数字资源绩效标准的讨论等工作。

4.2.2 需求驱动采购

需求驱动采购(demand-driven acquisitions，DDA)是促进发现图书馆目前不拥有的信息资源，然后根据用户请求迅速购买这些资源，把它们作为图书馆馆藏并提供用户利用的一种新型信息资源采集模式。它又名“读者驱动采购”或“读者决策采购”(patron-driven acquisition，PDA)、“用户驱动采购”(user-driven acquisition，UDA)、“用户发起的电子书购买”、“用户驱动的馆藏建设”。DDA 于 2012 年荣登美国高校图书馆十大趋势之一，在国外图书馆特别是大学图书馆已经得到广泛应用，是图书馆信息资源采购的创新方式。根据 ProQuest 2018 年的调查，大多数(63%)图书馆使用 DDA 进行电子书采购。

DDA 的出现，有多方面的原因：一是电子资源在图书馆年度预算中所占的比例高企，某些图书馆中 65% ~70%的采购经费是支付给电子期刊、全文数据库、索引与摘要数据库、多媒体数据库和电子书的；二是图书馆需要面对日益增多的用户信息资源需求和图书资料采购经费捉襟见肘的困境；三是许多图书馆面临空间不足的问题；四是纸本馆藏保存和管理的成本很高，而电子书保存和管理成本很低。正因为如此，DDA 应运而生，在国内外得到了推广。

4.2.2.1 DDA 模式

从触发购买的不同条件或方式来看，DDA 主要有如下 6 种模式①：

(1)基于馆际互借的 DDA(ILL-DAA)

“基于馆际互借的 DDA”(Interlibrary Loan-based DAA，ILL-DAA)是指对于读者通过 ILL 系统提出的请求，图书馆员基于本馆制定的相关标准进行审查，并决定是否购买而非借阅这些资料的一种资源采购模式。其主要特点是：ILL 的目的是购买而不是借阅资料；ILL-DDA 获得的资料可以添加到馆藏中，以满足本地用户的未来请求而无须再次进行 ILL；ILL-DDA 有助于图书馆的预算与流通管理。普渡大学图书馆(Purdue University Libraries)、佛罗里达大学图书馆(University of Florida Libraries)、北得克萨斯大学图书馆(University of North Texas Libraries)都采用该模式采购纸本图书或电子书。

---

① 盛小平，刘泳洁. 图书馆职业能力研究[M]. 武汉：武汉大学出版社：113-117.

(2)基于短期借阅的 DDA(STL-DDA)

基于短期借阅的 DDA(Short-term Loan-based DDA，STL-DDA)是指供应商或出版商允许通过 STL 临时租赁电子书给用户使用，以便促成电子书购买的一种 DDA 方式，又被称为临时租赁 DDA 模式。这种模式的特点是：①STL 期限并不固定，可以是 1 天、1 周或 1 个月等，但大多数图书馆都选择 1 天或 7 天的借阅期，STL 的期限越长，费用越昂贵。②图书馆可以为借阅期限内的用户使用向供应商支付电子书定价的某个比例。这些费用在早期的 STL-DDA 中仅用于借阅，当一本电子书达到设定的借阅数量最终触发自动购买时，图书馆必须支付电子书的定价，这时图书馆购买该电子书的总费用往往超过其定价；但在最新的“从访问到拥有的 DDA”(Access-to-Own DDA)中，前期 STL 费用可计算在最终购买成本中。③采用 STL-DDA 的图书馆将显著节省图书采购经费，提高采购资金的使用效率，因为图书馆对于只有较低使用需求的电子书，仅需为 STL 支付少量费用而不必花更多钱来购买。④STL-DDA 可能会减少出版商收入，从而对出版商出版图书和支持学术生态系统的能力产生不利影响。纽约州立大学帝国学院在线图书馆(State University of New York Empire State College Online Library)、科罗拉多研究图书馆联盟(Colorado Alliance of Research Libraries)都采用 STL-DDA 来实施电子书采购。

(3)基于免费发现的 DDA(FD-DDA)

“基于免费发现的 DDA”(Free Discovery-based DDA，FD-DDA)又可称为“基于免费浏览的 DDA”，是指在触发购买之前供应商为用户提供免费的访问、浏览服务，以帮助用户决定是否需要复制、下载、打印或购买某种(电子)资源的一种 DDA 模式。免费发现的方式通常包括：允许在一定时间内(5 分钟或 10 分钟)免费完全访问内容；不受限制地免费访问书的某些部分(如目录和引言)；允许在触发(包括复制、打印、下载、购买等)之前免费访问一定数量的页面。这种模式的主要特点是：①为用户提供适当时间或篇幅内容的免费访问、浏览，帮助用户了解欲购买的资料。②保证多数触发购买的文献资料能够得到真正和有意义的使用，有助于克服随意点击导致购买了大量非实际需要的资料和预算超支等问题。③免费发现需要设置在防止意外购买的层次上，但不允许太多有意义的免费使用，否则将降低出版商或供应商的收入。④该模式并不能防止多次错误点击触发一次购买，但它确保了图书的购买不是基于单一的虚假点击。大多数 DDA 项目都具有免费发现的功能，只是不同 DDA 项目设置了免费发现的不同条件或要求。

(4)循证采购(EBA)

循证采购(Evidence-based Acquisition，EBA)也被称为循证选择(Evidence-based Selection)或使用驱动采购(Usage-driven Acquisition)，是图书馆基于用户实际使用情况购买所需资料的一种 DDA 方式。具体来说，它往往是图书馆与出版商(或供应商)签订协议，由后者向图书馆用户提供一池子电子书的访问，在约定的使用期结束后(通常是一年之后)，出版商(或供应商)向图书馆提供使用数据，然后图书馆从中选择并购买议定总额的电子书。这种模式的特点是：①图书馆需要保证提供适当的采购资金，以便供应商或出版商事先向图书馆用户提供电子书的访问并获得预期的收益。②图书馆员通过评估使用数据决定购买哪些书籍。③图书馆、出版商都面临一定的风险。图书馆可能面临需要更多采购经费的风险，出版商可能面临因图书馆没有足够的采购资金而无法完全兑付用户使用费用所造成的收益损失。科罗拉多大学图书馆系统采用了 EBA 来购买流媒体视频(streaming videos)。

(5)从访问到拥有的 DDA(ATO-DDA)

"从访问到拥有的 DDA"(ATO-DDA)允许在图书馆用户在电子书借阅环节产生的费用达到一定支付金额后，图书馆可通过买断方式购得该书，从而拥有该书的所有权，即有关权限由访问变成拥有。该模式的特点是：

①为图书馆和出版商解决了围绕 STL 模式产生的费用难题，将 STL 支出用于电子书的所有权购买。

②可以实现图书馆与出版商(或供应商)的双赢，即图书馆可以充分利用每一笔采购资金，有效控制预算；出版商(或供应商)可获得有保障的销售收入，不存在收益受损的问题。

③既提高了图书馆采购资金的使用效率，也保障所购电子书有较多的使用。

④相对于 STL-DDA，该模式能为图书馆用户提供丰富的重要新书和再版书，并根据用户的实际需求建立高质量的电子书馆藏。目前已有 390 多家出版社采用该模式并提供 40 多万种电子书，许多图书馆如斯温伯恩技术大学图书馆(Swinburne University of Technology Library)采用了该模式。

(6)按需印刷(POD)

"按需印刷"(Print on Demand，POD)是指供应商或图书馆根据用户请求直接印刷相关文献并提供给用户的一种方式。它通常包括以供应商为基础的 POD 和以图书馆为基础的 POD。前者可以降低纸本 DDA 项目采购的资料不再被利用的风险，后者适合于那些希望通过 DDA 项目及时为用户提供纸本复本的图书馆。目前，该模式的应用并不广泛。

4. 2. 2. 2 DDA 业务流程

DDA 业务流程主要包括 DDA 的项目规划、供应商与电子书平台选择、图书配置、触发设置、记录管理、计费、评估等活动。①

(1)项目规划

不管图书馆将采用何种 DDA 模式，在 DDA 项目实施前都要进行 DDA 项目规划。DDA 项目规划是指对 DDA 项目目标、范围、时间周期、方式与流程等事务的一系列安排与设计。一般来说，DDA 项目的总目标是更好地满足用户日益增长的对文献资源的需求，分目标主要包括：

①节省与优化配置采购资金，使有限的资金用在能真正满足用户需求的有价值的文献或数据库上。

②补充馆藏资源，提高馆藏资源的流通与利用率，解决长期以来许多馆藏资源无人问津的问题。

③提供对更多文献资源的访问，增加用户选择其所需文献资源的机会。

④减少馆际互借(Interlibrary Loan，ILL)请求，降低 ILL 产生的费用。

⑤实施零库存管理。

除需要考虑 DDA 项目目标外，图书馆在将 DDA 视为馆藏建设的重要手段时，必须确定将要建立多大的预算、提供多大的备选池、建立什么样的配置文件(profile)、使用多少供应商、是否要合并纸本图书、采用何种方式的 DDA、建立何种 DDA 工作流程。其中，DDA 模式选择是一个十分关键的环节。上述 6 种 DDA 模式可以单独或以组合方式运用于实践。

(2)供应商与电子书平台选择

为实施 DDA 项目，图书馆需要与一个或多个供应商签订图书采购与书目数据共享协议。目前，国外电子书集成商主要包括 ProQuest、EBSCO、JSTOR，其他供应商有亚马逊 Kindle、洋基书商(YBP)等。国外电子书平台主要包括 NetLibrary、Ebrary、EBL 和 MyiLibrary。

---

① 盛小平，刘泳洁. 图书馆职业能力研究[M]. 武汉：武汉大学出版社：117-128.

NetLibrary 是 EBSCO 提供的电子书平台，可为用户提供包括浏览全文 10 页或 10 分钟、复制、打印或下载(即“10/10/拷贝/打印”)等在内的多种触发方式，也提供以无限用户、多个并发用户或单个用户等方式访问所购图书，但需按照不同的价格设置。图书馆可以选择独自创建自己的图书配置文件，或选择让 EBSCO 的馆藏建设小组根据用户需求或馆藏建设需求定制的图书配置文件。NetLibrary 的定价模式是：单一用户价格与出版商推荐的列表价格相同；3 个用户是在单用户价格的基础上增加 50%；无限用户的价格因不同全职人员数量而不同。

Ebrary 是 ProQuest 提供的电子书平台，可为用户提供来自 500 多家出版商、专业机构和国际组织的 29 万多本电子书、手册和其他文件。Ebrary 确定了 4 种购买触发机制——“10/10/拷贝/打印”。Ebrary 已与 MyiLibrary 合并到 Proquest Ebook Central 平台中。Ebrary 在全球范围内向单个图书馆或图书馆联盟销售，并已将其用户驱动模式与“YBP 图书馆服务”综合起来，使图书馆更容易通过现有工作流程提供 DDA。他们可利用 YBP 的配置文件系统来确定哪些图书被放入备选池。Ebrary 的订价模式是：每本书的定价对单用户来说就是出版商定价，对不受限制的多用户来说是出版商定价的 1.5 倍。

电子书图书馆(Ebook Library，EBL)是电子书公司(Ebook Corporation)在全球范围内为学术和企业图书馆提供的平台，于 2011 年被 ProQuest 收购。对于图书馆不拥有的图书，EBL 允许每个用户在不发生资金交易的情况下访问每本书 5 分钟。在实施 EBL 的 STL 时，图书馆须支付每本书定价的某个比例，这取决于借阅的时间长短，也可以是单价的 5%。EBL 系统帮助图书馆在达到一定数量的 STL 之后自动购买图书。EBL 的定价模式是：所有的价格都由出版商决定；电子书价格与纸本图书一样，但价格因学科和出版商而异；EBL 以出版商定价出售电子书，并不在出版商定价上加价。

MyiLibrary 是 ProQuest 提供的另一个电子书平台，拥有 75 万种图书资料，能够基于机构独特的要求，提供单个标题、特定出版商或主题等数字内容的访问功能。MyiLibrary 可以采取灵活的图书订购模式，包括单用户、三用户、DDA 或访问模式，而且可以在结构化信息标准促进组织(OASIS)平台上与 EBL 和 EBSCO 一起订购，其大部分内容都可获得永久许可使用。如今，MyiLibrary 有两个定价模式：单用户和多用户。每本书有单独的基础定价，单个用户的定价可以等于或稍微大于纸本图书价格。平均而言，单用户拷贝成本约为纸本图书价格的1.2倍。多用户拷贝允许并发访问，平均定价为纸本图书价格的2.2~2.8倍。

(3)图书配置

图书馆在选择(电子书)供应商后，需要确定将哪些图书添加到DDA备选池中以便用户浏览或使用。许多图书馆希望将DDA项目与其现有馆藏建设活动(如阅选计划和订单)相结合，这时需要创建一个配置文件。这种配置既允许图书馆使用一些主题参数和非主题参数，如书名、供应商、访问类型(默认的单个或多个并发用户)、文献类型、出版年份、版本、出版社、语言、内容层次(少儿读物、普通文献、专业文献)、价格、参考图书、分类号等，来限制允许进入备选池的图书，也允许图书馆利用出版商或供应商提供的新书目录来构建备选池，而不是添加以前出版但又以新的电子方式发布的图书。但是，相对于预算和用户需求，要确保图书池的规模足够大，且应该包括大量的回溯书名。如果备选池太小或过窄，就会出现采购活动过少，无法用完预算采购资金的情况；而备选池过大，可能导致超支或需要提前关闭某些图书的访问权限。

一旦建立DDA配置文件，首批满足配置文件参数的DDA电子书MARC记录将上传到本地联机公共检索目录(OPAC)。在上传第一批MARC记录后，可以根据配置文件不断添加新记录，同时删除其中一些长期不使用的书目记录，使DDA记录保持在合理的水平。

为了避免与图书馆现有纸本图书和电子书馆藏重复，去重是DDA中非常重要的环节。图书馆需要把馆藏记录(包括纸本图书和电子书)与供应商(或集成商)提供的国际标准书号(ISBN)列表进行比对，去除已收藏的或正从其他渠道购买的同一种书。例如，肯特州立大学图书馆(Kent State University Libraries，KSUL)在实施DDA时，向YBP(Yankee Book Peddler)提供了一份用于非YBP采购的ISBN列表，帮助YBP比较回溯文件中的记录、现有的纸本图书和电子书馆藏以及正在进行的DDA记录文档，以防止重复采购。

(4)触发设置

触发是DDA项目中导致资金交易发生的任何行为。触发设置将决定图书馆能向用户提供多少图书，图书馆将花多少钱，有多少书将成为永久馆藏的一部分。不同电子书平台(如NetLibrary、Ebrary、EBL、MyiLibrary)规定的触发购买临界点是不同的，且不同的DDA模式在触发设置上也不相同。

触发模式通常有两种。一种是单触发模式，即一个单一的触发事件导致直接购买正在使用的图书。这些事件可以是一定数量的对电子书内容(包括目录、索引和正文)的处理，如点击、剪切和粘贴一条文本，打印一个或多个页面，下载整个图书或其一部分，查看特定数量的页面或一定数量的文本，一段时间内图书的连续使用等。典型的单触发模式是"10-10-1-1-1 范式"，即在查看一本图书 10 分钟或查看一本图书的 10 页、下载 1 本图书、打印 1 本图书、复制 1 本图书后触发购买。然而，不同图书馆在定义其触发机制时并不完全一样。例如，密西西比大学图书馆把 DDA 触发机制定义为：在单个浏览器会话中查看 10 个唯一页面(不包括文档的前 5%和最后 5%)；在单个浏览器会话中查看 10 分钟(不包括文档的前 5%和最后 5%)；打印 1 页或更多页；复制 1 页或更多页；下载任何页面。

另一种是 STL 模式。某些供应商允许在自动购买之前有 0 到 9 次或更多的 STL(往往最多有 3 次)，按定价的一定百分比计算费用。图书馆可以决定是选择一定数量的 STL 来触发自动购买，还是希望供应商发出通知以便图书馆员能够决定是否购买图书或支付额外的 STL 费用。例如，一家图书馆可以允许 2 次 STL，每次为期 7 天。在第三次使用这本书时，将自动购买这本书，并将其添加到图书馆馆藏中。之后，图书馆拥有这本书，不再收取其他费用。

(5)记录管理

DDA 项目是建立在各种 MARC 记录与采购记录的基础之上的，因此必须加强对 DDA 的 MARC 记录和触发采购记录的管理。MARC 记录管理涉及添加发现记录、删除和替换因访问和可用性变化而产生的记录、更新图书购买后的记录的整个过程。大多数出版商和电子书集成商会免费向图书馆提供自己创建的 MARC 数据。这些 MARC 数据构成图书馆 DDA 项目发现记录的基础，它们可用通过定制的 856 链接字段，将用户指向集成商平台上的特定书名。如果图书馆使用代理服务器访问电子书集成商数据库，那么可以在 856 字段中将代理服务器中的统一资源定位符(URL)添加到集成商 URL 中。

发现记录是合格的 DDA MARC 记录，往往是基于图书馆阅选计划文件中的主题和非主题参数生成的。国外发现记录遵循"合作编目供应商中性电子资源 MARC 记录计划指南"。每个标准的发现记录包括美国国会分类号、链接到全文特定站点的 URL，以及在 001 字段中为匹配或覆盖目的而输出的唯一控制号等内容。

图书馆应该考虑是否在发现记录中添加代码或数据字符串，以及是否添加一个字段/子字段来保存它，以便将DDA图书记录与其目录中的其他图书记录区分开来。这样，图书馆就能识别并在必要时从目录中删除DDA图书的发现记录。图书馆还可以添加一些信息，说明何时将记录添加到备选池中，或者增加用于内部管理的其他指标，如资金代码，以协助评估和批量删除。另外，图书馆还应考虑添加集成商电子书标识符，以便在接收删除文件(delete file)或采购点记录文件时能够匹配相关记录。许多图书馆还选择用目录、描述性摘要和/或从第三方数据供应商收到的作者传记信息等来丰富其MARC记录。

发现记录应该定期(通常是每周一次)上传到图书馆的OPAC，随后被替换为采购点记录。需要特别注意的是，须确保不要传递那些与现有纸本和电子馆藏重复的发现记录。为此，可以编制一份ISBN总清单，以便供应商(如YBP)彻底梳理最初的DDA发现记录集并删除副本。出于某些原因，如内容不再是最新的、有了新版本，或者内容不再符合收藏需求，图书馆可以使用供应商的删除文件，尽快从所有发现工具中删除失效的标题。但这些已移除的标题记录应保存下来，以供评估之用。

(6)计费

不同DDA模式有不同的计费方式。若图书馆采用DDA模式中的ILL-DAA、FD-DDA，自然是按电子书定价计费。不过，多数情况下，图书馆往往会基于STL、EBA来实施DDA项目，这时，图书馆就必须事先与供应商协商好在触发购买前用户每次使用如何计费的问题。在早期DDA项目中，供应商按电子书定价的某个比例来收取STL费用，但这些费用没有计入触发购买后的总价中，因此图书馆在支付了一次或多次STL费用后购买的图书比直接购买要贵得多。于是，最初一些图书馆决定购买首次使用的图书，以努力限制额外的借阅费用。但这又不能保证采购回来的资料一定有较高的使用率，也许就只有首次使用。

为了在购买支出与使用率之间取得平衡，并更好地促进DDA的可持续发展，2016年ProQuest率先推出了ATO-DDA模式。这一模式采用分次累计计费方式，较好地解决了原有问题。比如，在实施ATO-DDA时，若出版商对新书每次使用付费设置为书价的55%，当图书馆用户第二次使用时，累计付费是书价的110%，于是图书馆完成购买；如果出版商对旧书每次使用付费设置为书价的 35%，当图书馆使用第三次时，累计付费是书价的 105%，图书馆由此也完成购买。当然，新书和旧书每次使用计费标准可由图书馆与出版商协商确定。

除适用于图书采购外，DDA 也可用于期刊或期刊论文订购。这时往往采用按次计费(Pay-Per-View，PPV)方式，即在用户向图书馆提交期刊论文索取请求后，由图书馆为用户购买其所需资料或指导用户用图书馆资金购买所需资料，并交付给用户。PPV 购买仅由用户的请求触发，这意味着图书馆不需要订阅整个期刊或数据库就可以通过商业市场获得单篇论文。

(7)评估

DDA 项目评估主要包括总体效益评估和预测支出评估。DDA 项目的总体效益可以通过降低成本、增加使用、增加所有权来衡量，所有这些都将以不同的方式来测评。其中，在评估降低成本时，就必须考虑总体支出、每次使用成本、DDA 替代/改进成本、每本书购买成本、已购图书和备选池的每次使用成本等。预测支出评估指标主要包括与备选池规模相关的平均年开销、STL 或自动购买的平均数量、图书触发交易前的平均时间长度等。另外，联盟 DDA 项目的评估除了应用上述指标外，还需增加一些独特的评估指标，如联盟内每个机构引发购买的使用或触发事件的百分比，促成购买前使用的机构数量和身份，参与事后购买使用的机构数量和身份等。

评估 DDA 绩效的方法有如下四种：

①比较 DDA 图书与传统采购图书的流通量。

②审查通过 DDA 选择的书籍，以确定它们是否适合当地收藏。

③评估使用 DDA 的用户是否满意。

④评估 DDA 项目的成本。

亚利桑那大学图书馆(The university of Arizona libraries，UAL)构建的 DDA 绩效评估指标包含如下 5 类：①财务指标：每次使用成本、每类 LC 主题每次使用成本等。②用户指标：客户满意度、用户行为趋势的变化等。③绩效指标：UAL 向用户交付的时间、下载或打印合理数量的供个人使用的内容的能力等。④使用指标：纸本图书和电子书的流通和内部使用等。⑤资源指标：用户请求的资料类型、触发购买中纸本图书与电子书所占的百分比等。

要开展 DDA 项目评估，先必须获取有效的数据。使用数据可以从供应商的网站上获得，通常包括“网络电子资源在线使用统计(COUNTER)”报告和专门的供应商报告。COUNTER 报告对于评估所有使用实例以及进行跨多个平台的使用比较都很有用。供应商报告通常有特定的 DDA 数据，包括一系列不同的使用类型。纸本图书流通数据对于评估纸本图书 DDA 项目非常有价值，因此有必要定期保存 DDA 购买图书的流通报告。在某些情况下，DDA 项目的支付数据可能无法通过供应商的站点获取。这时，图书馆将需要从集成图书馆系统(ILS)的采购模块中提取数据，或开发其他跟踪数据的软件工具，以便于与 COUNTER 或供应商报告进行综合。从香港科技大学图书馆 2009—2012 年 DDA 使用效果来看，在此三年内电子书的增长比电子期刊的增长高 13%，电子书的使用也从 2009 年的 144200 次下载上升到 2012 年的 288900 次下载，翻了一倍有余。

4.2.2.3 DDA 注意事项

为保证 DDA 的可持续发展，必须妥善处理 DDA 项目运行的以下一些关键问题：

①确立 DDA 目标，如节省资金、提供更多的访问、建立一个永久馆藏等。

②选择要提供的内容。

③选择 DDA 模式，如 ILL、STL、EBA、ATO 等。

④配置文件，为用户提供尽可能多的内容和发现选择以满足其不同需求。

⑤上传和处理记录，包括定期上传发现记录、把发现记录加载到发现工具、添加元数据等。

⑥移除内容，把供应商提供的、不再利用的标题从备选池或发现工具中移除出来。

⑦评估，包括评估总体效益、成本减少、使用情况、未来支出、备选池管理等。

⑧保存。

⑨去重。

⑩预算规划。

⑪联盟 DDA。

⑫DDA 项目的可持续性。

4.3 纸电同步采购

纸电同步原指混合出版，是出版机构对同种图书的纸质版本和电子版本同步发行的一种方式。随着馆配商纸电融合销售平台的出现和迅速发展，图书馆文献资源采购模式在单独纸本文献采集和单独数字信息资源采集两类方式的基础上，开始尝试纸电同步采购方式。纸电同步采购，顾名思义，就是图书馆同时购买同种图书的纸质版本和电子版本的一种采集方式。

4.3.1 纸电同步采购的背景

过去长期以来，图书馆的纸质图书和电子图书采购基本是分开进行的，对电子图书的采购多以“包库”的形式，因不同数据库间存在图书重复现象，易导致资金的浪费。在图书馆实施纸电同步采购后，采购员根据馆配商提供的纸电同步出版目录进行查重，单独挑选，入选图书配置一个纸本和一个电子版本。这样既可以兼顾读者的纸电阅读需求，节约采购经费，也可以由于电子图书更方便共享与阅读而显著提高馆藏文献的利用率。图书馆纸电同步采购出现的主要背景包括以下几个方面①：

(1)纸电同步出版的快速发展

2014 年开始，国内一些出版机构开始积极尝试纸电同步出版的新模式，例如上海译文出版社、人民文学出版社等，并且在近几年取得了非常大的成功和突破。近年来，国内图书市场的纸电同步销售比例逐年增高，2017 为 14.3%，2018 年为 23.7%，到 2019 年已经超过了 35%。一些出版机构纸电同步率已经达到 50%以上，如读客图书有限公司的纸电同步出版率达到 85%，人民文学出版社的纸电同步率达到 60%。新型冠状病毒疫情进一步推进了纸电同步出版的发展进程，更多的出版机构加大了纸本图书与电子图书同步出版的力度，纸电同步已经成为不可阻挡的发展趋势。

(2)纸电融合销售平台的推广应用

随着出版社纸电同步出版产品的日益增多，加上图书馆有强烈的纸电同步需求，部分馆配商及第三方平台积极开发纸电融合销售平台。如当当

① 李树凯. 高校图书馆纸电同步采购的探索与实践——以辽宁师范大学图书馆为例[J]. 大学图书情报学刊，2022，40(1)：109-113.

图书网、京东图书、北京人天的“畅想之星”馆配中文电子书平台、湖北三新的“田田网”订购平台、浙江省新华书店集团的“芸台购”“可知平台”等。上述纸电融合平台的出现并逐步完善使图书馆纸电同步采购变为可能，加速了图书馆纸电同步采购的进程。

(3)读者多元化的阅读需求

第十九次全国国民阅读调查结果显示，2021 年，我国成年国民包括书报刊和数字出版物在内的各种媒介的综合阅读率为 81.6%，图书阅读率为 59.7%，数字化阅读方式(网络在线阅读、手机阅读、电子阅读器阅读等)的接触率为 79.6%；人均纸质图书阅读量为 4.76 本，人均电子书阅读量为 3.30 本。① 所有指标都比 2020 年有所增长。由此看来，多元化阅读已经是一种普遍现象。纸电同步采购能够最大限度地兼顾读者纸质阅读和数字阅读的需求，让不同阅读习惯的读者可以自主选择阅读方式，提高综合阅读率。

(4)弥补纸本图书复本量不足

近十余年来，由于图书数量和价格逐年增加、图书采购经费不足、读者阅读习惯改变及馆舍空间有限等原因，各图书馆纸本图书的复本量逐年减少。为了弥补纸本图书复本量不足的问题，有些图书馆已经开始用电子图书来弥补这一缺口，于是对纸电同步采购提出了迫切的需求。实行纸电同步采购，不仅能够优化馆藏资源结构，增加图书种类，减少纸本图书复本量，有效解决馆藏纸本图书复本不足的问题，还能最大限度地满足读者多元化的阅读需求。

(5)纸本图书利用率低

随着数字阅读的日益普及，阅读电子资源的读者越来越多，尤其是年轻人，他们阅读电子图书的数量远超纸本图书。更有一些人仅查阅数字资源而不查看纸本图书了，而且这部分人群有不断扩大之势。图书馆纸本图书的利用率在逐年下降。

4.3.2 纸电同步采购的优势

纸电同步采购可以综合考虑用户需求与图书馆信息资源采集能力，与

① 张贺. 第十九次全国国民阅读调查结果公布——2021 年我国成年国民综合阅读率为 81.6% [EB/OL]. [2023-1-6]. http://www.gov.cn/xinwen/2022-04/25/content_5686980.htm.

传统图书馆采集方式相比，具有以下几点优势：

(1)提升图书馆所购信息资源质量

在实施纸电同步采购时，图书馆采访人员可在指定的信息资源采购平台上同时获得纸本文献和电子文献的书目数据，同时通过浏览电子图书或重点章节，更充分、准确地把握供应商或馆配商所供文献的质量，避免由于征订书目不完全、提要揭示不充分所导致的采访人员难以发现符合本馆馆藏建设要求、满足用户信息需求的高质量信息资源。因此，纸电同步采购可帮助图书馆采访人员全面了解书目信息，提升所购信息资源质量和馆藏整体质量，更好地满足用户需求。

(2)有效提升图书馆资源的利用率

现阶段多品种低复本图书采购模式已成为趋势。纸电同步采购，可以让用户通过订阅电子图书来决定采购纸本图书的品种、数量。对于出现多读者选购同一本图书的现象，在决定购置一定复本量的基础上，可以考虑购买电子图书以满足用户需求，从而有效地控制复本数量，杜绝零使用率图书的出现，提高图书利用率，同时还可节省文献收藏的物理空间，大大缓解书库压力。近年来，新书发行规模持续增长，且纸本图书定价不断上涨，各馆每年在文献信息资源购置费上虽有所增加，但实际采购到馆的图书数量却不断减少。由于电子图书的价格大幅低于纸本图书，为保证图书种类，节省购书经费，实现多品种低复本的馆藏目标，应加大电子文献的收藏量，让有限的经费发挥最大的效益。①

(3)有利于用户参与采购，增强资源采集的针对性

纸电同步采购能够方便用户参与图书采购。用户可以利用纸电同步采购平台的书目数据库选择图书，试读确认后直接荐购给图书馆采购人员，并可以在后台查询荐购处理状态。这种用户参与图书采购工作可以不受时间、地点、人数的限制，能够让更大范围的读者随时随地参加荐购活动，从而让更多用户参与馆藏建设，使图书采购更具有针对性，有利于提高馆藏文献的利用率。②

---

① 金胜勇，刘雁. 公共图书馆信息资源建设规范研究[M]. 北京：科学出版社，2017.

② 王雅玲. 纸电同步下的图书采访模式变革[J]. 吉林省教育学院学报，2018，34(6)：174-176.

(4)促进阅读推广，提高信息资源使用效益

纸电同步采购以读者需求为中心，读者深度参与文献资源选采推荐，通过微信、微博等新媒体平台参加各类阅读互动活动，引领阅读习惯带来阅读新体验，提高阅读积极性，促进阅读推广活动走向深入和多样。同时图书馆利用纸电同步平台，深度挖掘阅读数据，获取读者阅读爱好，精准分析阅读行为，通过新媒体推送阅读纸质馆藏图书，提高馆藏纸书阅读率，发挥图书资源最大效益。①

4.3.3　纸电同步采购方式

在纸电同步采购实践中，存在着多种采购方式，并且处于各阶段合作方式并存的局面。②

(1)买纸赠电

在开展纸电同步采购初期，馆配商可在取得版权方同意的情况下，通过促销、季度优惠、平台试用等形式，推行购买纸质图书赠送电子图书的采购方式。采购方在购买馆配商的纸质图书后，馆配商按一定规格赠送一批电子图书或者开放部分电子图书使用权给采购方。采购方在花费相同采购经费的基础上，可以获得额外的电子图书资源。这种纸电同步采购方式主要为馆配商促销推广的临时性措施，对于纸质图书和电子图书的常规采购，还需要更为良性的采购方式。

(2)纸电捆绑

买纸赠电主要是馆配商促销推广的临时性措施，对于纸质、电子图书的常规加工，则需要更为良性的合作方式。要实现纸电同步采购，先需要作为内容提供方的出版社增强数字出版的信心，提高图书的纸电同步率，实现采购方在采购纸质图书的同时也能够购入相应的电子图书。由于一般情况下，电子图书通常会滞后纸质图书6—12个月交付，因此采购方在购入纸质图书后，可以要求馆配商在6—12月之内交付相应的电子图书。纸质图书和电子图书捆绑销售可以促进出版社电子图书销售实现盈利，但是采购方需要花费额外的费用购买图书的电子版本，而总的品种数没有增加。

---

① 周群. 纸电阅读同步推广系统与读者关联数据挖掘研究[J]. 情报科学，2017，35(11)：78-82.

② 宋旅黄. 图书馆与馆配商的合作效益研究[M]. 北京：中国社会科学出版社，2019.

(3)纸电融合

随着纸电捆绑被越来越多的图书馆接受，出版社也可以看到电子书销售的前景，出版社对数字出版的投入会越来越大，同步发行图书的纸质版本和电子版本的趋势也会越来越明显，采购方在采购时才能实现纸电同步采购，按需求选择购买纸质版或者电子版图书，或者两者同时采购。纸质图书和电子图书按需购买，在纸电图书同步率、纸电图书选择及复本分配灵活度、电子书交付周期、采购方与馆配商信息交互等方面都有很大的提升。

4.3.4 纸电同步采购的疑难问题

目前，图书馆纸电同步采购还处于探索阶段，面临许多疑难问题，这主要包括①：

①纸电同步采购平台不统一规范。纸电同步采购必须通过馆配商的采购平台才能实现，不同的馆配商采用不同的采购平台，而图书馆图书采购往往采取招标采购方式进行，这样就会出现随着不同的中标商的更改，采购平台也要不断更换的现象，为图书采购带来很大的麻烦。此外，馆配商纸电同步采购平台的书目与馆藏书目的查重十分困难。无论是湖北三新的田田网，还是北京人天的畅想之星，都不能像传统的采购系统那样把将要勾选的书目订单与已有的馆藏书目在系统中直接进行比对、查重，给采访人员的选购造成困惑。

②国内出版社对电子图书的同步出版态度并不积极。2017 年的调查发现，在上海地区的 39 家图书出版机构中，只有 10 余家出版社真正开展纸电同步出版，且电子图书的数量占各自图书出版总量的比例极小。由此看来，出版社对纸电同步出版并不积极，而采取一种可做可不做的态度。②

③国内市场的纸电同步图书出版率低，且娱乐休闲图书居多，而畅销图书、学术性图书较少。一些需求旺盛的可供阅读欣赏，教学、科研、学科建设所需的图书很难在纸电同步采购平台上找到，从而严重制约了纸电同步采购的广泛推广，更不能发挥纸电同步采购的优势。

---

① 林丽娟. “纸电同步”趋势下高校图书馆文献资源建设的困惑与思考[J]. 图书馆工作与研究，2019(1)：84-87.

② 刘惠敏. 纸电同步趋势下我国高校图书馆开展读者决策采购(PDA)的策略分析[J]. 图书馆建设，2018(6)：18- 22，38.

④纸电同步采购图书编目标准不统一。目前许多图书馆由于技术所限，只对纸电同步采购图书的纸本图书进行编目，而对同种图书的电子版不做编目。国内只有资金比较雄厚和技术力量较强的高校图书馆(如清华、北大、上海交大等)开展电子图书的编目，但因国内无统一的电子资源编目标准，无法在OPAC检索界面上一目了然地判别出书目记录是否为纸电同步图书及其馆藏信息，致使纸电同步采购图书得不到充分的利用。

4.3.5　改进纸电同步采购的措施

针对目前纸电同步采购存在的问题，图书馆可从以下几方面进行改进：

(1)扩大纸电同步出版图书的品种与数量

调查结果表明，率先投入纸电同步出版的出版社的利润是传统出版社的数倍。尽管纸电同步出版图书有利可图，但是目前图书市场上的纸电同步出版图书种类与数量比较少，特别是缺少专业性、学术性的图书。出版社应该推行全媒体出版模式，增加纸电同步出版图书的品种与数量，开拓纸电同步出版市场。

(2)建立统一规范的纸电同步采购平台

整合不同馆配商和出版社提供的纸电同步采购书目，建立统一规范的纸电同步采购平台，已成为图书馆推广纸电同步采购的迫切需求。该平台应是图书馆、馆配商、出版社等都可以注册登录的平台，由出版社与馆配商协调合作，将纸电同步出版书目上传到平台，图书馆采购人员可根据用户需求在平台上选购图书，也可安排读者在该平台进行图书荐购。这样就有利于图书馆、馆配商、出版社对纸电图书需求及采购进行版权管理、统计管理、流通管理、配货管理等，协同执行纸电同步采购。①

(3)构建纸电同步采购平台与图书馆之间的联机公共目录查询系统(OPAC)

为提升纸电同步采购效率并推广其应用范围，需要在图书供应商、馆配商、图书馆之间构建纸电同步采购平台与图书馆之间的联机公共目录查询系统(OPAC)，以实现纸电同步采购书目数据与图书馆OPAC书目数据的共享，包括检索纸本图书的状态、题名、责任者、出版社、出版地、出版

---

①　林丽娟．“纸电同步”趋势下高校图书馆文献资源建设的困惑与思考[J]．图书馆工作与研究，2019(1)：84-87.

时间、分类号、索书号等信息，以及是否存在相对应的电子图书，以支撑图书采购人员迅速做出采购决策。

(4)制定统一的纸电同步图书编目规则

通过制定统一的纸电同步图书编目规则，准确描述纸电同步图书的内容特征和形式特征，从题名、责任者、主题、分类号、索书号、文献形式等方面全面详细地介绍纸电同步图书，可以帮助读者确认图书内容和形式，提高读者选择文献、索取文献的效率。利用标准的纸电同步书目数据，图书馆采购人员也能在纸电同步采购平台或系统中迅速地区分纸本图书、纸电同步图书，提高纸电同步采购效率。如今的基本做法，是在原有的编目规则的基础上添加纸电同步图书编目细则。例如，在 CNMARC005 字段增加纸电同步图书的代码；在 200 字段中增加纸电同步文献形式的子字段，增加相应的电子图书出版发行项子字段；在 215 字段增加相应的电子图书的载体形态项的子字段；在 325 字段增加纸电同步附注子字段；在 712 字段增加著录电子图书的制作者；在 856 字段中完善其子字段，突出体现纸电同步图书的特点；在 $u 子字段增加电子图书的访问链接。

5 纸本文献资源的组织管理

纸本文献资源组织管理是指对纸本文献的分类、编目、整序、布局、排架、处置、评价、保存与保护，并使之成为有序化的、可利用的文献资源体系的过程。本章中所讨论的纸本文献资源，是指图书馆所拥有的纸本馆藏文献(后简称为“馆藏文献”)，不覆盖图书馆没有采购与收藏的纸本文献。馆藏文献的组织管理是图书馆信息资源建设的重要活动，也是有效利用馆藏文献的前提与保障。

5.1 馆藏文献的分类和编目

对于采集的文献信息资源，先必须经过分类编目，才能更易于利用。文献分类就是以文献分类法为工具，根据文献所反映的学科知识内容与其他显著属性特征，分门别类地、系统地组织与揭示文献的一种方法。文献的学科知识内容主要包括：①学科门类及分支；②学科的研究对象与诸问题；②学科的基本理论、原理、数据；④学说、学理、观点；③事物的种类、成因、性质与相互联系；⑥自然现象、社会现象与历史事件；⑦实验、技法、生产工艺；⑧研究对象、事物、事件等所涉及的地点、时代与环境等。

文献的其他显著特征是指除了学科知识内容以外的具有检索意义的一些属性特征，主要包括：①出版物的种类，如图书、期刊、科技报告、专利说明书、学位论文、技术标准、产品样本等；②参考工具书的类型，如字典、辞典、手册、百科全书、书目、索引等；③信息符号特征，如各种语言文字、图形、编码等；④体裁、形式，如小说、诗歌、多幕剧等；

⑥载体特征，如缩微胶卷、录音磁带、电子出版物等；⑥编著者及写作或出版日期、版本等；⑦使用对象，如盲人用书、儿童用书、注释读物等。①

5.1.1 图书分类法

文献分类法是依照文献内容、性质及其他标准分门别类地揭示和组织文献的一种方法。文献分类法有体系分类法与分面分类法两种基本类型。体系分类法是以科学分类为基础，依据概念的划分与概括原理，把概括文献内容与事物的各种类目组成一个层层隶属、详细列举的等级结构体系的一种文献分类法。分面分类法是依据概念的分析与综合原理，将概括文献内容与事物的主题概念组成"分面—亚面—类目"的结构体系，通过各分面内类目之间的组配来表达文献主题的一种文献分类法。②

目前国内有三种主要图书分类法：《中国图书馆分类法》《中国科学院图书馆图书分类法》《中国人民大学图书馆图书分类法》。国外《杜威十进分类法》(Dewey Decimal Classification，DDC)、《美国国会图书馆分类法》(Library of Congress Classification，LCC)等是体系分类法，《冒号分类法》《布利斯书目分类法(第2版)》等是分面分类法。《国际十进分类法》(Universal Decimal Classification，UDC)是一种体系—组配式分类法，即半分面分类法。由于图书是图书馆最重要的一种馆藏文献，所以有必要了解图书分类法。

5.1.1.1 《中国图书馆图书分类法》

《中国图书馆分类法》(原称《中国图书馆图书分类法》)是新中国成立后编制出版的一部具有代表性的大型综合性分类法，是当今国内图书馆使用最广泛的分类法体系，简称《中图法》。1975年10月科学技术文献出版社出版《中图法》第1版，后经多次修订，2010年9月由北京图书馆出版社出版第5版。自1988年起，中国出版图书的标准书号(见国际标准书号)中采用《中图法》分类号。

《中图法》以学科分类为基础，结合图书资料的内容和特点，分门别类组成分类表。其中，类目是构成分类法最基本的要素，每个类目代表具有某种共同属性的文献集合。类目由类号、类名、类级、注释和参照组成。③

---

① 俞君立，陈树年. 文献分类学[M]. 武汉：武汉大学出版社，2001：2-3.

② 俞君立，陈树年. 文献分类学[M]. 武汉：武汉大学出版社，2001：32，68.

③ 俞君立，陈树年. 文献分类学[M]. 武汉：武汉大学出版社，2015.

《中图法》采用汉语拼音字母与阿拉伯数字相结合的混合号码，用一个字母代表一个大类，以字母顺序反映大类的次序，大类下细分的学科门类用阿拉伯数字组成。《中图法》是一部综合性的大型分类法，类目详细，注释较多；在等级列举的基础上采用组配编号法，设置交替类目，编有多种复分表，采用多重列类法；分类号简短易记，便于使用；编有较为详细的类目索引及使用说明(手册)。

《中图法》包含马列主义、毛泽东思想，哲学，社会科学，自然科学，综合性图书5大部类，22个基本大类(见表5-1，参见 www.ztflh.com)。《中图法》是目前国内图书馆使用最广泛、最权威的分类法体系，囊括了各学科知识文献资源，在我国信息资源组织领域具有极其重要的意义。

表5-1　《中图法》部类、基本大类及其代码

部　类	基本大类代码与名称	部　类	基本大类代码与名称
马列主义、毛泽东思想	A 马克思主义、列宁主义、毛泽东思想、邓小平理论	自然科学	N 自然科学总论
哲学	B 哲学、宗教		O 数理科学和化学
社会科学	C 社会科学总论		P 天文学、地球科学
	D 政治、法律		Q 生物科学
	E 军事		R 医药、卫生
	F 经济		S 农业科学
	G 文化、科学、教育、体育		T 工业技术
	H 语言、文字		U 交通运输
	I 文学		V 航空、航天
	J 艺术		X 环境科学、劳动保护科学(安全科学)
	K 历史、地理	综合性图书	Z 综合性图书

5.1.1.2　《中国科学院图书馆图书分类法》

《中国科学院图书馆图书分类法》(简称《科图法》)是以科学分类为基础，结合图书资料的内容和特点，分门别类组成的分类表，是我国当前通用的三大图书分类法之一。1958 年 11 月科学出版社出版《科图法》第 1 版，1994 年 12 月科学出版社出版《科图法》第 3 版，沿用至今。《科图法》主要被中国科学院系统图书馆、国内其他一些科学研究机构和高等学校的图书馆采用。

《科图法》采用阿拉伯数字为类目的标记符号，号码分为两部分：第一部分为“顺序数字”，即用 00~99 标记 5 大部类、25 大类及主要类目；第二部分为“小数制”，即在 00~99 两位数字后加一小数点“.”，小数点后基本上按小数体系编号，以容纳细分的类目。类号排列时，先排顺序数字，后排小数点后的层累数字，例如：11.1，11.11，11.12，11.13，…，11.2，11.21，11.22，11.23，…，11.29，11.3，…，12，13，…。《科图法》具有自然科学类目比较详细，采用交替、参见等方法，标记符号单纯、简洁，易于排检，编有相关索引等特点，设有马克思列宁主义、毛泽东思想，哲学，社会科学，自然科学，综合性图书等 5 大部类，共 25 大类(见表 5-2)。

表 5-2 《科图法》部类、大类及其标记符号

部　类	大类及其标记符号
马克思列宁主义、毛泽东思想	00. 马克思列宁主义、毛泽东思想
哲学	10. 哲学
社会科学	20. 社会科学
	21. 历史、历史学
	27. 经济、经济学
	31. 政治、社会生活
	34. 法律、法学
	36. 军事、军事学
	37. 文化、科学、教育、体育
	41. 语言、文字学
	42. 文学
	48. 艺术
	49. 无神论、宗教学

续表

部　类	大类及其标记符号
自然科学	50. 自然科学
	51. 数学
	52. 力学
	53. 物理学
	54. 化学
	55. 天文学
	56. 地球科学(地学)
	58. 生物科学
	61. 医药、卫生
	65. 农业科学
	71. 工程技术
	72. 能源学、动力工程
	73. 电技术、电子技术
	74. 矿业工程
	75. 金属学(物理冶金)
	76. 冶金学
	77. 金属工艺、金属加工
	78. 机械工程、机器制造
	81. 化学工业
	83. 食品工业
	85. 轻工业、手工业及生活供应技术
	86. 土木建筑工程
	87. 运输工程
综合性图书	90. 综合性图书

5.1.1.3 《中国人民大学图书馆图书分类法》

《中国人民大学图书馆图书分类法》(简称《人大法》)是一种由中国人民

大学图书馆集体编著的等级列举式分类法，1953 年出版第 1 版，1996 年出版第 6 版。《人大法》在中国分类法中首次使用展开层累制的标记制度，标记符号采用阿拉伯数字，用一位数字或两位数字(10 除外)后加小圆点表示大类。根据类目的需要，依次增加号码构成各级类号，使类目的展开不受十进号码的限制。

《人大法》设立了总结科学、社会科学、自然科学、综合图书 4 大部类，17 个大类(见表 5-3)。

表 5-3 《人大法》部类、大类及其标记符号

部　类	大类及其标记符号
总结科学	1. 马克思主义、列宁主义、毛泽东思想
	2. 哲学、辩证唯物主义与历史唯物主义
社会科学	3. 社会科学、政治
	4. 经济、政治经济学与经济政策
	5. 国防、军事
	6. 国家与法、法律
	7. 文化、教育
	8. 艺术
	9. 语言、文字学
	10. 文学
	11. 历史、革命史
	12. 地理、经济地理
自然科学	13. 自然科学
	14. 医药、卫生
	15. 工程、技术
	16. 农艺、畜牧、水产
综合图书	17. 综合参考

5.1.2　馆藏文献的编目

文献编目有广义和狭义之分。广义的文献编目是指依据一定的规则为各类型文献目录所进行的编目工作，包括编制各种出版发行目录、读书目录和藏书目录等。而狭义的文献编目是指对一个文献机构目录的编制，即依据一定的规则和科学方法，对馆藏文献的内容及形式特征进行分析、选择，作出记录，并将其组织成目录的过程。① 文献编目包括两个环节：一是文献著录，它是将文献的形式特征和内容特征记录下来，例如文献的题名和责任者、文献的出版机构和出版时间、文献中所讨论的事物主题、文献内容所涉及的学科性质等。二是目录组织，它是将这些记录或款目按照一定的方法组织起来，例如按题名或责任者的名称字顺，按照文献主题的字顺，或者按照文献分类号等。②

5.1.2.1　文献编目的作用

文献编目是图书馆信息资源建设的基础业务与环节，其主要作用是③：

(1)揭示文献的内容特征和形式特征

文献编目的首要环节就是文献著录。通过文献著录，可以将文献的内容特征和形式特征记录下来，在机读目录中形成若干条记录，在手工目录中形成款目。每一条记录或款目，均记载一种文献的一些特征，从而达到揭示文献资源的目的。这些款目或者记录能够帮助用户确认文献的价值、决定文献的取舍以及使用方法，也能揭示文献的收藏和馆藏分布状况，有利于文献的查看、借阅与流通管理。

(2)提供文献的检索途径和方法

文献编目通过目录组织，可以将无序的款目变为有序的目录，使图书馆获得的文献系统化、有序化，在文献目录中确立特定的位置，形成可供利用的书目检索系统。文献编目能够为用户提供有效的检索途径和方法，如篇名检索、主题检索、关键词检索、责任者检索、分类号检索、出版者检索和其他文献代码检索。

---

① 王松林. 现代文献编目[M]. 北京：书目文献出版社，1996：2.
② 李晓新. 新编文献编目[M]. 天津：南开大学出版社，2005：16.
③ 李晓新. 新编文献编目[M]. 天津：南开大学出版社，2005：17.

(3)为馆藏文献管理提供支持

文献编目可以为馆藏文献管理提供支持。一方面，文献编目数据为馆藏文献流通管理提供了方便。例如，用户可以利用编目数据(如分类号、索书号等)借阅文献，图书馆员或其他工作人员可以利用编目数据来开展图书上架、排架、倒架等业务工作。另一方面，利用编目数据的借阅和使用记录，图书馆员特别是采购人员可以对馆藏文献使用情况进行跟踪分析，识别那些利用率较高的文献和利用率较低的文献，通过定量分析发现馆藏文献采购中存在的问题，为及时改进文献采购提供支持；同时还可以作为图书馆业务统计工作的基础数据，为优化馆藏文献的布局和剔旧以及改善馆藏管理提供有效依据。

5.1.2.2 文献编目规则

文献编目规则是综合各类型文献所具有的共同属性和特殊性质，并结合用户的检索需要和使用习惯而制定的著录准则。文献编目规则是文献编目活动中的基本依据，它具有规范著录项目、著录格式、著录用文字和标识符号的作用，使不同地区、不同语种、不同载体的书目资源具有相互识别的条件，有助于实现书目资源的共享和各类型文献资源的广泛利用。①

1971—1982年，国际图联(IFLA)制定与颁布了一系列《国际标准书目著录》(International Standard Bibliographic Decription, ISBD)规则，包括《国际标准书目著录(总则)》《国际标准书目著录(专著)》《国际标准书目著录(连续出版物)》《国际标准书目著录(舆图资料)》《国际标准书目著录(非书资料)》《国际标准书目著录(古籍)》《国际标准书目著录(乐谱)》《国际标准书目著录(分析著作)》《国际标准书目著录(机读文档)》《国际标准书目著录(电子资源)》等。ISBD的目标是通过国际书目信息交流的标准化，实现书目信息资源共享。

我国参照ISBD，全国信息与文献标准化技术委员会第六分委员会于1983年制定颁布了《文献著录总则》(GB 3792.1—83)，它是概括各类型文献共同特点而制定的文献著录原则、内容、格式、标识符号等的统一规定，是制定各类文献著录标准的指导性文件，而不是用来著录文献的直接依据。总则规定的著录项目共九大项：题名与责任者项、版本项、文献特殊细节

① 李晓新. 新编文献编目[M]. 天津：南开大学出版社，2005：24.

项、出版发行项、载体形态项、丛编项、附注项、文献标准编号及有关记载项、提要项。全国文献工作标准化技术委员会根据该总则，先后制定出普通图书、连续出版物、非书资料、档案、地图资料、古籍、检索期刊、电子资源等一系列著录标准。许多标准经过多次修订，有的被废除，有的被替代。

现行的国内文献编目标准主要包括：

①《检索期刊条目著录规则》(GB/T 3793—1983)；

②《中国档案机读目录格式》(GB/T 20163—2006)；

③《索引编制规则(总则)》(GB/T 22466—2008)；

④《文献主题标引规则》(GB/T 3860—2009)；

⑤《档案分类标引规则》(GB/T 15418—2009)；

⑥《信息与文献 书目数据元目录 第一部分：互借应用》(GB/T 19688. 1—2005)；

⑦《信息与文献 书目数据元目录 第二部分：采访应用》(GB/T 19688. 2—2005)；

⑧《信息与文献 书目数据元目录 第三部分：情报检索》(GB/T 19688. 3—2005)；

⑨《信息与文献 书目数据元目录 第四部分：流通应用》(GB/T 19688. 4—2005)；

⑩《信息与文献 书目数据元目录 第五部分：编目和元数据交换用数据元》(GB/T 19688. 5—2009)；

⑪《信息与文献 都柏林核心元数据元素集》(GB/T 25100—2010)；

⑫《地理信息 要素编目方法》(GB/T 28585—2012)；

⑬《信息与文献 参考文献著录规则》(GB/T 7714—2015)；

⑭《文献分类标引规则》(GB/T 32153—2015)；

⑮《中国机读书目格式》(GB/T 33286—2016)；

⑯《信息与文献 图书馆射频识别(RFID) 第1部分：数据元素及实施通用指南》(GB/T 35660. 1—2017)；

⑰《信息与文献 图书馆射频识别(RFID) 第2部分：基于ISO/IEC 15962规则的RFID数据元素编码》(GB/T 35660. 2—2017)；

⑱《信息与文献 图书馆射频识别(RFID) 第3部分：分区存储RFID标签中基于ISO/IEC 15962规则的数据元素编码》(GB/T 35660. 3— 2021)；

⑲《信息与文献 数字对象唯一标识符系统》(GB/T 36369—2018)、《信息与文献 期刊描述型元数据元素集》(GB/T 35430—2017);

⑳《中国机读馆藏格式》(GB/T 36068—2018);

㉑《信息与文献 引文数据库数据加工规则》(GB/T 36067—2018);

㉒《标准文献分类规则》(GB/T 39910—2021);

㉓《标准文献元数据》(GB/T 22373—2021);

㉔《信息与文献 资源描述》(GB/T 3792—2021);

㉕《学位论文内容索引编制规则》(GB/T 41210—2021)。

除此之外，1985 年中国图书馆学会编辑了《西文文献著录条例》，并在全国范围推广使用，后经中国图书馆学会《西文文献录条例》修订组修订，于 2003 年 7 月出版了《西文文献著录条例》(修订扩大版)，分为"著录""标目、统一题名和参照""附录"三部分，共 22 章——总则、普通图书、连续性资源、测绘制图资料、电子资源、非书资料、乐谱、分析、检索点的选取、标目的确立、统一题名、参照。书后有 10 类附录。

5.1.2.3 在版编目

图书在版编目(Cataloguing in Publication，CIP) 是指在图书出版过程中编制有限的书目数据的工作。① 换句话说，图书在版编目是指在图书出版过程中，由图书馆或其他部门利用出版社提供的清样，根据一定的标准进行编目，再由出版社将编制的书目数据印刷在书名页上以供出版机构、图书馆和图书发行部门共同利用。②

实施图书在版编目有利于中国编目工作的标准化和文献信息工作的现代化，对于图书出版发行界、图书馆界和其他文献信息部门共同提高经济效益和社会效益具有重要的现实意义，这包括③:

①节省编目的时间，减少编目工作量，提高编目质量。在版编目的最大价值是"节省编目的时间"。图书编目工作既费工费时又耗物耗财，同一种图书在每个图书馆都有分编人员在做重复劳动。同时，由于各图书馆在

① 全国信息与文献工作标准化技术委员会. 图书在版编目数据：GB/T 12451—2001[S]. 北京：中国标准出版社，2001：1.

② 杨兰芝. 图书在版编目著录数据存在的问题及改进措施[J]. 情报杂志，2004(10)：116-117，120.

③ 梁平. 中国图书在版编目问题研究[J]. 图书情报工作，2002(4)：79-85.

著录和标引的内容、程度、标准、质量等问题上存在一定差异，不同程度上限制了书目数据的共享与利用。实施在版编目，一种图书在进行一次编目后，各图书馆及同类文献信息部门都能共同利用，可减少重复编目，缩短编目程序，提高编目效率，节省大量的人力、财力、物力和编目时间，使新书尽快投入流通；同时标准化和规范化的在版编目数据有利于图书馆实施书目数据的网络化管理，促进各地区、各系统的不同类型图书馆联合开发和利用书目数据，实现书目数据资源共享。

②有利于新书的采选与控制。刊登在 CIP 目录上的图书都是最新出版的图书，各馆可利用在版编目数据来选订新的和即将出版的图书，保证了新购图书的时间和内容的新颖性。同时，可以利用现有馆藏数据进行甄别，针对图书馆的特性、任务、读者需求，有选择地采购新书和控制馆藏图书类型与数量。

③有利于图书发行征订，促进图书销售。在实行 CIP 时将编目工作与图书出版、发行部门和文献信息部门的工作结合起来，统一使用 CIP 数据，可使征订书目、图书馆目录趋于标准化和规范化，有利于实现 CIP 数据的自动化管理，提高图书出版、发行部门的整体利益，也有利于开辟多种宣传渠道，扩大图书影响，增加发行量。

④有利于读者了解图书。CIP 数据不仅有利于读者了解图书的特征和实质，而且利用 CIP 数据建立书目机读数据库，还可使读者利用题名、责任者、主题词、分类号、ISBN 号等检索自己所需要的图书。

国家技术监督局 1990 年 7 月 31 日批准并于 1991 年 3 月 1 日实施的《图书书名页》和《图书在版编目数据》两项国家标准，标志着 CIP 在我国正式采用。① 1992 年 2 月 1 日，在京的 41 家中央出版社及北京市出版社先行试点；1993 年 7 月，新闻出版署决定在天津、辽宁、湖北、广东等省市进行试点；1993 年 10 月，新闻出版署进一步决定 1994 年 1 月起，在京的所有出版社全面实施图书在版编目，至年底全国近 270 家出版社参加了 CIP 工作，制作的 CIP 数据约占年出版量的 40%。1998 年新闻出版署加快在全国推广 CIP，要求所有出版社从 1999 年 1 月 1 日起正式实施在版编目，1999 年成立新闻出版署图书在版编目中心，反映图书在版编目数据信息的《全国图书在版编目

---

① 文榕生. 中国图书在版编目的现状与展望[J]. 中国图书馆学报，1997(2)：61-64.

快报》(周刊)公开发行，从此我国图书在版编目走入崭新的发展阶段。①

CIP 的关键是完整、准确著录 CIP 数据。CIP 数据是我国图书出版可供书目的唯一来源，其质量好坏关系到出版业的诚信，也关系到流通成本的高低。CIP 数据是出版物市场监管和知识产权保护的重要依据，其准确性和权威性的具备程度关系到出版单位的权益。CIP 数据是出版文化的历史记载，其数据的准确与否，关系到出版历史的记载是否正确和文化积累的延续。

目前，CIP 数据整体质量较好，但还是存在 CIP 数据不规范、使用错误的情况，常见问题主要表现在著录数据、检索数据以及印刷格式三个方面。② 著录数据差错主要体现在书名、作者及著作方式等著录信息缺漏、不准确等方面。例如，主书名、副书名、丛书名等书名信息有误；CIP 的作者与封面、扉页作者不一致；遗漏引进版图书部分项目，如在翻译图书的书名中未注明外文原书名；当图书为再版书时，未在 CIP 中注明版本项；CIP 的出版时间与版权页的出版时间不一致等。检索数据错误主要体现在书名、作者检索点不正确，主题或分类标引有误上。印刷格式差错主要体现在每个部分之间的间距不规范，每个项目之间的标识符使用不当，图书在版编目数据标题字体使用有误等方面。因此，需要采取多种措施，进一步提高 CIP 数据的完整性与准确性。

5.1.2.4 联合编目

联合编目是指以一个权威图书情报机构作为编目中心，由多个图书馆或情报机构共同编目，合作建立具有统一标准的联合目录数据库，在此基础上实现联机共享编目。它利用计算机自动化技术和网络通信的优势，利用数据传输协议，实现书目数据的实时传输。联合编目中心拥有大量的书目数据，其他参加联合编目的各成员馆可以通过特定的网络和平台向联合编目中心上传书目数据和下载编目中心的书目数据。目前，这一编目方式已经成为国际编目发展的主要趋势，同时也是实现书目数据资源共建共享

① 邱瀓良. 我国图书在版编目的发展历程和取得的成就[J]. 图书馆工作与研究，2003(1)：21-22.

② 高峰. 图书在版编目数据常见差错、成因及消除办法[J]. 中国编辑，2014(3)：92-94.

的重要途径。

联机编目是指利用计算机和网络，由多个图书馆共同编目，合作建立具有统一标准的文献联合书目数据库，并在此基础上实现共享编目成果，即任一授权成员馆对入馆新文献编目上载以后，其他馆就可从网上查询并下载，从而大大减少书刊编目工作中的重复劳动，提高了信息加工的效率和书目数据质量。联机编目是目前馆藏文献编目的主要方式，它可以通过各成员馆采用统一标准，大大提高编目质量，实现数据的规范化与标准化，促进书目数据共享；可以减少文献编目的重复劳动，提高效率，降低文献编目成本；有利于共享馆藏信息，为实现文献资源合理配置和建立协调采访系统创造条件。①

全国图书馆联合编目中心成立于 1997 年，其宗旨是在全国范围内组织和管理图书馆联机联合编目工作，运用现代图书馆的理念和技术手段，将各级各类图书馆丰富的书目数据资源和人力资源整合起来，以国家图书馆为中心，实现书目数据资源共建共享，降低成员馆及用户的编目成本，提高编目工作质量，避免书目数据资源的重复建设，实现书目数据资源的共建共享。全国图书馆联合编目中心为非营利性机构，依托于国家图书馆及各成员馆，采用“中心—分中心—成员馆”的组织机构，实现联合编目中心的科学管理与持续发展。经过 20 余年的发展，该中心书目数据的使用单位已有 3800 余家，拥有 3100 余家成员馆，并且成立了广东省分中心、四川省分中心、西藏自治区分中心等 31 家省级分中心和 1 家少儿分中心。最近两年来，该中心加大数据上传力度，严格控制数据质量，为用户提供高质量的数据以及周到的服务。除了为用户提供中文普通图书书目数据以外，中心还提供了包括中、西文期刊书目数据库，台港图书书目数据库，民国图书书目数据库等 20 余个数据库，并通过培训、业务交流、业务论坛等诸多方式不断提高编目人员业务能力。②

CALIS 联机编目中心是中国高等教育文献保障系统（CALIS）的两大服务中心之一，秉承“实现信息资源共建、共知、共享，发挥最大的社会效益和经济效益，为中国的高等教育服务”的宗旨，致力于 CALIS 联合目录数据库

① 李湜清．我国几大联合编目中心现状研究［J］．图书馆，2009（5）：111-113.

② 全国图书馆联合编目中心．中心简介［EB/OL］．［2022-12-24］．http://olcc.nlc.cn/page/about.html.

的建设，并提供相关服务。CALIS 联机合作编目系统于 2000 年 3 月正式启动，以联合目录数据库为基础，以高校为主要服务对象，开展了联机合作编目、编目数据批量提供、编目咨询、培训与编目员资格认证等业务，方便了成员馆的编目工作，提高了书目数据库建设效率。截至 2018 年 6 月 30 日，CALIS 联合目录数据库共有书目记录 713 万余条，规范记录 175 万余条，馆藏信息约 5000 万条。其书目记录涵盖纸本图书和连续出版物、古籍、电子资源、其他非书资料等多种文献类型，覆盖中、西、日、俄、韩、阿拉伯语等 100 余个语种，内容囊括教育部普通高校全部 71 个二级学科，数据标准和检索标准兼容国际标准。目前面向 1000 余家成员单位提供服务，已成为国内外颇具影响力的联合目录数据库。①

除此之外，还有区域性、行业性联合编目系统，如上海市文献联合编目中心、广东省文献编目中心，由深圳图书馆、湖南图书馆、福建省图书馆、上海图书馆、天津图书馆、辽宁省图书馆共同创建的“地方版文献联合采编协作网”等。

5.2 馆藏文献的布局和排架

馆藏文献的布局和排架是馆藏文献资源组织管理的核心内容，关系到图书馆文献资源是否可以得到充分有效的利用，也能反映图书馆流通业务管理水平的高低。随着图书馆空间与馆藏规模的不断扩大以及不断变化的用户需求，如何建立一个科学、合理的馆藏文献布局体系，已经成为图书馆界必须解决的重要问题。

5.2.1 馆藏文献的布局

所谓馆藏文献的布局，是指将图书馆入藏的全部文献，按照一定的标准，划分为相对独立又彼此联系的若干个部分，建立各种功能的书库，为每一个部分藏书确定合理的存放位置，以便保存和利用。② 馆藏文献布局的实质就是对馆藏文献进行空间位置上的划分，力求用户使用馆藏文献更省

① 中国高等教育文献保障系统. 编目服务[EB/OL]. [2022-12-24]. http://www.calis.edu.cn/pages/list.html? id=302cd21d-93ee-4544-b0dc-48eedee2e97b.

② 肖希明. 信息资源建设(第 2 版)[M]. 武汉：武汉大学出版社，2020：267.

力、更快捷、更方便。

5.2.1.1 馆藏文献布局的目标

馆藏文献布局的总目标是合理、有效地布局馆藏资源，使图书馆的各类信息资源、馆内设施和资源得到最大限度的发挥，以提高图书馆的服务水平，使图书馆的管理和服务工作能在最大限度上满足用户的信息需求，促进知识的交流和传播，从而实现图书馆的社会价值，实现整个社会的进步。①

馆藏文献布局的具体目标是②：

①提高藏书利用率，充分发挥馆藏文献的效益。

②满足不同读者的需要，提高图书馆服务工作的效率。

③有利于图书馆工作人员熟悉和研究藏书，开展灵活、迅速、周到的服务。

④有利于文献在馆内的流动，减少文献传输距离，并与图书馆各项业务相协调。

⑤充分利用图书馆的有效面积，节约书库和阅览室的空间。

⑥有利于文献的保管，避免丢失和损坏，延长书刊的使用寿命。

5.2.1.2 馆藏文献布局的模式

馆藏文献布局模式多种多样，概括起来有以下几类③：

(1)基于借阅方式的馆藏文献布局：开架制布局和闭架制布局

开架制布局意味着所有馆藏文献对用户来说都是可以自己查阅的，但某些文献只能在馆内阅读而不能借出。开架制布局是目前各类型图书馆采用的通用模式，适合于大部分馆藏文献。闭架制布局是早期图书馆采用比较多的模式，侧重于以“藏”为工作重点，一般不允许用户直接进入书库，用户借书需要先摘抄索书号，递交给图书馆工作人员，由后者入库提取图书资料。这种模式目前仅适用于储备书库(或密集书库)，在流通书库已被淘汰。

---

① 刘雅杰. 图书馆馆藏资源布局理论研究[D]. 保定：河北大学，2012.

② 肖希明. 信息资源建设(第2版)[M]. 武汉：武汉大学出版社，2020：268-269.

③ 肖希明. 信息资源建设(第2版)[M]. 武汉：武汉大学出版社，2020：269-271.

(2)基于图书馆建筑形式的馆藏文献布局：展开式水平布局、塔式垂直布局和立体交叉式混合布局

展开式水平布局是指图书馆的书库、阅览室、工作人员办公区共处于一个水平面上，这种布局方式适用于小型图书馆或直接面向读者的开架流通书库。塔式垂直布局适用于大型图书馆，它往往将开架流通书库、闭架储备书库集中起来，与阅览室、工作人员办公区分割开来，有助于图书的集中管理，但不便于用户获取不同类型的馆藏文献。交叉式混合布局是为了吸收水平布局与垂直布局的优点并减少其缺点。某些大型图书馆对不同的藏书采用不同的布局形式，常用图书尽可能放在和阅览室处于同一平面的书库，使其最接近于读者，将不常用图书放在不与阅览室相连的储备书库，形成立体的交叉布局。

(3)基于用户服务方式的馆藏文献布局：三线典藏制、藏借阅一体化布局

三线典藏制就是按照馆藏文献的利用率高低及新旧程度，结合服务方式，将馆藏文献依次划分为三个层次，组成由一线书库、二线书库、三线书库所构成的文献布局体系。一线书库是开架流通书库，能为用户提供利用率最高、针对性最强、最新出版的馆藏文献，可满足读者总借阅量的50%～60%。二线书库能为用户提供利用率较高、参考性较强、近期出版的馆藏文献，可实施开架或闭架借阅，能满足读者总借阅量的20%～30%。三线书库集中收藏利用率低的书刊、剔旧下来的书刊以及参考价值有限的内部资料，可满足读者总借阅量的不足10%。藏借阅一体化布局是一种全开架布局，它利用计算机技术、通信技术、网络技术等信息技术，采用大开间、少间隔的建筑格局，按学科、知识门类组织并集中陈列不同类型的文献(主要是图书、期刊、报纸)，以便读者就近阅览或借阅。藏借阅一体化布局的主要优点是：可以提高馆藏文献的利用率；减少复本，节约购书经费；节约人力资源，提高服务质量。

5.2.2 馆藏文献的排架

馆藏文献排架，也称馆藏文献排列，就是将馆藏文献按照某种规则(如学科分类、字顺排序等)有序地陈放在书架上，使每一种文献在书库及书架中都有固定的位置，图书馆员与读者可以方便、准确地按照这个位置取书与上架。

5.2.2.1 馆藏文献排架方法

按出版物的特征标志，馆藏文献排架方法可分为两大类型：内容排架法和形式排架法。

(1)内容排架法

内容排架法是指以文献内容特征为排架标志而进行藏书排架的方法。它可分为分类排架法和专题排架法。①

①分类排架法。

分类排架法是按照文献本身内容所属的学科体系来排列藏书的方法。图书分类排架就是以图书分类系统为依据排列藏书。分类排架号是由分类号和辅助号两组号码组成。分类号代表图书内容所属的学科类目，辅助号代表同类图书的区分号。一般做法是先按分类号排序，分类号相同，再按辅助号排序。辅助号的标注方法通常有著者号(字顺号)、种次号、登记号等。

分类排架法的优点，一是以图书分类表为依据，按文献所属学科体系排列，遵循原有的学科知识体系结构，有助于使内容相同的书集中起来，把内容不同的书区别开来；二是便于图书馆员和读者直接按学科分类索书与上架，有助于馆藏文献管理。

分类排架法的缺点，一是为便于今后新购的图书上架，必须在每一书架、格层预留空位，造成书架空间的浪费；二是需要周期性地进行倒架，以解决某些书架因架位饱和而无法排进同类新书的问题，由此显著增加劳动强度。

②专题排架法。

专题排架法是将出版物在一定专题范围集中起来，向读者宣传推荐，带有专架陈列、专架展览性质。专题排架打破了学科隶属界线，将分散在各个小类甚至大类下的同一专题的出版物集中在一起，提供给对某一专题内容感兴趣的读者。专题排架是一种临时性排架方法，起辅助性文献陈列、展示与流通阅览的作用，通常在外借处、阅览室及开架书库的进口处用来宣传某一专题或体裁的新书。

(2)形式排架法

形式排架法是按照文献的外部特征来进行藏书排列，其主要方法包括

① 肖希明. 信息资源建设(第2版)[M]. 武汉：武汉大学出版社，2020：272-273.

登记号排架法、固定排架法、字顺排架法、年代排架法、语文排架法、书型排架法等。①

①登记号排架法：是指按图书馆为每一本文献编制的登记顺序号码来排列藏书。它仅反映文献入藏的先后顺序，不能反映其学科特征，适用范围小。

②固定排架法：是指按照图书馆给每本出版物的固定编号排架。这个固定排架号由四组号码组成：库室号、书架号、层格号、书位号。固定排架法的优点是馆藏文献位置固定，不会产生倒架现象。其缺点是同类同复本书不能集中在一起，不便用户检索与获取同类文献。

③字顺排架法：是指依据一定的检字方法，按照出版物的书名或著者名称的字顺排列文献。中文文献通常采用四角号码法、笔画笔形法、汉语拼音字母法来确定排架顺序。外文期刊及连续出版物是按刊名字母顺序排列。英文图书一般按克特著者号码表来确定排架顺序。俄文图书一般按哈英金娜著者号码表来确定排架顺序。字顺排架法可以单独用来排列中外文期刊，也可作为一种辅助性方法与分类排架法结合起来形成分类字顺排架法。分类著者排架法已被许多图书馆采用，用来排列中外文普通图书。

④年代排架法：是指按出版物本身的出版年代顺序排列藏书的方法。这是一种辅助性组配排架方法，适用于排列过期报纸与期刊。

⑤语文排架法：是指按出版物本身的语言文别排列各种外文文献。文别排架号通常由两组或两组以上的号码组成：文别号、分类号、著者号，或文别号、年代号、字顺号等。

⑥书型排架法：是指按出版物的外形特征排列特殊装帧的文献。它将不同类型、不同规格的出版物区别开来，并用不同的字母标记特殊类型、特殊装帧的文献。

图书馆对不同类型、不同用途的馆藏文献，可以采用不同的排架方法，或组合使用两种以上的排架法，以发挥各种排架法的优势，克服各自的局限性。

5.2.2.2 图书排架的具体做法

中外文普通图书的排列，一般采用分类与字顺(著者字顺、书名字顺)

---

① 肖希明. 信息资源建设(第2版)[M]. 武汉：武汉大学出版社，2020：273-274.

或分类与序号(种次号)组配，以分类著者号、分类书名号、分类种次号为排架号。其中，分类种次号排列法操作简单，但不能集中同一门类中同一著者的著作；分类著者号能集中同一门类中同一著者的著作，所以常被图书馆采用。一些版型特殊的图书，如大开本书、图表、卷筒等，采用书型排架法并和其他排架法配合，如“书型号+登记号”构成该书的索书号。①

5.2.2.3 期刊排架的具体做法

期刊排列的方法繁多。一般说来，现刊、过刊排架方法是不同的。现刊宜采用分类排架，它有两种方法：一是分类刊名字顺排架法，二是分类种次号排架法。这两种方法均先将现刊按学科分类，同类现刊再按刊名字顺排列。不同语言文种的现刊往往是先按文种区分，然后再按分类刊名字顺排列。

过刊一般情况下按不同文种分开排架。同文种过刊可采用形式排架或分类排架。形式排架法常用的方法有两种：一是刊名字顺排架法，即按期刊名称字顺排列，同种期刊按、卷数字顺序排列；二是登记号排架法，即按过刊合订本的财产登记号顺序排列。②

5.2.2.4 其他文献排架法

其他文献，如内部资料和零散资料，可采用登记号顺序排架；科技报告、专利说明书、技术标准等特种文献资料，可按入馆编号或各自的报告号、专利号、标准代号顺序进行排架；缩微胶卷、磁带、磁盘、唱片等资料，可按顺序号排架。

5.3 馆藏文献的处置

馆藏文献的处置是指依据馆藏文献建设目标、流通利用情况和用户需求，按照一定的标准，对馆藏文献进行馆藏地点转移、产权转让或注销产权的行为。《中华人民共和国公共图书馆法》(后简称《公共图书馆法》)第28条规定：“公共图书馆应当妥善保存馆藏文献信息，不得随意处置；确需处

① 肖希明. 信息资源建设(第2版)[M]. 武汉：武汉大学出版社，2020：274-275.
② 肖希明. 信息资源建设(第2版)[M]. 武汉：武汉大学出版社，2020：274.

置的，应当遵守国务院文化主管部门有关处置文献信息的规定。”为进一步落实《公共图书馆法》，2022 年 4 月 7 日我国文化和旅游部颁布的《公共图书馆馆藏文献信息处置管理办法》明确规定：“公共图书馆应当妥善保存馆藏文献信息，不得随意处置；确需处置的，应当遵循合法合规、分级分类、科学规范、协同合作的原则。”①该办法不仅适用于公共图书馆，对其他类型图书馆馆藏文献处置同样具有参考价值。

5.3.1 馆藏文献处置的原因与意义

为更高效地利用馆藏文献与馆藏空间，需要对馆藏文献进行处置，这主要是因为：

①一部分文献的利用率很低甚至从来没有被使用过。随着知识更新速度加快，记录知识载体的文献内容的老化也越来越快，直接导致文献使用寿命愈来愈短。若不及时处理已经老化的馆藏文献，将使书库形成大量呆滞文献，既影响用户高效利用有价值的文献，也占用了大量的馆藏空间。

②馆藏空间有限，无法陈列、保存历年以来采购的所有文献。

③多年以来，图书馆可能由于某些原因，如图书馆误购、出版社搭售图书或采购复本过多等，收藏了一些与馆藏需要不符的多余文献。

图书馆需要对因上述原因而被收藏的文献进行处置。这种馆藏文献处理有重要意义，它既可以腾出馆藏空间，使新采集的图书及时入库和上架，缓解藏书空间有限的难题；也可以通过交换、调拨等手段支援和充实其他图书馆的馆藏，使原有的馆藏文献变废为宝，能够在更大范围内实现资源共享；还可以优化馆藏文献结构，提高馆藏文献质量，更好地满足用户对新知识、新文献的需求。

5.3.2 馆藏文献处置的标准

一般来说，馆藏文献处置标准包括内容标准(如内容陈旧过时、内容不正确、内容重复等)、外形标准(如外观陈旧，纸张质地低劣或印刷装订差，内容污损或缺页等)、书龄标准(如 30 年前出版且没有再利用的图书)、使

① 文化和旅游部. 关于印发《公共图书馆馆藏文献信息处置管理办法》的通知[EB/OL]. [2022-12-25]. http://www.gov.cn/gongbao/content/2022/content_5699933.htm.

用标准(如从来没有利用过)等。①

《公共图书馆馆藏文献信息处置管理办法》明确了馆藏文献处理范围，它可以作为馆藏文献处理的基本标准，这包括：

①损坏严重或者存储格式过时的；

②复本量过多的；

③流通率较低的；

④内容过时的；

⑤涉及盘亏以及非正常损失的；

⑥因自然灾害等不可抗力造成毁损、灭失的；

⑦因馆藏发展策略调整而需要进行处置的；

⑧其他原因需要处置的。

5.3.3　馆藏文献处置的方法

馆藏文献处置方法重要包括无偿划转、捐赠、置换、转让、报损或报废等。②

无偿划转是指在不改变馆藏文献国有资产性质的前提下，以无偿转让的方式变更馆藏文献占有、使用权的行为。图书馆申请馆藏文献无偿划转，应提交以下材料：①无偿划转申请文件及馆内决策文件；②拟无偿划转文献清单及相关文献价值凭证、购买合同等复印件，如无法提供，应按有关规定作出书面说明；③事业单位国有资产处置申请表；④划出方和划入方签署的意向性协议；⑤因本馆撤销、合并、分立、改制而移交馆藏文献的，需提供撤销、合并、分立、改制的批文；⑥其他相关材料。

捐赠是指图书馆依照《中华人民共和国公益事业捐赠法》，自愿无偿将馆藏文献赠与合法受赠人的行为。图书馆捐赠馆藏文献，应提交以下材料：①捐赠申请文件及馆内决策文件；②拟捐赠文献价值凭证、购买合同等复印件，如无法提供，应按有关规定作出书面说明；③事业单位国有资产处置申请表；④对外捐赠报告，包括捐赠事由、方式、责任人、拟捐赠文献清单、捐赠文献对本馆的影响分析等；⑤其他相关材料。

---

①　肖希明. 信息资源建设(第2版)[M]. 武汉：武汉大学出版社，2020：293-294.

②　文化和旅游部. 关于印发《公共图书馆馆藏文献信息处置管理办法》的通知[EB/OL]. [2022-12-25]. http://www.gov.cn/gongbao/content/2022/content_5699933.htm.

置换是指图书馆与公共文化机构之间以调剂余缺为目的进行平等互惠的交换。图书馆申请馆藏文献置换，应提交以下材料：①置换申请文件及馆内决策文件；②拟置换文献价值凭证、购买合同等复印件，如无法提供，应按有关规定作出书面说明；③事业单位国有资产处置申请表；④置换方案，包括拟置换文献清单，置换的原因、方式，可行性及风险分析等；⑤置换双方签署的意向性协议；⑥其他相关材料。

转让是指变更图书馆馆藏文献占有、使用权并取得相应收益的行为。图书馆申请转让馆藏文献，应提交以下材料：①转让申请文件及馆内决策文件；②拟转让文献价值凭证、购买合同等复印件，如无法提供，应按有关规定作出书面说明；③事业单位国有资产处置申请表；④转让方案，包括拟转让文献清单，转让的原因、方式，可行性及风险分析等；⑤转让方和受让方签署的意向性协议；⑥其他相关材料。

报损是指对丢失等非正常损失的，以及因自然灾害等不可抗力造成毁损、灭失的馆藏文献，按有关规定进行产权注销的处置行为。报废是指按有关规定对已不能继续使用的馆藏文献进行产权注销的处置行为。图书馆申请馆藏文献报损、报废，应提交以下材料：①报损、报废申请文件及馆内决策文件；②拟报损、报废文献清单及相关文献价值的有效凭证、购买合同等复印件，如无法提供，应按有关规定作出书面说明；③事业单位国有资产处置申请表；④报损需要提交拟报损文献盘亏、毁损以及非正常损失的情况说明；因不可抗力因素(自然灾害、意外事故)造成馆藏文献毁损的，需要提供相关部门出具的受灾证明、事故处理报告等；馆藏古籍或者涉及国家秘密的文献被盗的，需要提供公安机关出具的结案证明；⑤报废需要提交馆内有关部门、专家出具的鉴定文件及处理意见；⑥其他相关材料。

5.3.4 馆藏文献处置的流程

馆藏文献处置流程主要包括以下六个步骤①：

(1)准备工作

馆藏文献处置准备工作主要包括提出方案、申请报告与制定计划三个方面。在馆藏调研的基础上，各部门根据需求提出文献处置方案并向分管

① 谢清文，弓婧雯，范冰玥. 公共图书馆文献信息处置流程[J]. 国家图书馆学刊，2018(4)：37-41，47.

领导提出文献处置申请，申请内容包括拟处置范围、处置理由以及处置依据。经分管领导审批后，各部门制定详尽的文献处置项目方案，方案应包括文献处置细则、时间进度安排、报表流程。

(2)形成馆藏文献处置清单

按照馆藏文献处置标准，依据馆藏文献的流通时间、流通情况、文献使用率与借阅率等数据，对馆藏文献进行处置。在所收集数据的基础上，图书馆初步确定待处置文献清单。之后，馆藏文献处置小组需要对馆藏文献处置清单进行审议，并根据审议结果调整馆藏文献处置清单，然后将调整过的馆藏文献处置清单交由主管部门或图书馆领导审批。

(3)下架确需处置的文献

在确定馆藏文献处置清单后，图书馆员应仔细对照清单对相关文献进行下架处理，对于不在架的文献和不在清单中但损坏严重的文献应予以登记，以便后续处置。

(4)确定处置文献的去向与方法

图书馆应根据馆藏文献处置的实际情况，确定处置文献的去向与方法，同时去除其载体上的标签，如索书号标签和 RFID 标签，加盖剔除标记，避免处置文献流出后引起公众误解或再次流回图书馆。

(5)数据更改

图书馆应妥善记录处置文献的信息，包括处置的时间和其他必要的信息。对于不同去向的文献，图书馆应根据实际情况进行区别记录，下架至储备书库的文献应将馆藏地点更改为储备书库；确定无偿划转、捐赠、置换、转让、报损或报废的文献，应在图书馆自动化系统中注销。

(6)资料归档

图书馆需要对馆藏文献处置过程中产生的资料进行分类，把它们划分为处置前期资料、处置中期资料、处置后期资料，然后分类归档，以供今后调用或审查。

5.4　馆藏文献的评价

馆藏文献的评价，这里是指对纸质馆藏文献数量、质量、体系结构、运行状态及效用等的全面衡量与测定，不涉及虚拟馆藏、数字馆藏资源的评价。馆藏文献评价可以反映某一历史阶段图书馆文献资源建设与利用情况，能够为今后制定或者修订图书馆文献资源建设政策以及选择与采集文献资源提供依据，因而在图书馆文献资源建设中起到承上启下的作用。

5.4.1 馆藏文献评价的标准

馆藏文献评价标准是随着时代的发展而变化的。早期的图书馆(藏书楼)侧重于收藏文献，常常以馆藏数量的多少、珍本善本的多少作为评价标准。现代图书馆侧重于"以用户为中心""知识服务""智慧服务"等，挑战了传统的"重藏轻用"评价标准，需要建立全新的馆藏文献评价标准，以突出馆藏文献在满足用户需求、促进文化事业发展与知识创新等方面的重要作用。现代图书馆实体馆藏文献评价标准主要包括以下几个方面①：

(1)藏书量

藏书量评价涉及以下几个方面：

①馆藏文献规模，即馆藏文献总的数量，含种数与册数。一般来说，大型图书馆馆藏文献数量明显大于中型或中小型图书馆馆藏文献数量，重点大学图书馆馆藏文献数量大于一般院校图书馆馆藏文献数量。馆藏文献只有达到一定规模，才能基本满足用户需求。因此，馆藏文献规模是评估图书馆馆藏文献的一个重要指标。

②藏书保障率，即图书馆每一个读者平均占有的藏书量。这是衡量一个国家图书馆事业发展状况或一个图书馆满足读者需求能力的重要标志之一。2021年我国人均拥有公共图书馆藏量只有0.89册/件，低于国际图联规定的人均1.5~2册的标准。

③学科覆盖率，它是反映图书馆不同学科文献收藏完备程度的重要标志。一般来说，学科文献覆盖率越高越好。一个图书馆只有在对相关学科文献收藏达到一定的完备程度时，才能满足用户的需求，否则文献保障能力太低，严重制约图书馆发挥其基本职能与社会职能。

(2)藏书结构

一个图书馆馆藏往往必须收藏不同学科、不同文献类型、不同文种、不同国家或地区、不同年代的文献，这些文献从整体上反映了一个图书馆的藏书结构。图书馆藏书结构评估指标主要包括：

① 肖希明. 信息资源建设(第2版)[M]. 武汉：武汉大学出版社，2020：280-281.

①学科结构，即学科入藏率，它代表图书馆收藏的各学科文献覆盖本馆用户所占据的不同学科的比例，由此揭示馆藏文献是否与用户需求相适应以及相适应的程度。

②文献类型结构，主要考察馆藏文献中图书、期刊、报纸、特种文献的比例，纸本文献与非纸本文献的比例，以及它们在满足用户需求方面的程度。

③等级结构，它反映馆藏文献在满足用户需求方面所达到的完备程度与质量水平。一般来说，等级越高，说明该馆馆藏文献越丰富，越能更好地满足用户的信息需求。

④文种结构，它代表馆藏文献的文种类型与比例。文种结构类型越丰富，说明该馆收藏的不同语种文献越多；不同文种文献的比例可揭示馆藏文献的重点、是否覆盖本馆不同语种的用户及满足其需求的程度。

⑤国家或地区文献结构，它代表馆藏文献的不同来源地及其比例。国内大多数馆藏文献是中文文献，但其他国家或地区出版的中文或外文文献是馆藏文献不可或缺的重要组成部分。若其他国家或地区出版的馆藏文献达到一定比例，说明该馆馆藏文献丰富且结构合理。

⑥时间结构，它主要考察馆藏文献的时间分布及新入藏文献的比例状况。若某馆最新入藏文献占总馆藏的比例很低，说明该馆馆藏文献有老化的趋势，馆藏文献资源建设亟须加强。

(3)藏书利用情况

阮冈纳赞于1931年撰写的《图书馆学五定律》明确指出：“书是为了用的”，“每本书有其读者”。这就是说，馆藏文献的根本目的是供人使用。馆藏文献只有得到流通与借阅，才能体现其社会价值。随着藏借阅一体化布局的广泛实施，用户对馆藏文献的使用，有时是在馆内开架书库进行的，并非需要外借手续。所以，对馆藏文献利用情况的评价需要综合利用如下指标：

①外借率，这里专指借出馆外的文献占所有馆藏文献的比率。它可细分为“总外借率”“学科外借率”“种外借率”“册外借率”。其中，“总外借率”是指一段时间内外借出去的文献占馆藏文献的比率，“学科外借率”是指一段时间内外借出去的某学科文献占该学科馆藏文献的比率，“种外借率”是指一段时间内外借出去的文献种类占该馆藏文献种类的比率，“册外借率”是指一段时间内外借出去的文献册数占该馆藏文献册数的比率。

②阅览率，是指在馆内被读者阅读与参考利用的文献占所有馆藏文献的比例。它同样可细分为“总阅览率”“学科阅览率”“种阅览率”“册阅览率”四个指标。

③文献拒借率，是指一定时间内，读者想借而未能借到的文献数量与读者合理要求借阅的文献数量的比率。

④藏书周转率，是指馆藏文献平均每册图书在一年中借阅的次数，或者说平均每册图书在一年中的周转次数。

⑤馆际互借率，是指一定时间内(如一年)馆际互借文献数量与馆藏文献数量的比率。

这些指标从不同侧面反映馆藏文献被利用的程度。

(4)用户满足率

《图书馆学五定律》还指出：“每个读者有其书”，“节省读者的时间”。这就意味着馆馆藏文献应该满足用户的需求，而且在馆藏文献的布局、排架与使用上，都能方便用户。因此，可以利用“用户满足率”指标来评估馆藏文献的质量与数量要求。若馆藏文献质量不高或数量不足，则会影响用户的满意程度。所以，馆藏文献建设需要同时加强馆藏文献质量与数量建设，努力提高馆藏文献的用户满足率。

5.4.2 馆藏文献评价的方法

常用的纸本馆藏文献评价方法主要包括以下几种①：

(1)图书馆统计分析法

图书馆统计分析法是运用各种有关馆藏文献的统计数据进行分析和评价的方法，是馆藏文献评价中运用广泛且有效的方法。一般来说，馆藏文献的规模、各主题的馆藏数量、各类型文献的馆藏数量、藏书增长率、藏书保障率、藏书流通率、藏书拒借率等，都可以通过统计分析法来作出评价，也可以通过对图书馆用户的点击率进行统计与分析，评价数据库资源的利用率。

(2)书目核对法

书目核对法是指将馆藏文献资源与一个或多个标准书目、核心书目或权威性馆藏目录进行比对，以评价馆藏文献收藏的完备程度。馆藏文献与

---

① 肖希明. 信息资源建设(第2版)[M]. 武汉：武汉大学出版社，2020：282-283.

标准书目、核心书目或权威性馆藏目录的吻合度越高，代表馆藏的质量越高。因此，采用此方法评价馆藏文献时，关键在于选取合适的标准书目、核心书目或权威性馆藏目录作为基准。

(3)引文分析法

引文分析法主要是通过分析馆藏文献是否被其他学术性成果所引用来评估馆藏文献质量。如果馆藏文献在新生产的学术性成果(论文、著作、研究报告)中有较高的引用率，说明该馆馆藏文献的质量较高、利用率较高。选择引文来源文献时，要注意其全面性、代表性、发表的时间性、引文数量的相对充分性、作者的权威性以及论著本身的学术性等因素。

(4)用户评议法

用户评议法，即用户调查法，是通过访谈、问卷调查和网络调查等方式调查用户对馆藏文献的基本情况(如馆藏文献规模、类型、品种、数量、文种、学科属性、文献来源等)及其利用、需求的认识与看法，来进行馆藏文献评价。用户评议法有助于得到用户的真实反馈，了解用户的真实需求，发现馆藏文献建设的盲区，有效反映馆藏文献建设的状况，特别是馆藏文献建设的不足之处。

5.5 馆藏文献的保存

保存文献是图书馆的基本职能之一。馆藏文献保存就是要采取各种有效措施，防止和消除一切不利于馆藏文献完整和长期保存的各种障碍，最大限度地减少馆藏文献损耗，使馆藏文献处于最佳状态，以便高效充分满足用户的文献信息需求。

5.5.1 馆藏文献保存的影响因素

纸本馆藏文献保存受到很多因素的影响，这些因素主要包括以下几种①：

(1)一般自然因素，包括物理因素、环境因素、生物因素等。物理因素主要是指光、温度和湿度等，它们可能引起馆藏文献纸张的光化学变化、氧化，纸张发黄变脆，导致最终无法使用。环境因素主要是指大气污染、灰尘、潮湿、馆藏空间设计不合理等，它们可能引起馆藏文献破损、腐烂

① 肖希明. 信息资源建设(第2版)[M]. 武汉：武汉大学出版社，2020：288.

而无法继续使用，或不利于馆藏文献保存。生物因素主要是真菌、霉菌、虫类、啮齿类动物等，它们同样可以造成馆藏文献的破损而无法使用。

(2)一般人为因素，主要是指馆藏文献在装运、流通、借阅、保管过程中的磨损和人为过错造成的损坏，如折角、撕页、涂画等。若图书修复措施和方法不当，也会损害馆藏文献的长期保存。

(3)特殊灾害，如地震、火灾和水灾等。

(4)管理因素，如是否制定了馆藏文献保存制度，是否明确了馆藏文献保存的责任人，是否采用了合适的馆藏文献保存与保护方法，如设置储备书库等。

5.5.2 馆藏文献保存保护的措施

馆藏文献保存与保护密不可分，图书馆应该从管理、技术、书库建设等方面加强纸本馆藏文献的保存保护，主要措施包括：

(1)建立健全馆藏文献保存保护制度

为了有效保护纸本馆藏文献，必须建立馆藏文献保存保护制度，使馆藏文献的保存保护制度化、规范化。图书馆应该遵循《信息与文献 图书馆和档案馆的文献保存要求》(GB/T 27703—2011)对图书馆馆藏文献保存的建筑要求(含选址、抗震、防火、保温与隔热、防水防潮、平面布置等方面要求)、温湿度要求、空气质量要求、采光与照明要求、消防要求、安防要求、有害生物防治要求、装具要求、展览要求，制定馆藏文献保存保护制度，其中包括馆藏文献保存保护的事先防范制度和事后处理制度。馆藏文献保存保护的事先防范制度，是指为了预防馆藏文献受到损坏、最大限度限制损坏馆藏文献而制定的一系列政策规章。这些制度明确规定图书馆馆藏的物理条件(光照、温度和湿度条件等)、图书馆员在处理馆藏文献各个环节的行为以及读者的行为。馆藏文献保存保护的事后处理制度，指馆藏文献已经遭受损坏而对文献及相关责任人进行处理的政策规章，包括在馆藏文献受到损坏后所采取的补救受损文献的措施、受损文献的登记以及相关人员的责任追究等。同时，通过加强读者教育，让读者知悉馆藏文献保存保护制度及其要求，提高读者爱惜馆藏文献的自觉性，尽可能减少并杜绝读者损坏馆藏文献行为的发生。①

---

① 肖希明. 信息资源建设(第 2 版)[M]. 武汉：武汉大学出版社，2020：289.

(2)开展馆藏文献的原生性保护和再生性保护

图书馆应该采用先进实用技术，开展馆藏文献的原生性保护和再生性保护。原生性保护是指在不改变馆藏文献的物理特征和载体形式的基础上对其实施的保护，主要措施包括：改善馆藏文献保存的条件、控制温湿度、防火防水、防盗、防光、防尘防菌、防虫防鼠、脱酸处理等。再生性保护是指改变馆藏文献原件的物理特征和载体形式而将文献内容保存下来，主要方法有缩微、扫描、影印、数字化等。例如，缩微胶片技术是利用光学原理将数字信息转移到缩微胶片上，从而实现数字资源的长期保存的技术。

(3)建立储备书库

储备书库是存储重要但使用率较低的实体文献的书库。之所以需要建立储备书库，是因为储备书库具有以下独特作用：①更高效地保存有利用价值的纸本馆藏文献。虽然某些纸本馆藏文献比较老，但仍有利用价值，这些文献不宜被剔除，更何况数字资源不能完全代替纸本文献的作用。集中存储某些偏旧的纸本文献，既可以更高效保存这些文献，也可以继续利用这些文献的价值，保证满足某些用户对这些文献的需求。②可以缓解图书馆的藏书压力。如今图书馆的纸本文献数量不断增加，馆藏空间往往不足。储备书库可以高密度存储重要但使用率较低的文献，能够有效地缓解图书馆日益增长的存储压力。③优化馆藏文献布局，提高馆藏文献利用效率。图书馆采购的某些图书可能长期没有人借阅，但它们却占据了一部分馆藏空间，导致书架的书拥挤不堪，同时给读者寻找自己需要的图书带来困难。把高使用率的图书放在流通书库，同时把低使用率的图书放入储备书库，这样既有助于保存与利用这些有价值的、低使用率的图书，也能腾出馆藏空间，提高馆藏文献利用效率。

5.5.3 不同类型图书馆储备书库建设实践解析

这里以南京图书馆、清华大学图书馆为例来作说明。

5.5.3.1 南京图书馆储备书库建设实践解析

截至2021年年底，南京图书馆纸本文献总量已超过1200万册。与第六次评估定级相比，增长了109万册，增幅已达10%。如此迅猛的增长速度，对南京图书馆的存储能力是一个巨大挑战。南京图书馆共设有两处储备书库：一是大行宫新馆的六层、七层以及负二层的密集书架书库，总计可保存大约600万册书刊纸本文献资料，下设典藏书刊库、典藏报纸库、历史文献部书库、流通储备库，共计4个书库；二是成贤街老馆普通书架书库，总计可保存400多万册书刊纸本文献资料，主要用来保存典藏书刊报纸合订本140万册、流通下架书刊160万册以及遗留旧书刊100万册。成贤街老馆储存书库筹建于2015年，是南京图书馆"十三五""十四五"规划重点项目。与大行宫书库不同，该书库建设计划用10年时间解决遗留的历史问题，实现存储空间增容，完善馆藏图书三线典藏制，建成后将成为南京图书馆纸本文献主要的储备和中转枢纽。

虽然南京图书馆两处储备书库的建设方式不同，但是南京图书馆根据实际情况制定储备书库建设管理方案，多角度评估建设与运营成本，加强纸本文献入藏管理，完善储备书库书目数据库，提高馆藏文献利用率，加强环境监控与安全管理等，促进南京图书馆储备书库建设与运营。南京图书馆储备书库建设路径如下：

(1)根据馆舍情况制定储备书库建设管理方案

大行宫储备书库建设与新馆建设是一同完成的，属于新建项目。书库采用的是密集型书架，并根据不同书库设有相应的防火、防盗、防虫、防潮、防尘等设施设备以及相应的措施。如：历史文献部书库所藏为古籍与民国文献，按《图书馆古籍特藏书库基本要求》进行规划设计建设，库容约300万册，选用智能密集书架；典藏书刊库、典藏报纸库、流通储备库按照图书馆普通文献保护要求进行规划设计建设，典藏书刊库与流通储备库选用手动密集书架，典藏报纸库选用电动密集书架，总库容约300万册。

成贤街老馆储备书库建设是在保留原有书库书架的基础上，通过增加物理空间、加设书库书架等方式建设储备书库。建设内容包括：①物理环境整修(包括空间、设施、设备、承重等项目的评估、维修)；②库容超过90万册的流通本备用库建设；③典藏书库书目数据库建设(典藏中文书刊书目数据库建库工作、西文及日文新书书目数据库、西文刊和日文刊的书目数据库、俄文书刊的书目数据库、旧外文书的书目数据库)；④典藏报库数据库建设；⑤库容约140万册的典藏本储存书库建设。

(2)渐进式推进成贤街老馆储备书库建设

南京图书馆成贤街老馆储备书库的原址是一栋民国建筑，通过修缮馆舍来推进储备书库建设。①基础的照明、消防、防尘改造，是从书库维修向阅览室加固改造逐步推进。先后进行了墙壁加固、防水改造、门窗维修、电路改造、网络铺设、消防安全门改造、电梯维修、阅览室地面加固、运送平台修建、钢制二层结构修建等简单改造，将原有的书库空间、阅览室空间进行加固改造，全部作为储存书库，提升空间利用率，实现馆藏容量扩容。②流通书刊备用库建设(2015 年 4 月—2019 年 3 月)，采用分步实施、分层展开、分类开放的办法，逐步逐类进行整理。按照 A、B、C、D、E 和小说等类顺序，对剔旧下来的新中国成立以来中文图书拆包上架，剔除过多的副本，进行馆藏标识。③改扩建典藏储备书库。原有典藏储备书库约容纳 100 万册典藏书刊报，2021 年计划用 1.5 年时间对老馆储备书库进行库位调整，为典藏书库增加两层近 40 万册库位，其改扩建方案见表 5-4。

表 5-4　南京图书馆成贤街老馆储备书库建库与调整方案(部分内容)

类别	内　容
老馆储备书库建库方案	老馆书库的原库容约 250 万册 · 用 2.5 年时间整理 160 万册流通退架书刊，建成总数超过 90 万册的老馆流通书刊备用库； · 用前八层库的 6~8 三层和后五层库的 2~5 四层上架典藏外文书刊、港台刊、2007 年前中文刊约 90 万册； · 用前八层库的 1 层上架典藏中外文合订本报纸 6 万多册； · 后五层库的 1 层及其他过道和耳房堆放从迈皋桥临时仓库运回的未开箱的 80 万册各类旧书刊(约 6300 箱)，2007 年未搬到新馆的旧书刊约 10 万册，省委宣传部和文化厅存放的各类书刊报 10 多万册
老馆储备书库库位调整实施方案	· 建议在 2022 年收回老馆阅览楼一层“跆拳道”出租场地，经加固改造成两层的堆放场地，用于存放读者服务部前八层第 3 层的近 20 万册退架图书(打捆编号后分类堆放)； · 将前八层书库 3、4 两层读者服务部约 40 万册退架图书，打捆编号分类堆放倒库到 1 层；将 1 层典藏合订本报纸，搬运倒库至通风条件较好、较干燥的第 3 层，按序号整理上架；将第 5 层读者服务部近 20 万册退架图书搬运倒库至第 2 层整理上架，该层留有部分空架位，可用于读者服务部存放以后从新馆退架的图书

(3)制定入藏标准及排架办法

2015年，南京图书馆根据馆藏实际情况，重新制定了《南京图书馆文献剔旧标准》《南京图书馆中文开架书刊退架、剔旧规定(一般文献)》。按照图书的时效性、流通量和借阅率、出版时间以及在流通过程中的破损程度，采用严格筛选法、留整剔散法、同类优选法等方法，对部分图书进行剔旧，并把流通标志由开架借阅转为闭架借阅。南京图书馆依据2022年4月文化和旅游部出台的《公共图书馆馆藏文献信息处置管理办法》，制定了《南京图书馆馆藏文献信息处置细则》，明确了储备书库文献入库标准(见表5-5)。

表5-5　南京图书馆储备书库入藏标准

分类	入藏标准
中文图书	·内容标准：流通本中人文社科类出版超过10年、自然科学类出版超过5年、计算机类出版超过3年的全部入藏； ·复本标准：除小说及其他流通率高的热门图书外，出版3年以上且复本超过3册以上的多余复本，以及出版5年以上且复本量超过2册的多余复本； ·使用标准：超过3年无外借记录或有外借记录但流通率极低的
中文期刊、报纸合订本	·内容标准：出版超过10年的全部入藏； ·复本标准：出版3年以上且复本超过2册的多余复本，出版5年以上且复本超过1册的多余复本； ·使用标准：超过2年无外借记录或有外借记录但流通率极低的
外文书刊、工具书、专题文献、地方文献	在确保开架库位容量不涨库的情况下，按照出版时间早的先入、旧版本先入、出版社和著者不著名的先入等原则选择入藏本
古籍、典藏保留本	全部入藏

入藏文献的排架与开架借阅图书的排架方法一致，即按照中图分类法进行排架(见表5-6)。流通储备书库的书刊仅保留流通头本，其余复本打捆另作其他用途，有效节约书库库容。

表 5-6　南京图书馆储存本排架标准

分类	排 架 方 法
图书	·依据《中国图书馆分类法》的分类体系，流通储存、典藏保存本均采用“分类号+种次号”顺序排列，先按分类号中首位汉语拼音字母顺序排，再依次位数字排，小号在前、大号在后，依次排列； ·典藏保存本中，1949—1957 年的图书按照四十大类，1957—1975 年的图书按照中小型分类，1975 年至今的图书按照中图分类法排架； ·类号相同，按著者号码的大小顺序排列，小号在前，大号在后； ·多卷书(或连续出版物)依卷、册次的顺序排，不同卷、册的各种版本，把同一版本中不同卷、册集中，再按各卷出版时间先后顺序排； ·丛书的排列，无论其是否单独著录，排列方法与普通图书相同
报纸、期刊合订本	依据《中国图书馆分类法》的分类体系，所有图书均采用“索书号+流水号”顺序排列，先按分类号中首位汉语拼音字母顺序排，再依次位数字排序，小号在前、大号在后，依次排列

(4)建立健全储备书库书目数据库

南京图书馆根据读者对馆藏文献的需求和本馆书目数据库的使用情况，按照从后往前、从简到难、分类分时逐项分步解决的原则，建立健全储备书库书目数据库。①典藏书库数据回溯工作，按照先中文、后外文，先新书、后老书的步骤，分五个阶段逐步进行馆藏书目数据库的建设工作：第一阶段，在 2012 年年底前完成并完善新馆典藏中文书刊书目数据库建库；第二阶段，用 3 年时间完善馆藏西文及日文新书书目数据库；第三阶段，用 3 年时间建立和完善馆藏西文刊和日文刊的书目数据库，并进行每册合订刊的贴条码和数据挂接；第四阶段，用 3 年时间建立馆藏俄文书、俄文刊的书目数据库，以及每册书刊的贴条码和数据挂接；第五阶段，用 3 年时间整理典藏旧外文书，建立馆藏旧外文书的书目数据库。②典藏报库数据回溯工作，用 2.5 年时间完成 9 万册合订本报纸的数据挂接以及各类老报纸的整理(修补)、编目、贴条码和数据挂接工作。

(5)实施“图书援建”项目，提高馆藏文献利用率

为提高储备书库文献利用率，南京图书馆通过“图书援建”项目，将剔旧退架后的多余复本以图书援建的形式送至新疆克孜勒苏柯尔克孜自治州图书馆、西藏拉萨图书馆，省内经济不发达地区、各省级部门机关、旅游

集散地、景区等。截至2021年，南京图书馆共建图书援建流通网点100个，调配储存书库图书60多万册。

(6)加强环境监控与安全管理

健全大行宫储备书库防火、防盗、防虫、防潮、防尘等方面的管理制度与办法，包括：

①书库防火——按不同防火等级，配置相应的设备。古籍书库采用CO_2气体灭火系统；普本书库采用水喷淋系统，书架采用带有导流槽的防护措施。

②书库防盗——采用监控系统，24小时有人值守，另配有巡更系统，以机器值守为主、人机联动的方式防盗。

③书库防虫——古籍书库的书架层板采用樟木原板内衬，辅以少量的樟脑精块。

④书库防潮——采用恒温恒湿机组精密空调与除湿机相结合的方式。

⑤书库防尘——通过减少开架的时间以及定期除尘有效进行防尘。

加强成贤街老馆储备书库防火、防盗、防虫、防潮、防尘管理，包括：

①书库防火防盗——采用监控系统，24小时有人值守，另配有严格的巡更管理办法。

②书库防虫——主要采用定期撒药。

③书库防潮——主要用除湿机防潮。

④书库防尘——通过减少开架的时间以及定期除尘有效进行防尘。

配套的管理措施是：①设立专门的书库安全员，每天早晚两次巡库检查。②入库工作人员严禁在库房私自用电。③书库下班后总电闸拉闸。

5.5.3.2 清华大学图书馆储备书库建设实践解析

近年来，清华大学图书馆虽然用于电子资源建设的经费比重不断提升，但是纸本文献建设仍然是馆藏建设的重要组成部分。为了保持文献资源数量与服务水平，图书馆纸本文献的剔旧速度远低于增长速度，又因为信息网络环境下学校师生对图书馆空间需求不断增加，致使清华图书馆馆藏空间紧张问题越发突出。为了提升图书馆整体管理与服务水平，清华大学图书馆采取了在总馆和分馆建立密集书库、在昌平校区建设远程书库等方式，集中存储那些较为老旧和利用率较低的文献资源。

(1)密集书库的设置与管理

密集书库是指多个书架密集排列在一起的书库，其书架既可以紧密贴合，也可以分散分离。当需要从某个书架取书时，就利用电动或手动装置使紧密相邻的书架按轨道分离，相互之间产生间距，从而得以查找、调配所需的书籍。清华大学图书馆在总馆以及专业分馆都设置有密集书库管理区域。每个馆根据自身的存储面积、藏书特点、读者使用规律等，对密集书库进行设置与管理。

①古籍与特藏密集书库。

清华大学图书馆收藏了一大批弥足珍贵的古籍、少数民族典籍，图书馆设置了古籍阅览室“观止堂”与古籍书库，用于保存这部分特殊馆藏。在逸夫馆与李文正馆的2个古籍书库存放约24万册的古籍线装图书；在特藏3个书库，存放民间文书10万余件，八大类与杜威号的图书。由于古籍与特藏资源的珍贵性与特殊性，对于这部分资源书库的管理要比普通书库更加严格。图书馆制定了《清华大学图书馆古籍书库管理实施细则》，在对书库环境的管理上，规定古籍书库须定期投放防鼠除虫药物，吸尘清扫，保持书籍整齐有序，古籍书库设施须保证防火、防盗，在通风、恒温、恒湿、防虫等方面为古籍保存提供良好的条件，图书馆分管安全领导及古籍部/科古所分管主任与书库管理人员须定期检查。同时对书库的管理人员的责任、出入库的流程做了严格的规定，以保证图书的安全。

②普通密集书库。

清华大学图书馆在逸夫馆、人文社科图书馆、美术分馆等都设有密集书库，尤其在新的馆舍建设初期规划中，如李文正馆、法律分馆都把密集书库作为重要的空间进行规划和设计。在人文社科图书馆、文正馆地下设有闭架密集书库，存放97万余册中外文低借阅量的图书、期刊合订本，读者可以在线预约，馆员负责取书，读者还书后，书刊将进入开架流通区，密集库的图书是动态调整的。在法律分馆、金融分馆密集库收藏低借阅率的中外文图书、期刊合订本，同时法律分馆密集库还收藏不适合出借的非正式出版物和特藏图书与文献；美术分馆密集库收藏价值相对较高，不宜外借的图书以及装订方式为线装的图书。对于普通流通的图书，采取读者在线或前台提交申请、馆员取书的方式进行管理；对于不适宜外借的图书，采取前台申请取书、押证阅览、限制复制以及当日归还的方式进行管理。由于密集书库多在总馆与分馆的地下，在防潮除湿、防火照明等方面都采取了相应的保障措施，同时规定了对书库的巡查频次。

(2)远程书库的设计与规划

解决馆藏空间紧张的问题，一方面，需要合理制定馆藏政策，盘活内部空间，对既有馆藏空间进行科学规划和合理设置，实现最优化布局；另一方面，也需要实现外部扩展，在校内扩建馆舍或在校外新建远程密集书库。

①昌平远程书库。

2006 年 9 月，清华大学图书馆启动远程书库建设项目。在选址方面，图书馆基于地价、运输费用、运营成本、保存条件等方面因素，对学校周边及京郊地区进行考量，最终确定与清华大学核研院合作，启用学校昌平校区已有的闲置书库(原为档案库)。使用现有成型的书库地址，对原有书库进行改造，节省了馆舍建设成本与设备购置费用。在入藏图书选择方面，通过查看馆藏图书的流通利用情况及出版时间，采用文献流通统计法，研究文献老化规律，在尽量减少对读者使用影响与文献长期保存的原则下，选送“利用率相对较低”的书刊。“利用率相对较低”指向读者开放但借阅量较低或没有被读者借阅的书刊，或年代久远但具有保存价值的书刊。入藏的馆藏总计 25 万余册，包括利用率低的全部俄文图书、期刊、专利、检索刊，全部日文期刊、专利、检索刊，全部西文专利、大部分西文检索刊(除 CA、SCI 以外)，以及部分库存报纸合订本等。图书馆各专业分馆(美术分馆、经管分馆、人文分馆)也将部分书刊(3 万余册)放置于远程书库。在图书管理与流通方面，远程书库采用密集式储存方式，按照索书号对图书进行排架，对密集库进行管理。每周固定有工作人员进行整理、顺架等工作。由于远程书库存放的馆藏利用率较低且路程较远，读者在总馆提出申请，由馆员负责每周到远程书库提取读者所需文献。远程书库俄文图书可以出借，借期按“一般图书”规则执行。期刊和报纸从远程书库取回后，仅供读者在馆内押证阅览、复印或拍摄，均不提供外借服务。①

②新昌平远程书库

随着馆藏量的不断增加，为了进一步适应未来图书馆的发展要求，缓解空间压力，将更多的学习共享空间给予读者，图书馆向学校争取了新昌平远程书库的用地。新昌平远程书库占地面积 2 万平方米，预计可容纳馆藏

① 于宁，陈虹．高校图书馆的远程书库建设[J]．图书馆杂志，2009，28(9)：45-47.

总量约500万册。虽然有了之前昌平远程书库的建设经验，但由于新昌平远程书库的空间大，入藏的资源量大，其建筑的设计、房间的安排、书架的安装、图书的排架、运行后的管理都需要重新规划。在前期调研方面，图书馆由馆长带领团队，实地考察了美国东部大学储备书库、远程书库的建设情况。考察内容包括：芝加哥大学图书馆的全自动化操作仓储式密集书库，普林斯顿大学图书馆、哥伦比亚大学图书馆、纽约市公共图书馆等的联合仓储 ReCap(The Research Collections and Preservation Consortium)建设模式，康奈尔大学图书馆的升降机人工操作密集书库，普渡大学图书馆的普通密集书库。团队调研了这几类储备书库的规划设计，建筑面积，建设与运维费用，设计存储量，书架与起重器的高度，书库、冷库温湿度等硬件条件，以及入藏原则、年接受量、年流通量、图书流转机制、取书流程与管理系统等管理机制等，为新昌平远程书库的建设提供了先进的管理理念与发展经验。在前期准备方面，新昌平远程书库的建设涉及馆藏调拨和搬迁等众多环节，工程浩大，牵涉面广，难度较大，需要制定详细的计划，周密的安排和布置，在保证日常各项工作正常开展的前提下，确保远程书库建设的如期顺利完成。图书馆明确了工作流程与人员职责，召集相关人员进行专题讨论会，对书库的建设格局，书架的安放、馆藏的入藏原则等进行了讨论。在第一期的规划中，设计详细的馆藏调整方案，将调整总馆、人文社科图书馆、美术分馆等总分馆馆藏150余万册至远程书库。同时制定远程书库排架原则，既方便读者借还书，也方便馆员整理上架、排架等，尽量减少大范围倒架等工作。由于新昌平远程书库的建设还在进行中，后续将对搬迁流程等环节进行讨论，形成详细的搬迁计划和搬迁规程。在新远程书库完成搬迁后，将重点规划管理人员的安排、取书流程、书库的日常管理等方面工作。

清华大学图书馆远程书库的建立经历了筹划、建设、投入使用一个长期的过程，书库的发展也将是一个成长的有机体，需要不断吸取国内外先进经验，考量自身发展变化，了解日益增长的读者需求，不断完善远程书库建设，为未来图书馆的生存与发展奠定基础。

6 数字信息资源的开发

数字信息资源是一个国家的数字资产，也是国家和社会重要的战略资源。① 图书馆除了需要采集适合用户需求的数字信息资源以外，也要重视数字信息资源的开发。数字信息资源开发是信息资源建设的重要活动。本章将从数据库建设、网络信息资源建设两方面论述数字信息资源的开发问题。

6.1 数据库建设

数据库建设是通过对目标数据的采集、组织、整合、存储等工作建成数据库，实现数字信息资源的长期保存，发布数据库和提供数据库服务这一系列工作的总称。图书馆常用的数据库主要有书目数据库、全文数据库、特色数据库、多媒体数据库等。这里主要对书目数据库、特色数据库建设进行介绍。

6.1.1 书目数据库建设

书目数据库是收集、存储、组织并提供书目数据的数据库，而书目数据是经过文献著录或标引后形成的一系列书目信息符号。它主要包括题录数据库、文摘数据库、引文数据库、期刊目次数据库、图书馆馆藏目录数据库等类型。它以简略的形式向用户报道文献的信息，提供查找、获取文

① 肖希明，黄如花，张燕飞，等. 数字信息资源建设与服务研究[M]. 武汉：武汉大学出版社，2008：2.

献的线索，是用户快速查找文献的有效工具。①

6.1.2.1 书目数据库的特点

与其他类型的数据库或书目产品相比，书目数据库主要有以下特点：

①便于管理和维护书目数据。与印刷型书目相比，书目数据库是将文献的各种特征信息用特定的代码形式和结构存储在相关媒介上，并能通过终端设备识别的一种数字信息资源。它可以使书目数据有序化，随时可供用户使用，从而便于书目数据的管理和维护。

②检索快捷，具有较高的查全率与查准率。与手工检索相比，书目数据库可以方便用户利用计算机进行检索，显著节省检索时间，同时由于书目数据库往往提供比较全面的书目信息，可以保证获得较高的查准率与查全率，从而提高检索效率。

③数据结构简单，记录格式固定，成本较低。与其他类型数据库相比，书目数据库结构比较简单，记录格式也比较固定，生产与维护成本相对较低。

④便于生产其他类型的书目产品。书目数据库除可供情报检索之外，还可输出卡片或书本式目录以及缩微胶片目录。各种机读目录可以自动地合并，并便于复制与传递。另外，书目数据库还可用来建立各种辅助索引、专题数据库等。

6.1.2.2 书目数据库建设方式

书目数据库建设方式主要包括自建、标准书目套录、自建与套录相结合、合作共建、外包建库等五种方式。

(1)自建书目数据库

自建书目数据库是指由某个图书馆自行建立的书目数据库，它往往是图书馆员将本馆馆藏的书目数据(包括图书数目的题名、作者、出版年份和出版社等出版信息)逐一输入计算机中形成的书目数据库。数据库的数据采集可以通过编目子系统的录入功能直接生成书目数据库，这种方式又称为原始编目；也可以借助格式转换将标准 MARC 格式的数据转入计算机系统，进行数据采集，进而形成书目数据库。当采用自建方式进行书目数据库建

---

① 肖希明. 信息资源建设[M]. 武汉：武汉大学出版社，2008：214.

设时，应注意在数据采集过程中要做到全面、准确，选择业务素质高的编目人员从事编目工作，且严格以 CNMARC 和 USMARC 为编目标准格式。

(2)标准书目套录

标准书目套录又称套录，是指图书馆员利用采购的外来书目源数据，比对本馆馆藏信息后，对符合本馆收藏的书目数据进行修改、补充，并添加具体的馆藏地址与其他标识信息，比如著者标识码或种次号，由此生成一套完整的书目数据。套录数据的来源一般有两种，一种是大型书目数据中心的书目数据库，另一种图书发行机构提供的书目数据库。由于数据来源机构数量繁多，且各行其是，不同机构采用的著录、分类标准不同，将可能导致套录的书目数据存在不够标准或规范的问题。因此，在采用套录方式建设书目数据库时，务必选择严格按照 CNMARC 格式且编制能力强、权威性高的机构提供的标准化数据作为源数据，例如全国图书馆联合编目中心提供的中文普通图书书目数据、中文期刊书目数据库、西文期刊书目数据库、台港图书书目数据库、民国图书书目数据库等。

(3)自建与套录相结合

自建与套录相结合是先通过套录数据建库，然后将套录数据之外的图书以自建的方式入库。采用此种方式建设书目数据库，是应尽量利用已有的标准书目数据，对那些套录不到的图书信息，在统一的标准下集中力量联合建库，还可以利用网络展开联机编目，实现资源共建共享。

(4)合作共建

合作共建书目数据库是指多个机构协同合作共建共享书目数据，可根据编目方式分为联机编目和集中编目。联机编目就是各成员馆与联机编目中心通过计算机自动化系统和网络连接起来，按照标准的机读目录格式著录书目数据，实现联机共享编目，各成员馆可联机实时检索其他成员馆或联机编目中心的书目数据，及时获得所需数据；对未检索到记录的新书，按联机编目中心统一标准进行编目并上载。集中编目避免了各个图书馆在编目工作中的各自为政，使文献达到一次制作、多次使用，一方编制、多方共享，一种形式输入、多种形式输出的目的，书目数据以最快的速度、最短的时差进入联机书目数据库，解决了过往新书书目数据制作时滞过长的问题。

(5)外包建库

外包建库是图书馆把书目数据的编目与著录工作外包给书商或第三方

代为加工来建立书目数据库的一种方式。这种方式在很大程度上解决了图书馆行业人力资源紧张的问题，并降低了书目数据库建设的成本，缩短了图书从采购到上架流通的时间。采用这种方式建库时，外包商的选择决定了书目数据库建设工作的成功与否，因此，在选择外包商时宜采用招标方式，从业务能力、行业地位、信誉、资金、服务态度、社会影响力以及以往业绩等方面进行全面考察与综合分析，并结合外包成本决定外包商的最佳人选。

6.1.2.3 不同类型图书馆书目数据库建设实践解析

(1)国家图书馆书目数据库建设实践解析

国家图书馆是综合性、研究型图书馆，是国家总书库，国家书目中心。《中华人民共和国公共图书馆法》第22条规定："国家图书馆主要承担国家文献信息战略保存、国家书目和联合目录编制、为国家立法和决策服务、组织全国古籍保护、开展图书馆发展研究和国际交流、为其他图书馆提供业务指导和技术支持等职能。国家图书馆同时具有本法规定的公共图书馆的功能。"编制国家书目和联合目录是《公共图书馆法》赋予国家图书馆的基本职能之一，建设高质量、高水平、有权威性的书目数据库，是国家图书馆履行职能的基本保障。

①书目数据库建设历程。

国家图书馆书目数据库的建设始于20世纪80年代末。1975年，国家图书馆(原北京图书馆)率先在全国开展图书馆工作自动化的研究与实践。随着图书馆工作自动化进程的发展，国家图书馆开始了书目数据库的建设工作，书目数据的编制经历了从手工编目、光盘编目到图书馆集成系统编目的发展历程。书目数据库的建设一直是国家图书馆基础业务的重点工作，按文献语种分别先后开展。

中文书目数据库的建设首先是从中文普通图书开始，最早编制的书目数据库有《中国国家书目数据库》(1988—1995)、《中国回溯书目数据库》(1949—1987)。1995年编制并制作成光盘数据库——《中文图书机读目录》数据库，在电子阅览室为读者提供服务。中文文献从中文普通图书开始，后发展到民国书目、连续出版物、博士学位论文、硕士学位论文、善本图书、线装图书、舆图文献、民族语言图书等各种不同文献类型的书目数据库。

外文书目数据库的建设要早于中文书目数据库。“全国西文连续出版物联合目录数据库”也称“全国西文期刊联合目录数据库”，是国家图书馆(原北京图书馆)最早利用计算机进行辅助编目的项目之一，于1984年正式开始编制，1992年开始利用软盘数据提供检索服务。西文图书书目数据库的建设工作开始于1995年，起始主要是光盘数据库，2000年开始通过丹诚系统软件建设西文图书目录数据库。1999年开始建设国际组织与外国政府出版物书目数据库，该数据库文献资料以英文为主，兼有少量中文，还有德、法、日、西班牙等几十个语种，文献类型包括图书、期刊、缩微平片、光盘等。①

国家图书馆在书目数据标准化建设方面进行了大量的基础性建设工作，包括编制和反复修订《汉语主题词表》，并在此基础上编制完成主题与分类对照表——《中国分类主题词表》；1975年主持编制《中国图书馆图书分类法》②，至今已修订出版第5版，并发布了网络版；牵头组织出版《中国文献编目规则》(第2版)、《中国机读目录格式使用手册》、《中国机读数据规范格式》、《规范数据款目著录规则》等。

2001年，国家图书馆引进Exlibris公司的ALEPH500图书馆集成管理系统，2003年在全馆范围完成系统切换工作，正式上线运行。ALEPH500图书馆集成管理系统的上线，实现了国家图书馆各类型、各语种文献书目数据库的实时联机共建与整合。在此之前，国家图书馆不同类型、不同语种文献的书目数据库的建设依托于多个小型计算机系统，相互之间不统一、不同享，因此形成了众多类型不一、形态各异的书目数据库。ALEPH500能适应多语言环境的需求，支持在同一个编目记录的任意字段、任意子字段中同时处理不同的语言，包括日、俄、德、法等外文语种，以及朝鲜族语等少数民族语言③，使得国家图书馆书目数据库的建设得以集成式的实时共建。

②书目数据库类型与数量。

---

① 李致忠. 中国国家图书馆馆史资料长编[M]. 北京：国家图书馆出版社，2009：1104-1109.

② 富平. 北京图书馆中文书目数据库建设的回顾与展望[J]. 北京图书馆馆刊，1996(2)：8-12.

③ 毛雅君. ALEPH500系统给我们带来了什么[J]. 国家图书馆馆刊，2004(3)：9-11.

目前，国家图书馆书目数据库包括两种形式，一种是国家图书馆馆藏文献的书目数据库，另一种是联合目录数据库。馆藏文献书目数据库按文献语种划分为两种：中文文献书目数据库，目录数据内容包括中文图书、期刊、报纸、学位论文、中文资料、普通古籍、手稿、方志、家谱、金石拓片、敦煌文献、音像资料及电子出版物等各类型馆藏中文文献；外文文献书目数据库，目录数据包括外文图书、外文期刊、外文报纸、外文缩微制品、外文音像资料和电子出版物等各类型外文文献。书目数据库的具体类型包括：书目数据库、名称规范数据库、主题规范数据库、标准篇名数据库及索引数据库等。截至 2021 年年底，国家图书馆各类型、各语种文献书目数据库中数据量超过 1660 万条。各类型文献的书目记录数量见表 6-1。

表 6-1　国家图书馆自建书目数据库书目记录数量(截至 2021 年 12 月)

序号	数据类型	数据累计总量(条)
1	中文普通图书(含民国时期)	4989274
2	台港澳图书	457416
3	盲文图书	2625
4	学位论文	2895871
5	中文资料	98813
6	中文期刊	56577
7	中文报纸	10394
8	中文名称规范	2014212
9	中文主题规范	120816
10	中国国家标准汇编篇名	65503
11	外文图书	3433672
12	联合国资料	281724
13	外文期刊	53704
14	外文报纸	676
15	音像制品	267934
16	电子出版物	51231

续表

序号	数据类型	数据累计总量(条)
17	古籍善本(含外善)	101522
18	新善本	11872
19	新善刊	1530
20	“文革”资料	2419
21	精装精印	2903
22	手稿	11603
23	舆图	101656
24	照片和年画	11969
25	少数民族语文	109892
26	普通古籍	362971
27	家谱方志(含方志文史资料)	77788
28	金石特藏	46642
29	古籍善本(再造善本)	1346
30	敦煌吐鲁番文献	5616
31	样式雷	14461
32	文史资料篇名	129340
33	清人文集篇名	14680
34	地方志人物索引	158062
35	缩微制品(含缩微中心)	688772
	总计	16655483

③馆藏文献书目数据库建设方式。

国家图书馆馆藏文献书目数据库的建设方式主要有自主编制书目记录、套录书目数据、接收出版社及供应商配送的书目数据、以业务外包形式编制书目数据等。不同语种、不同类型的文献的书目数据库，建设方式各有不同，自主编制书目数据、套录书目数据和编目业务外包是所有文献数据编制的普通方式。

a. 自主编制书目数据。国家图书馆各类型、各语种文献均设有专门的编目人员，有着固定的、高水平的编目队伍来确保书目数据库建设的质量。对于无法通过套录及其他方式获取书目记录的文献，由编目员根据文献编目规则及格式要求自主编制书目数据。

b. 套录书目数据。套录书目数据是指编目人员通过各联机联合编目平台，将外部数据下载到本地数据库的一种数据库建设形式。在当今数据共建共享的理念深入发展、信息技术高度成熟的基础上，联机联合编目已经成为当前国内和国际通行的图书馆编目工作的主流模式，且在国内形成了规模可观的联机联合编目的网络体系。从各联合编目平台中套录书目数据来实现对本机构文献的有序化管理及进行本机构书目数据库的建设，已是目前图书馆界及文献情报机构所采取的主要方式。国家图书馆在书目数据库建设过程中的套录数据来源，主要是全国图书馆联合编目中心联合目录数据库。

c. 接收出版社及供应商配送的书目数据。对于正式出版的图书，出版社是最权威的书目信息来源。出版社为了推广展示其所出版的图书、扩大销路，会根据情况为其出售的图书配有书目数据。图书供应商为提高销售量，扩大销售范围，为其所销售图书配备完整格式的书目数据已是一种常见的服务模式，很多图书供应商拥有自己完整的编目队伍。国家图书馆通过购买形式采选的文献，一般会有供应商配送的书目数据。

d. 以业务外包形式编制书目数据。随着出版事业的蓬勃发展，图书馆采访的文献数量超出编目人员所能承担的负荷，同时为了提高读者服务体验，使文献能够尽快地提供给读者，从而将部分或全部的文献编目业务委托给专门的编目外包公司来处理。国家图书馆中文普通图书书目数据的制作、中文名称规范数据的制作，多采用这种方式。

④联合目录数据库建设。

国家图书馆联合目录数据库建设始于 1997 年，以全国图书馆联合编目中心的成立为主要标志。20 余年来，全国图书馆联合编目中心坚持着公益性服务理念和“资源共享、优势互补、互利互惠”的原则，采用中心—分中心—成员馆三级管理的组织架构，通过全国各级各类图书馆的携手合作、群策群力，尤其是分中心的大力支持，实现了书目资源的共建共享，产生了良好的社会效益。截至 2021 年年底，联合目录数据库中数据总量有 1693 万余条，其中中文书目数据 10617543 条，包括图书、期刊、报纸、学位论文、音像资料、电子资源、缩微文献等，外文数据量 4269544 条，涵盖英文、俄文、日文、德文、法文、韩文、阿拉伯文等 80 余个语种的文献，名称规范数据 1922301 条，主题规范数据 120816 条。

(2)南京图书馆书目数据库建设实践解析

南京图书馆开发了新书书目数据库和馆藏回溯书目数据库两种。

新书书目数据库建设采用自建方式进行，主要包括以下几个步骤：

①建立书目数据。采编部工作人员将新进的馆藏书目，包括图书的题名、作者、出版年份和出版社等出版信息，逐一录入南京图书馆 ALEPH 编目系统中的数据采集项，自动生成新进图书的书目数据，并在图书首尾页加盖南京图书馆章，挂接和粘贴馆藏文献标识代码号、挂接和粘贴 IFRD 芯片。

②录入管理新书书目数据库。南京图书馆为规范馆藏标识代码的编制，制定《南京图书馆馆藏文献标识代码编码规则》(见表 6-2)。

表 6-2　南京图书馆馆藏文献标识代码编码规则

<table>
<tr><td colspan="2">基本编码规则</td><td>馆藏标识代码基本结构：文献区分符+年份+财产登记号/流水号
文献区分符由 1~2 位字母组成，以区分不同类型的文献；
年份由 4 位阿拉伯数字组成，图书一般用文献入藏年份，连续出版物及入藏年份不详的图书用出版年份；
后面的数字为财产登记号或流水号</td></tr>
<tr><td rowspan="4">各类馆藏文献标识代码的编制规则</td><td>中文图书</td><td>普通书：Z+年份(4 位)+财产登记号(6 位)
港台书：X+年份(4 位)+财产登记号(6 位)
电子出版物(以光盘为主)：D+年份(4 位)+财产登记号(6 位)</td></tr>
<tr><td>外文图书</td><td>西文书(英、法、德等)：W+年份(4 位)+流水号(6 位)
日文书：N+年份(4 位)+流水号(6 位)
韩文书：K+年份(4 位)+流水号(6 位)
俄文书：P+年份(4 位)+流水号(6 位)</td></tr>
<tr><td>中文期刊</td><td>普通：K+年份(4 位)+流水号(6 位)
港台：KX+年份(4 位)+流水号(5 位)</td></tr>
<tr><td>外文期刊</td><td>西文(英、法、德等)：SW+年份(4 位)+流水号(5 位)
日文：SN+年份(4 位)+流水号(5 位)
韩文：SK+年份(4 位)+流水号(5 位)
俄文：SP+年份(4 位)+流水号(5 位)</td></tr>
</table>

续表

各类馆藏文献标识代码的编制规则	合订本报纸	中文：PZ+年份(4位)+流水号(5位) 港台：PX+年份(4位)+流水号(5位) 西文(英、法、德等)：PW+年份(4位)+流水号(5位) 日文：PN+年份(4位)+流水号(5位) 韩文：PK+年份(4位)+流水号(5位) 俄文：PP+年份(4位)+流水号(5位)
	随书附件	附书：FB+年份(4位)+流水号(5位) 附盘：FD+年份(4位)+流水号(5位) 磁带：FT+年份(4位)+流水号(5位)
	历史文献	古籍图书：GJ+流水号 民国图书：MS+年份(4位)+流水号 民国期刊：MK+年份(4位)+流水号 民国报纸：MB+年份(4位)+流水号

为保证数据录入全面、准确、规范，南京图书馆制定了新书书目数据录入要求：一是依据国家标准进行中外文普通图书编目。中文普通图书编目使用《中国文献编目规则》进行规范著录，中文机读目录使用《新版机读目录格式使用手册》编制规范数据，使用《中图法》(第5版)进行文献分类标引，使用《中国分类主题词表》及《中国分类主题词表》Web版进行主题标引。外文普通图书编目记录以《MARC21书目数据格式使用手册》为标准进行规范著录，以《中图法》(第5版)进行文献分类标引，参照《美国国会图书馆标题表》进行主题标引。二是选用全国图书联编中心的书目数据库进行书目数据套录。书目数据录入前会对具体的数据源进行查对，对符合本馆馆藏记录的数据进行补充修改并加注馆藏信息。加注馆藏信息按照《南京图书馆馆藏文献标识代码编码规则》进行编写、录入。对那些套录不到或有错误的图书信息，由全国图书联编中心聘用的本馆监督员按联机编目中心统一标准进行编目并上载。三是制定并实施了一系列分类、编目细则。所有文献的分类、编目均采取"一级分编、二级总校"的制度，严格管理编目质量。

③修改书目数据中的借阅状态与馆藏地数据。流通部门(读者服务部、

典阅部、历史文献部)工作人员对南京图书馆 ALEPH 系统中书目数据的借阅状态、馆藏地进行修改，对连续出版物进行合订刊挂接。

馆藏回溯书目数据库建设也是南京图书馆书目数据库建设的重要工作之一，主要采用业务外包方式进行。回溯的书目包含南京图书馆的古籍文献、民国文献以及中华人民共和国成立后由于各种原因遗留的书刊。

馆藏回溯书目数据库建设流程：

①招标。南京图书馆根据不同类型的馆藏回溯书目数据库及其时间要求，分别进行招标，由中标书商代为加工。招标时，从业务能力、行业地位、信誉、资金、服务态度、社会影响力以及以往业绩等多方面进行综合分析，并在考虑本馆的经济承受能力等情况下决定外包商人选。

②外包书商工作人员对于需录入本图书馆的馆藏书目，先在本系统中查找书目数据，如查找到，则在该种书目数据中增加复本数据、馆藏信息；如未查找到，则将图书的题名、作者、出版年份、出版社等出版信息逐一录入 ALEPH 编目系统中的数据采集项，自动生成新种类书目数据库，并在图书首尾页加盖南京图书馆章，挂接和粘贴馆藏文献标识代码号。

③录入管理馆藏回溯书目数据库。按照《南京图书馆馆藏文献标识代码编码规则》(见表 6-3)进行文献书标、加工给号以及馆藏章加盖。

表 6-3　南京图书馆馆藏回溯书刊文献标识代码编码规则

回溯书	四十大类：HS+流水号 中小型图书：HZ+流水号 1993 年以前《中图法》图书：H+流水号
回溯外文书、中外文刊	相应的编码规则

与新书书目数据录入相同，应依据相关国家标准进行回溯书目的数据录入。应尽量选用全国图书联编中心、各国国家图书馆的书目数据库进行书目数据套录。

(3)清华大学图书馆书目数据库建设实践解析

清华大学图书馆现今使用的图书馆管理系统中，包含实体纸本资源 215 万余种、483 万余册，电子资源的全文数据包 560 余个，资源列表 373 万余个，数据库类型的资源包约 650 个。其所有信息资源的书目记录、馆藏记录实现集中统一编目、组织与管理，形成了一个完整、庞大的馆藏书目数据库。下面分别简述其馆藏实体资源、电子资源、古籍三种书目数据库建设实践。

①馆藏实体资源书目数据建设。

清华大学图书馆计算机图书编目始于1988年，使用美国BiblioFile系统对西文图书进行编目，编制的书目数据保存在软盘上。1991年引进日本富士通图书馆系统之后，其对中文图书开始进行CNMARC记录的编制和回溯编目。1996年开始使用INNOPAC(后升级为Millennium)图书馆集成管理系统，实现了中西文文献的联机编目。2001年年底，基本完成馆藏西文图书的回溯编目；2008年，完成馆藏中西文期刊书目和馆藏数据的回溯。2017年10月，清华大学图书馆更换了图书馆管理系统，引入下一代管理系统ALMA，图书馆的资源组织和管理工作全面进入实体资源、电子资源和数字资源一体化管理的新时期。

从工作模式上看，早期回溯建库阶段，曾部分依赖积累的卡片目录来编制书目记录，并借助了外包公司人员的力量进行著录。如今日常的编目任务主要由本馆的编目员队伍来完成，对大宗赠书、各院系资料室的大宗回溯等专项编目任务，则采取部分外包模式，挑选资质过硬的数据公司提供编目和图书加工服务。清华大学图书馆参加CALIS联机合作编目工作，同时承担为CALIS联合目录提交书目或馆藏数据的职责。在数据格式上，系统同时存在CNMARC和MARC 21两种格式的记录，中日文资源采用CNMARC格式编制，其余外文资源则采用MARC 21格式编制。

其馆藏目录涵盖的资源日益丰富。早期只有中外文图书的书目数据，后来逐渐开展了期刊编目、非书资源编目工作，馆藏目录中逐渐增加了馆藏期刊、磁带、光盘、多媒体音像、音视频光盘、学位论文等各类资源的书目记录。

②电子资源编目工作及书目建设。

清华大学图书馆早在1998年就开始了电子资源编目工作的尝试，在INNOPAC系统中对电子期刊和少量数据库进行编目。早期确定了建立电子期刊书目库的指导思想，制定了电子期刊MARC格式著录细则，并着重对订购的重点学术数据库内的全文电子期刊进行了详细编目。具体的方法是：以电子期刊订购列表为依据，按照电子期刊的著录细则逐一对每种电子期刊进行编目，其中电子期刊查询访问网址直接对应到书目记录856字段的

$u 子字段，来源库名称对应到 856 字段的 $z 子字段。传统的逐一详细编目的工作模式，具有数据翔实、著录规范的优点，但电子资源的动态变化性及其数量的急剧增长，使得这一工作模式难以满足全品种电子期刊编目和数据更新维护的要求。因此，2009 年以后逐渐调整电子期刊的编目策略，对未详细编目的期刊，改用以 SFX 电子期刊导航中电子期刊的基本信息为基础转换生成简单 MARC 记录，电子期刊 856 $u 中的 URL 指向电子期刊导航中的期刊网址，再由导航系统指引到集成各个数据的同名电子期刊所在的阅读页面。① 在此基础上，再由馆员对重点期刊进行详细编目，以解决之前无力在馆藏目录中揭示电子期刊全品种的问题。

大规模电子图书编目始于 2009 年。在 Millennium 系统中，整体上采用纸质资源与电子资源分别建立各自的书目记录，不同资源库中同品种的图书按库分别建立书目记录的思路，以便于后期的数据更新和维护。对于大多数外文电子书资源，利用数据库商提供的 MARC 数据，经核查和适当修改完善后，批量导入图书馆管理系统 Millennium 中，以便提供 OPAC 检索和全文获取服务。对于无法直接获得 MARC 编目数据的电子图书资源，则尽可能利用数据库商提供的电子资源详细信息列表，综合运用 Excel、MARC 转换程序等工具，将电子资源列表转换为 MARC 格式的简单编目数据，批量导入书目管理系统，以便提供 OPAC 查询和获取服务。用同样的思路，逐渐开展了网络视频、电子学位论文等更多类型的电子资源的编目工作。到 2017 年更换下一代管理系统 ALMA 之前，清华大学图书馆的馆藏目录中可查询的电子资源的数量有 268 万余条，类型包括电子图书、电子期刊、网络数据库、学位论文、网络视频等。

2017 年 10 月，图书馆管理系统更换为 ALMA 之后，清华大学图书馆的馆藏目录实现了实体资源、电子资源、数字资源的一体化管理。尤其是电子资源的编目和揭示工作进一步发展，所揭示资源的类型、数量都更加丰富和全面。在 ALMA 系统中，基于系统提供的丰富的社区知识库，大量的全文电子资源可采用激活电子资源库及其服务、上传订购列表激活订购的资源品种的方式来进行管理。该系统同时支持 MARC 格式、XML 格式、Excel 格式等多种格式，参数灵活配置的数据导入模式，也可通过自建本地

① 贾延霞，吕肖华，杨慧，窦天芳. 电子期刊编目方法新尝试——以清华大学图书馆的实践为例[J]. 图书馆建设，2011(4)：43-46，50.

资源包、导入本地书目数据的方式来管理电子资源。基于统一的三层数据结构，在ALMA中可实现从书目到资源库、到不同资源访问列表和访问参数的灵活管理，数据层次清晰，管理更为便捷高效。对读者的服务，则由资源统一发现平台Primo"水木搜索"取代了传统的馆藏目录OPAC。"水木搜索"中汇集了ALMA中的纸本资源、电子资源、数字资源以及中央知识库CDI中的海量元数据，为用户提供一站式资源发现与获取服务。数据翔实全面的馆藏资源书目数据库为清华大学图书馆各项业务工作和用户服务工作打下了坚实的基础。

③古籍目录库。

清华大学收藏古籍善本的历史源远流长。目前珍藏有古籍28000余种、220000余册，其中被《中国古籍善本书目》收录1885种、孤本425种。清华图书馆的古籍目录库目前单独建库、独立于馆藏目录之外，包含古籍书目2万余种。其古籍图书依据《清华大学图书馆分类法》(简称八大类)进行分类。其古籍目录库可通过索书号、正题名、副题名、责任者、出版者来进行检索。

6.1.2 特色数据库建设

特色数据库是指依托馆藏信息资源，针对用户的信息需求，对某一学科或某一专题有利用价值的信息进行收集、分析、评价、处理、存储，并按照一定标准和规范将其数字化，以满足用户个性化需求的信息资源库。①特色数据库建设在信息资源建设中具有十分重要的意义，包括②：

①有利于开发和优化馆藏信息，使分散零乱的特色文献资源得以系统化、有序化整理，深层次加工和进行传播使用，提高资源利用率。

②有利于打造精品信息资源，建立与众不同的高端信息资源，彰显资源特色与优势及品牌效应。

③有利于促进信息资源共建共享，挖掘数字信息资源的潜在价值，充分发挥其服务社会与经济发展的功能与效用。

④有利于突破时空限制，拓宽图书馆服务空间，提高服务水平。

---

① 肖希明．信息资源建设(第2版)[M]．武汉：武汉大学出版社，2020：229.

② 王喜和，傅林红，李玖蔚，等．特色之困：国内大学特色数据库建设现状与反思[J]．情报理论与实践，2013，36(4)：47-52，58.

6.1.2.1 特色数据库的类型

一般来说，特色数据库可以划分为以下类型：

(1)学科或专题特色数据库，即按照某种学科、专业或专题构建的特色数据库。如上海交通大学图书馆开发的《机器人信息数据库》、中国石油大学图书馆开发的《石油大学重点学科数据库》、中国人民大学图书馆开发的《经济学学科资源库》、厦门大学图书馆开发的《法学学术数据库》、上海财经大学图书馆开发的《世界银行资料数据库》、东华大学图书馆开发的《纺织特色数据库》、中国矿业大学图书馆开发的《有色金属特色数据库》和《岩层控制数据库》、哈尔滨工程大学图书馆开发的《船舷工业文献信息数据库》、南开大学图书馆开发的《家谱研究文献数据库》、清华大学图书馆开发的《清华文库》等。

(2)地方文献或地域文化特色数据库，即依据地方文献或地域文化构建的特色数据库。如中山大学图书馆开发的《珠江三角洲文献数据库》、四川大学图书馆开发的《巴蜀文化数据库》、武汉大学图书馆开发的《长江资源数据库》、四川省图书馆开发的《藏族唐卡数据库》和西藏图书馆开发的《藏医药文化多媒体资源库》等。

(3)历史文献或历史人物特色数据库，即依据历史文献或历史人物构建的特色数据库。如中国人民大学图书馆开发的《民国时期文献资源库》、上海大学图书馆开发的《钱伟长数据库》、湘潭大学图书馆开发的《毛泽东特色数据库》、湖南大学图书馆开发的《湖南人物特色数据库》等。

6.1.2.2 特色数据库建设流程

特色数据库建设流程一般包括如下几个环节①：

(1)选题

选题是特色数据库建设的第一步，也是特色数据库建设成败的关键环节。为确保特色数据库建设质量，应该遵循如下五个原则进行特色数据库选题：

①需求性原则。特色数据库建设必须以满足用户的信息需求、有利于用户获取原始文献资源、有利于信息资源配置与有效利用为宗旨，通过前期广泛与深入调查，充分了解用户需求与学科发展需求，然后选择有资源

① 孙长怡. 数字图书馆信息资源建设[M]. 沈阳：辽宁大学出版社，2009：87-92.

优势、目标群体及社会效益的信息资源来进行特色数据库建设。

②特色化原则。要求数据库所包含的信息资源在内容选择和编排上与其他数据库不同，应具有鲜明的资源特色，如民族特色、地方特色、学科特色，并结合本单位的专业优势、资源优势和技术优势，开发那些能够反映本馆馆藏特色和满足用户信息需求的数据库。

③共享性原则。因为建设特色数据库的最终目的还是利用好特色信息资源，所以需要充分考虑特色数据库建设的共享性问题，包括提供支持特色信息资源广泛共享甚至开放共享所需的硬件与软件。

④规范化原则。特色数据库建设必须遵循信息资源建设的相关标准与规范，在特色信息资源存储格式、著录格式、检索方式、可访问性、互操作性等方面实现标准化，以确保特色数据库的质量与使用便捷性。

⑤不重复建设原则。特色数据库建设前期需要调查本单位、本地区或国内同类数据库的建设情况，不进行重复选题和建设，以保证特色数据库的独特性，同时避免人力、物力与财力的浪费。

(2)调研分析

按照上述原则，调查国内已有的或在建的特色数据库及其分布状况；对拟建的特色信息资源的学术价值、社会价值及经济效益等进行分析，研判其能否满足社会、经济、文化、科技等方面的发展需要；考察本馆现有的软件与硬件环境、建库所需的技术设备与资金投入及人才准备情况；调查分析特色数据库的资源来源、数量、类型、特色，了解有多少资源尚在版权保护范围内，以及如何解决版权问题、馆藏以外资源获取问题。

(3)数据采集

经过上述调研分析并确定自建数据库选题方向后，应制定特色数据库信息资源采集方案，重点解决如下问题：①确定特色数据库信息资源的收集范围，包括学科范围、时间范围、地域范围、文种范围等；②确定特色数据库信息资源的种类，包括图书、期刊、会议记录、论文集、专利文献、产品说明、科技报告等；③确定特色数据库信息资源的形式，包括文字、表格、图片、动画、音乐及多媒体信息等。

(4)准备系统与设备

图书馆自建特色数据库，需要配备相应的软件系统和硬件设备。所需的硬件设备通常包括服务器、磁盘阵列、计算机、扫描仪及相关网络设备，所需的软件系统可以是本馆运行的数字图书馆系统中的一个子模块，或者把特色数据库子系统嵌入现行的数字图书馆系统。在这一过程中，需要对建库所用的软件、数据库结构、信息内容表达、录入数据格式和字段的定义等进行规范化处理，以保障特色数据库融入整个数字图书馆系统。

(5)数据处理和加工

该环节是对所收集的信息资源进行数据处理与加工，主要包括：

①数据的筛选。审核与筛选所收集到的信息资源数据，删除那些重复的、不准确的以及价值不大的信息资源，把符合特色数据库建设要求的数据存入数据库中。

②数字化处理。对特色数据库建设所需的纸本信息资源进行图像扫描、图像处理、转换识别、编辑、修改，提取元数据；对原有的数字信息资源进行分类与整合。

③标引。制定标引细则，明确标引方式，详细规定标引的深度、分类的集中与分散、主题词和关键词的选用规则等，提高标引质量。

④录入。准确无误地录入数据。

⑤审核。全面、认真、细致地审核与校对每一条输入数据与记录，减少数据录入中的失误，保证每一条记录的准确性。

(6)数据发布与更新维护

使用数据库管理软件，将审核后的数据以便于用户浏览、检索的网页方式发布出来。及时对特色数据库中的数据进行更新、整理、修改、替换和删除，保持数据库信息资源的新颖性，保障用户获取最新信息资源。

6.1.2.3 不同类型图书馆特色数据库建设实践

(1)国家图书馆特色数据库建设实践

国家图书馆自2000年以来，一直在有计划地进行馆藏特色文献的数字化建设，针对特色文献资源建设内容的总体策略为：善本古籍、普通古籍、民国文献及其他特藏专藏的数字化以自主建设和合作建设为主；馆藏文献数字化以全文影像为主，具有特殊意义的资源可进行全文转换，或者外购全文文本；以元数据(包括书目数据、篇名数据)和全文影像库建设为基础，以专题知识库建设为方向。① 特色数据库建设主要从以下几个方面开展：

① 李致忠. 中国国家图书馆馆史资料长编[M]. 北京：国家图书馆出版社，2009：1301.

①馆藏特色文献的数字化建设。以馆藏特色文献为重点，加强对古籍善本、普通古籍、木版年画、甲骨实物、石刻拓片、样式雷图档、方志家谱文献、名家手稿、契约文书、敦煌文献、老照片、民国期刊、民国报纸、博士学位论文等特色馆藏资源数字化建设，形成丰富的特色数字化馆藏。

②“海外中国学”资源建设及海外中华古籍数字化回归建设。一方面，通过建设“海外中国学”资源库，全面收录海外中国学相关的文献信息资料及相关资源；另一方面，通过加强与海外相关机构在文献典籍数字化建设方面的合作，推动国家敦煌等合作项目的资源建设，促进海外中华珍贵典籍文献的数字化回归。

③立法和决策服务资源建设。加强重点领域立法和决策服务数字信息资源建设，加强立法和决策服务保障性资源建设。

④特殊群体服务资源建设。开展少儿数字图书馆、盲人数字图书馆适用资源的加工与服务，为特殊群体服务提供数字资源保障。

经过 20 余年的积累，国家图书馆建设了一批独具特色、有较高价值的专题品牌特色数据库，如《永乐大典》资源库、中华古籍资源库、赵城金藏、馆藏甲骨实物与拓片数字化资源库、敦煌遗珍数字化资源库、馆藏地方志数字化资源库、馆藏博士论文与博士后研究报告数字化资源库、日本细菌战资源库等，形成了丰富的特色数字馆藏。截至 2021 年年底，国家图书馆馆藏特色数字资源总量达 1904. 48TB，其中含征集资源 162. 53TB，交存报纸 6. 95TB。

(2)南京图书馆特色数据库建设实践解析

特色文献数据库建设是南京图书馆长期开展的一项工作。一直以来，南京图书馆利用馆藏和技术优势，主要从馆藏特色文献和地方特色文化两方面进行特色数据库建设，目前共建有 31 个特色数据库，分为三个类型：一是历史文献部重点开展的馆藏历史文献数据库，二是江苏文化全文数据库和多媒体数据库，三是馆藏文献特色主题。馆藏历史文献数据库共有 9 个——南京图书馆藏清人文集全文影像数据库、南京图书馆藏稀见方志全文影像数据库、南京图书馆馆藏民国连环画、近代国情报告全文数字资源集成与检索应用数据库、中国近代文献图像数据库、百年人物、百年商标、老商标老广告数据库、中国古代体育图片库。江苏文化全文数据库和多媒体数据库共有 16 个数据库——江苏地区老报纸数据库、江苏文化数据库、江苏省不可移动文物数据库、江苏作家作品数据库、江苏省政府公开信息查询服务平台、江苏地方网络资源典藏、江苏地方文献视频资源、江苏省五星工程数据库、江苏特色博物馆、江苏近现代名人、江苏名人故居、江苏非物质文化遗产、纪念徐悲鸿诞辰110周年、江苏红色之旅、南图微讲座、红色记忆。馆藏文献特色主题数据库共有6个——中华民族风情数据库、中外文学名著插图数据库、百年艺苑、奥运图像数据库、抗日战争历史图库、中国近现代史系列讲座。

南京图书馆特色数据库的开发遵循以下流程：

①选题。南京图书馆特色数据库选题主要遵循凸显特色、需求为主、注重价值、不重复建设四项基本原则。凸显特色是指数据库资源做到充分显现南京图书馆馆藏特色，具备江苏地域特色，具有独特性、优质性和创新性等特点。如：依托南京图书馆近200万册的古籍、民国文献资源而建设的数字古籍文献库、数字民国文献库、民国连环画数据库、近代国情报告全文数字资源集成与检索应用数据库等；依托专题馆——江苏作家作品馆的图书资源以及省作协资源而建设的江苏作家作品数据库。需求为主是指南京图书馆特色数据库的建设是以目标群体及社会大众的需求为导向，通过前期的需求调查，在有较为集中需求的领域进行主题数据库建设，如江苏省政府公开信息查询服务平台、视频资源库。注重价值是指南京图书馆特色数据库的建设从选题到组织，始终以数据库的学术价值、历史价值、文化价值和经济价值等标准进行衡量，如江苏省不可移动文物数据库、江苏地方网络资源典藏(9个专题)等特色数据库建设，都是立足于科学研究，突出学术价值、兼顾学术和社会需求，保障数据库的开放价值和社会效益。不重复建设是指在南京图书馆特色数据库的建设前期，通过调查掌握目标类型数据库建设现状，不重复建设，避免人力、物力的浪费，如江苏地方网络资源典藏(9个专题)与江苏地方网事典藏数据库建设，视频资源库中专题数据库建设。

②调研。在每个特色数据库建设前期，南京图书馆都会组织信息开发部以及相关部门联合进行调研，调研分为两个部分，即资源调研、数据库功能调研。资源调研一般由信息资源开发部负责，通过对特色数据库建设所需的数据来源进行深入调查分析，形成可行性报告。调查分析报告一般包括：第一，特色数据库的资源规划架构；第二，馆藏资源的相关情况；第三，需要解决的问题以及馆藏外需要获取的资源。功能调研一般由负责为目标用户服务的相关部门负责，调查分析报告内容包括：第一，数据库

功能的需求，主要是通过向目标用户分发功能需求调查表获知用户对数据库功能的需求；第二，从建设技术、资金实际情况，列举可实现的功能；第三，样本分析结果和技术实现功能结合，确定特色数据库的目标功能。

③数据采集、加工与存储。数据采集是根据前期的调研报告进行资源收集、数据采集，通过归类、整理和编辑各种资源，按照既定的建设方案实现数据库资源数字化、结构化。采集的过程中，注重数据采集的全面性，即不仅选择所需的数字信息资源及网络资源，还会选择一些非数字信息资源。数据加工是对于整理并编辑好的入库数据，利用智能软件或人工方式提取元数据，进行内容标引，通过分析内容给出主题分类，并对内容全文进行相关记录与主题的动态关联。该项工作一般会根据数据库的大小、完成时间要求等因素，通过招投标外包给相关服务商来完成。数据存储是信息资源开发部在完成采集和加工后，把内容全部移交给信息技术应用部，由其根据数据库的服务范围、资源特色及在局域网和互联网上实现数据共享的要求，确定数字信息资源元数据、对象数据的存储方式。

④数据库发布与服务。南京图书馆的特色数据库主要是以 Web 页面形式呈现给用户，为用户提供服务。特色数据库的发布与服务，主要由信息资源开发部协同相关的服务商进行管理和维护。在正式发布前期，一般是通过预发布修正技术、标准规范和数据库建设流程中的不当之处，并由资源加工人员或系统校验工具进行质量控制。

(3)清华大学图书馆特色数据库建设实践解析

高校特色数据库的建设立足于高校自身的优势学科特色专业，根植于高校图书馆的特色馆藏，围绕用户的迫切需求，服务高校的学科建设和人才培养工作，有计划、有步骤地建设特定专业领域或特定主题的数字信息资源，充分体现本校的独特优势。CALIS 一直将建设全国高校专题特色数据库作为其重要的子项目之一。1999 年 1 月，CALIS 启动“九五”专题特色库资助项目，建成 25 个特色库；2003 年 9 月 CALIS 启动“十五”专题特色库项目，建成并验收合格 55 个特色库；2011 年 CALIS 启动第三期项目建设，建成并验收合格 162 个特色库。2013 后停止建设，CALIS 也从曾经的共建共享走向开放融合新阶段。在 CALIS 专题特色库的项目支持与 CALIS 管理中心的指导下，各高校图书馆挖掘本校、本馆特色馆藏资源，组织专家与专业团队，遵循《CALIS“十五”特色库子项目本地系统基本技术规范》《CALIS“十五”特色库管理型元数据规范 Version1. 0》等相关标准，建立了多主题、多类型的特色数据库，如北京大学图书馆的《高校古文献资源库》《西南联大史料数据库》，清华大学图书馆的《中国科技史数字图书馆资料库》，武汉大学图书馆的《长江资料库》，汕头大学图书馆的《潮汕文献数据库》等。经过"九五"和"十五"两个阶段的建设，全国高校特色数据库从无到有，从以简单的二次文献为主发展成为内容丰富、类型多样且具一定规模数据的数据库群，为高校图书馆数字信息资源建设探索出一条新的发展之路。

清华大学图书馆特色资源建设一直遵循支持清华大学学科建设与发展需要的原则。经过十几年的发展，已经积累形成了一系列有价值的专藏，包括清华文库、名人专藏、保钓资料、马恩文献、地方文献、联合国裁军文献等。20世纪末以来，清华大学图书馆依托积累的特色馆藏资源和强有力的技术支撑，按照特色数据库建设相关标准规范，建立了不同类型、不同主题的特色数据库，主要包括以下几种类型：

①学校特色资源库。

学校特色资源是指本校独有的馆藏数字化资源，包括本校师生的学术论文、著作、参考资料、校刊等。清华大学图书馆根据本校的资源拥有情况以及本校师生的需求，建设了清华大学学位论文服务系统、清华大学教参服务平台、清华大学校刊特色库与清华大学校史党史资源特色库等特色资源库。其中，清华大学学位论文服务系统收录了清华大学1980年以来的所有公开的学位论文文摘索引，绝大多数可以看到全文。采用版权管理对学位论文进行加密发布，保存在本地的论文只能在本机阅读，不能通过邮件转发或拷贝到其他机器阅读，加密论文阅读期限为1000天，过期需重新下载。2021年本校师生使用学位论文系统检索233000余次，下载152000余次，由此可见，清华大学学位论文服务系统有效支撑了本校师生教学科研的需求。

清华大学教参服务平台可以为本校师生提供一个集中检索和获取课程、教材教参的服务接口。目前，该平台已积累本校教师指定教材教参18000余种，为线上线下教学提供了文献资源支持与保障。同时，该平台已与学校注册中心系统、"清华网络学堂"对接，实现了选课数据与教师指定参考书的关联，方便了师生在课程页面获取相关电子教材教参资源，加强了课程与资源的关联。师生可以通过"水木搜索"发现平台，一站式获取教材教参全文信息，增强了教材教参资源的发现度与利用率。在2020年疫情防控、线上教学的特殊时期，教参服务平台每月平均有来自全国23个省、5个自治区、4 个直辖市、2 个特别行政区以及国外 40 多个国家的 2 万个以上的独立 IP 访问，登录 8 万余次、检索 4.1 万余次、章节访问 535 万余次，有效支撑了疫情期间在线教学的需求。

清华大学校刊特色库收录五个不同历史时期的清华校刊，包括：《清华校刊》(1926.11—1927.5)，共 16 期；《清华学校校刊》(1927.9—1928.6)，共 36 期；《国立清华大学校刊》(1928.10—1948.12)，共 888 期；《人民清华》(1950.11.1—1951.10.18)，共 24 期；《新清华》(1953.4.2—2006.12.31)，共 1670 期，专刊 175 期。2007 年 1 月以后，《新清华》与原有全文数据库连接。2007 年以前的五种校刊合计共 2809 期，58918 条数据。可根据栏目名称、文章篇名、著者姓名、卷期、发表时间、主题词/关键词进行检索，实现全文获取。

清华大学校史党史资源特色库选取清华大学校史研究室编研出版的校史、党史图书，以及部分具有代表性的清华校史、党史、文化传统等相关图书，首批共 110 本，作为清华大学图书馆特色资源的一部分，面向清华大学师生开放。清华大学具有悠久建校、建馆的历史，在漫漫的历史长河中形成了绵延至今的本校的精神财富和自己独有的资源，图书馆将这些资源挖掘后进行有序化整合、数字化展示，使其发挥传承教育精神，彰显大学文化精神。

②学科特色资源库。

清华大学图书馆根据学科特色馆藏，建设了清华大学科技史数字图书馆资料库。该库是清华大学图书馆数字图书馆建设的重点项目“中国科技史数字图书馆”的重要部分和资源基础，系统地、分门别类地搜集和整理数千年中国科技史的相关材料和记载，内容包括与中国科技史相关的历史文献的全文、提要，古代典籍目录、后人研究论著等成果，相关文献、出土及传世文物等的资料图片，以及记录古代科技成就及传统工艺等的音频、视频资料，描述、演示相关成就的动画资料等。该库按照古代科技成就的学科门类分为“科技人物资料库”“科技典籍目录库”“科技典籍全文库”“科技史图像动画库”“中国工程发明史专题库”“科技史研究论著目录库”“科技名词术语库”“科学家专题资料库”等八个子库。中国科技史数字图书馆资料库面向公众提供丰富的中国科技史信息内容，向社会大众普及中国科技史知识，弘扬中华科技文明，弘扬爱国主义精神，同时也为专业研究人员提供可便捷使用、开放式、集成性、多媒体资源并存的较大规模的综合性资源。

③多媒体特色资源库

在高校图书馆特殊馆藏中，除了纸本图书、期刊、论文外，还包含了大量的多媒体光盘、特色音视频资源。清华大学图书馆根据所拥有的音视频馆藏，选择适合的组织与播放平台，建设了清华大学图书馆音乐资源平台。该平台是清华大学图书馆自建的高品质数字音乐资源库，资源内容以西方古典音乐为主，兼有民族音乐、戏剧、音乐讲座等。资源平台中共收录 2000 多张专辑，共计 25000 多首乐曲。其中，音频资源基本为无损音频编码(Free Lossless Audio Codec，简称 FLAC)格式，视频资源多为高清数字资源。读者可在图书馆使用苹果一体机、解码器和森海塞尔耳机在线赏析。清华大学图书馆依托该平台可为师生提供便捷的书附多媒体光盘查阅服务，并为清华大学艺术教学中心的授课提供高品质的音乐资源，在提升师生艺术品位和素养方面发挥了积极作用。

6.1.3 机构知识库建设

机构知识库可以搜集并保存学术机构的学术成果，促进学术交流，同时也展现机构的学术价值。① 目前许多学术研究机构逐渐建立起本机构知识库，甚至几个机构之间联合建立机构知识库，形成机构知识库联盟，以实现对本机构或联盟内学术资源的收集、存储、利用以及长期保存。需要注意的一点是，有些机构构建了学科知识库而非机构知识库。学科知识库主要收集、存储和免费开放提供关于某一个或多个学科文献资源的知识库。一般而言，机构知识库建设覆盖学科知识库建设，所以这里不对学科知识库进行赘述。

6.1.3.1 机构知识库的作用

机构知识库对于科研人员、科研成果作者、科研机构、图书馆与政府机构来说都有重要的作用②：

① SPARC. The case for institutional repositories: a SPARC position paper [EB/OL]. [2022-10]. http://sparc.arl.org/resources/papers-guides/the-case-for-institutional-repositories.

② 宋秀芬. 机构知识库与数据知识库比较研究[J]. 图书馆理论与实践，2019(9)：55-60.

①对科研人员而言，通过机构知识库可以完整地查找并获取丰富的学术资源。

②对科研成果作者而言，机构知识库可以集中管理与保存个人产出的学术成果，提高科研成果能见度，提升作者学术影响力与地位。

③对科研机构而言，机构知识库集中展示机构学术成果，加快学术成果传播，提高机构学术影响力。

④对图书馆而言，机构知识库扩充了图书馆本地特色资源，深化了图书馆对科研与教学的支持能力以及图书馆在机构知识管理中的职责与作用，扩展了图书馆在学术交流体系与教育教学体系中的职责与作用。

⑤对于政府机构而言，通过机构知识库可以更容易地评估高校或研究机构的学术研究能力。①

6.1.3.2　机构知识库建设模式与方法

机构知识库建设模式通常有自主模式和联盟模式两种方式。

(1)自主模式

自主模式是指单个独立机构自主构建机构知识库。目前许多机构采用自主模式建库，这是因为该方式有以下优点②：

①实现建库全过程的集中管理，这包括前期的机构主体在建库前的项目评估、管理以及成本投入。

②实现政策自主制定与统一实施，即机构知识库管理者可以根据本机构的发展现状自主制定建库政策，并在建设过程中统一实施。

③可以个性化体现机构知识库，自主选择采用的软件系统，并对应用的协议与元数据实行标准化，完全独立地规划本地机构知识库发展，体现机构特色。

然而，自主模式也存在一些不足之处：①成本投入大。由于利用自主模式建库的机构需独自进行开发、设计、维护、管理等，技术要求高，进而所需的成本也高。②内容较少。自主模式收集的内容主要来自本机构的学术资源，由于一些机构成员收集意识不足或机构规模比较小，致使机构

① 王声媛，陈常菊，刘晓丽. 机构知识库的建设与发展[M]. 北京：经济科学出版社，2019：137.

② 邓君. 机构知识库建设模式与运行机制研究[D]. 长春：吉林大学，2008.

存储库存储的内容数量较少。因此，自主模式更适合具有较高开放获取意识的大型机构或软件开发机构。

(2)联盟模式

由于上述自主模式存在成本高、内容少的弊端，联盟合作建库的联盟模式应运而生。联盟模式是指两个以上机构联合构建机构知识库，通过合作方式，实行机构间资源共享，统一提供知识传播与知识服务。它通常可分为集中存储式联盟机构知识库与分布采集式联盟机构知识库两种模式。

集中存储式联盟机构知识库模式是指多个机构只建立一个服务器，各个联盟机构内部成员直接将元数据与内容提交到集中的服务器上，然后通过统一服务界面提供服务或作为数据提供方，允许其他服务提供方采集其元数据提供服务。集中存储式联盟模式有以下优点：①共享技术、专家和经验；②集中管理；③技术标准统一；④成本低；⑤效益规模化；⑥检索速度快。但其也存在行政管理效率低、成员归属感低、不能体现机构特色的缺点。区域机构知识库联盟比较适合采用这种方式。

分布采集式联盟机构知识库模式是指机构知识库联盟成员按照联盟相关协议与统一的数据标准，建立各自的知识库，构建统一检索平台，并将元数据存储到一个可被搜索的中心采集数据库中，用户只需要访问采集数据库便可获得该联盟各个机构知识库中的信息与数据。中国高校机构知识库联盟(CHAIR)就是采用此模式。该模式有如下优点：①共享技术、专家和经验；②高度自治；③体现个性化；④扩大资助源。然而，该模式可能致使联盟机构成员在本地机构知识库建设中存在不一致性，包括应用软件系统选择的不一致性、元数据标准应用的不一致性、政策制定与管理方面的不一致性，从而影响联盟机构知识库整体质量与使用效果。①

机构知识库的建设方法是机构借助建设软件存储和管理机构学术资源，其中机构知识库的建设软件分为三类②：

①开源软件：DSpace、Hydra、Fedora、Zentity、EPrints 等。

②商业软件：DigitalCommons、OpenRepository、CONTENTdm 等。

---

① 邓君. 机构知识库建设模式研究[J]. 图书情报工作，2010，54(6)：112-116.

② 王声媛，陈常菊，刘晓丽. 机构知识库的建设与发展[M]，北京：经济科学出版社，2019：49.

③机构自行研发的软件，如 CSpace，该软件已在中国科学院 110 多家研究所部署和使用。

6.1.3.3　清华大学图书馆机构知识库建设实践解析

中国高等教育文献保障系统(CALIS)积极推动开放获取的发展，成立机构知识库联盟。中国高校 IR 联盟(Confederation of China Academic Institutional Repository，CHAIR)，由牵头单位负责开发或组织开发系统，采用“分散存储、集中揭示”模式在统一的机构知识库平台实现内容集成揭示与检索，用户直接在机构知识库集成平台或跳转到各机构知识库浏览或下载内容全文，同时制定合理的配套机制保障机构知识库内容建设与用户服务。① 目前中国高校机构知识库联盟中共有 50 个机构数据库会员，在机构知识库建设方面取得了一定的成果。清华大学图书馆在机构知识库的研究与建设兴起时就组织团队对机构知识库的含义、内容、范围、实现策略、技术路线等进行了探索和实践。早期，清华大学机构知识库的建设主要分为三个阶段：①第一阶段，探索阶段。在 2005 年年底开始基于 DSpace 的清华大学学生优秀作品数据库建设，数据库的内容包括收集本科生优秀毕业论文、课程优秀作业、大学生研究训练优秀报告等。在 2008 年年底开始 OAPS 联合网站的建设，联合香港城市大学、台湾逢甲大学等大学的图书馆建设校际学习与交流的平台。②第二阶段，正式启动阶段。在 2009 年正式启动学校机构知识库中心平台的建设。③第三阶段，深入推广阶段。部分院系机构知识库的建设，协助清华深圳研究生院机构知识库的建设，环境学院机构知识库建设。②

随着国内外机构知识库研究与实践不断发展，清华大学图书馆也在对机构知识库建设的内容和服务的重点对象进行重新审视，单纯收集本校学生的优秀论文、教师的较为零散的科研成果已不能很好地发挥机构知识库的存储与传播的作用。通过不断调研与探索，图书馆意识到，学者是科学研究的主体，而清华大学聚集了国内顶尖的学者，清华大学图书馆将机构知识库的建设聚焦在汇集、保存、展示这些学者的科研成果，用于展示学

① 魏蕊，王丽，封勇丽. 京津冀高校机构知识库协同建设模式研究[J]. 图书情报工作，2017(14)：62-69.

② 曾婷，董丽，邹荣，姜爱蓉. 开源仓储软件在清华大学图书馆的研究应用与思考[J]. 图书馆杂志，2012，31(5)：58-64.

校的科研实力、了解学者的学术历程及其科研网络、促进更广范围的科研合作。其学者库汇集的内容包括学者研究领域、学术出版物、期刊、会议、基金项目、合作者等信息，展示学者的科研成果则以直观地表达以学者为中心的科研网络及其关联关系为主要目的。清华大学学者库具有以下功能与特点：

①以人为中心的知识组织。清华大学图书馆以海量学术文献资源为基础，通过分析海量文献的特点，自动甄别出清华大学目标学者(ThuRID)，获取目标学者的学术文章、与目标学者紧密关联的合作者、期刊会议等信息，应用开放链接技术准确定位清华学者学术文章的全文，采用可视化视图的方式直观展示学者的学术历程，以及以学者为中心的科研网络。清华学者库(见图 6-1)实现与学校统一认证系统无缝对接，还为访客、学者本人、院系科研秘书等多个角色提供灵活的数据维护管理机制。

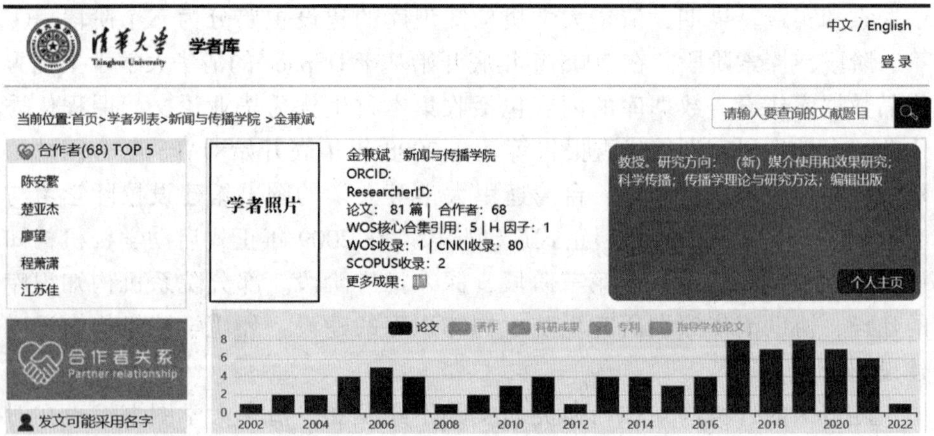

图 6-1　清华大学学者库示意图

②展示学者完整的学术历程。学者库汇集学者的所有学术文章，提供关键词聚类并能生成发文期刊分布图。

③面向学者提供个性化服务。包括：汇聚学术生命周期的学术产出(期刊、学位论文、论著等)，学术影响力追踪和分析(SCI 引用、H-INDEX、替代计量)，学术推荐(相关论文)，学术成果的展示与保存，科研合作网络及学术贡献度，保护个人隐私和知识产权。

④提供可视化视图增强数据服务效果。利用学者星形放射图与矩阵图，

展示学者合作关系网络。其中，星形放射图是以当前学者为中心，作者以放射图围绕在周围，可以方便地查看当前学者与各位作者的合作情况(见图6-2)。学者矩阵图使用网维度网格形式展示学者及其合作者的合作情况，可以直观地展示学者间合作的紧密程度，并且方便查看任意两个合作者的合作情况(见图6-3)。

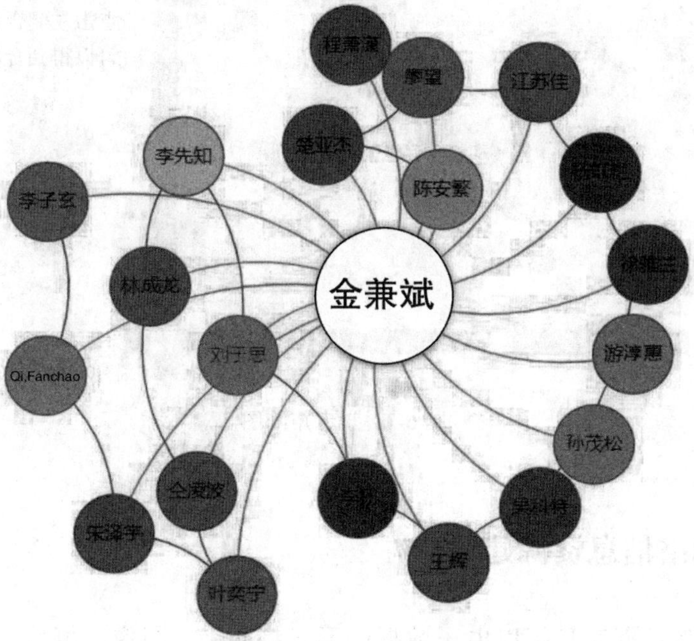

图6-2　学者星形放射图

截至2022年7月，清华学者库已为3700余名学者建立了个人学术主页，汇聚文献34万余篇。清华学者库的建设，满足了该校老师对学术文献管理的实际需求，同时展示学者丰富的研究成果及科研合作网络。此外，清华大学图书馆还为清华学者提供文章被收被引情况的自动追踪服务，并协助老师甄别、整理及发布个人学术文献。总而言之，清华大学学者库能帮助老师快速了解自己的科研影响力，规范管理学者用于开放共享的学术文献，同时在促进学术交流、推动科研成果的自由传播和提升科研人员学术影响力等方面发挥着重要作用。

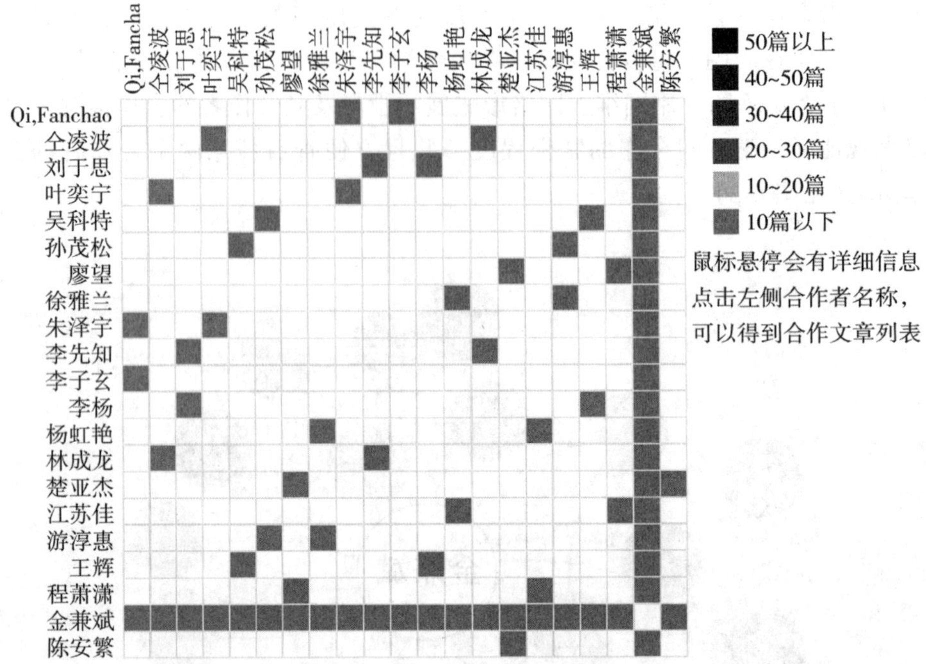

图 6-3　学者矩阵图

6.2　网络信息资源建设

网络信息资源是指以电子数据的形式将文字、图像、声音、动画等多种形式的信息存放在光磁等非印刷质的载体中，并通过网络通信、计算机或终端等方式再现出来的信息资源。① 与传统纸本信息资源相比，网络信息资源在数量、结构、分布和传播范围、类型、载体形态、内涵、控制机制、传递手段等方面，都有显著差异，呈现出许多新的特点。网络信息资源是图书馆数字信息资源的重要组成部分，也是图书馆开展网络信息服务的基础资源。

6.2.1　网络信息资源的类型

网络信息资源可根据不同的标准，划分为不同的类型。按人类信息交

① 孙建军. 网络信息资源搜集与利用[M]. 南京：东南大学出版社，2000：2.

流的方式，网络信息资源可分为①：

①非正式出版信息，是指流动性、随意性较强的，信息量大、信息质量难以保证和控制的动态性信息。如通过电子邮件、网络论坛和电子会议、电子布告版等发布的信息。

②半正式出版信息，又称"灰色"信息，是指受到一定产权保护但没有纳入正式出版信息系统中的信息。如各种学术团体和教育机构、企业和商业部门、国际组织和政府机构、行业协会等介绍自己或其产品的描述性信息。

③正式出版信息，是指受到一定的知识产权保护，信息质量可靠，利用率较高的知识性、分析性信息。如各种网络数据库、网络期刊、电子图书、电子报纸、网络导航等。

6.2.2　网络信息资源的选择

网络信息资源的选择应遵循"特、精、全、省"的原则。这里，"特"要求搜集的网络信息资源具有特色或独特性，"精"要求搜集的网络信息资源是可靠的、科学的、规范的，"全"要求搜集的网络信息资源是完整的，"省"要求搜集的网络信息资源尽可能是可免费利用的。② 在选择过程中，通过评估网络信息资源的权威性、可靠性、客观性、时效性、原创性，选择满足这些条件的网络信息资源作为馆藏资源，并通过网络信息资源导航提供给用户使用。

6.2.3　网络信息资源导航建设

网络信息资源导航是网络信息资源建设的主要方式。网络信息资源导航不仅仅是对网络信息资源的简单搜集和整理，而是一项系统化、规范化的工作，它强调网络信息资源的学术性，需要对网络信息资源进行系统的收集、分类、评估、标引、链接与存储。2003 年 10 月，CALIS 正式启动"重点学科网络资源导航库"子项目，以"建立有多馆参加的、面向中国高等教育的、可持续发展的重点学科网络资源导航数据库服务体系"为目标，以"统一平台、统一标准、合作建设、分头维护、集中管理、全国共享"为总

---

① 蓝曦. 网络信息资源的类型及其评价[J]. 现代情报，2003(9)：73-74.
② 肖希明. 信息资源建设(第 2 版)[M]. 武汉：武汉大学出版社，2020：239.

原则，采用分布式数据收集、集中服务的模式。该子项目导航资源覆盖 78 个一级学科。

构建网络信息资源导航的主要步骤是①：

(1)采集网络信息资源

根据网络信息资源导航建设的目标，确定网络信息资源选择的范围标准与质量标准。所谓范围标准，即网络信息资源的学科范围，也就是确定哪些信息资源可以被收集并组织到导航系统中。这时需要考虑导航系统的服务对象及其所需要的学科主题，针对用户群的特点与需求确定信息资源类型。

质量标准是对网络信息资源内容、形式及可获取性需要满足何种要求的规定。网络信息资源选择标准与传统纸本文献选择标准相比有了许多变化，这包括：

①内容标准：著者和出版商延伸为信息发布者、图表制作者、软件研制者、屏幕设计者和主页设计者等，在网络信息资源选择过程中需要着重考虑他们的权威性、可靠性，以及所发布数据的有效性、准确性、全面性、及时性与动态性等。

②形式标准：相对于传统纸本文献而言，网络信息资源的选择标准还要考虑信息资源内容的结构、文档格式及其兼容性、检索方式、界面友好性、软件更新情况等。

③可获取性标准：主要考察所选择资源是否需要注册、收费，是否需要用户使用专用的浏览器，是否存在死链接等问题，这些因素将直接影响网络信息资源的可获取性。

(2)网络信息资源的组织及标引

对于收集到的网络信息资源，需要按科学的分类体系和便于用户使用的方式进行组织，形成一个科学、系统、有序、成熟的网络信息资源分类体系。CALIS“重点学科网络资源导航库”使用教育部正式颁布的学科分类体系，该分类体系囊括了社会科学和自然科学所有的学科领域，采用主题树方式将信息资源进行分类与分级，用户可以通过浏览方式逐级浏览，找到所需的信息。

---

① 孙长怡. 数字图书馆信息资源建设[M]. 沈阳：辽宁大学出版社，2009：97-105.

(3)搭建导航网站，发布网络信息资源

根据分类体系搭建网络信息资源网站框架结构，重点考虑网站的界面、栏目设置、制作形式等问题。将整理好的网络信息资源导入网站相关栏目，形成可供用户访问与查询的网络信息资源导航系统。

(4)导航系统的更新与维护

对于建成的网络信息资源导航系统，需要定期更新与维护，及时修正过时的或失效的、错误的数据，补充新的信息资源；持续跟踪与统计用户使用网络信息资源的情况，以便了解导航系统资源利用情况，为更新、维护与评价导航系统资源以及不断完善导航系统建设提供依据。

6.2.4 不同类型图书馆网络信息资源建设实践

(1)国家图书馆网络信息资源建设实践

国家图书馆从2003年起开始网络信息资源建设工作。2003年年初成立网络文献收集与保存试验小组①，正式启动"网络信息采集与保存"试验项目，利用网络机器人自动收集与存取的方式，对于互联网信息资源进行有选择的采集，采集网络信息的内容范围主要是关于中国的具有较大影响力的重大、特大事件。2007年，国家图书馆正式加入国际互联网保存联盟，基于国际通用的标准和技术体系，开展国内网络信息资源采集和保存工作。2009年成立了"国家图书馆互联网信息保存保护中心"，对国内外政治、经济、文化、教育、科技、体育、民生等领域重要网站、重大国际问题和重大专题资源进行采集保存。2014年开始与全国图书馆联合，共同开展网络信息资源的采集与保存工作。②

国家图书馆网络信息资源包括网络导航信息资源和网络采集信息资源。其中网络导航信息资源主要包括国内外图书馆导航、电子报刊导航、新农村建设专题导航、农林导航等。③ 网络信息资源采集的原则为"国内为主、国外为辅，类型丰富、主次有别"，内容涵盖国内政府公开信息、重要机构

---

① 李致忠. 中国国图书馆馆史资料长编[M]. 北京：国家图书馆出版社，2009：1031.

② 魏大威，季士妍. 国家图书馆网络信息资源采集与保存平台关键技术实现[J]. 图书馆，2021(3)：45-50.

③ 魏大威，谢强，季士妍. 国家数字图书馆分布式多活存储体系研究[J]. 图书馆杂志，2018(3)：4-11.

和团体等的公开信息，国外有关中国的外文网络信息资源以及与国外印刷型文献和特藏专藏文献匹配或相关的网络资源，如采集互联网中国外免费的学术期刊资源等。

国家图书馆网络信息资源的采集集中于公有领域，以专题形式进行建设，采集对象以网站和网页为主，适当采集有重要保存价值的文档、图片、音视频资源及移动互联网资源，对于涉及个人信息、需要加密解密处理及需要登录的网络信息资源则不予采集。

经过20余年的发展建设，国家图书馆建立了丰富的网络信息资源及其较为完整的保存体系。截至2021年年底，国家图书馆网络信息资源采集存储量达308.29TB，已保存我国5万余个政府网站、730余个人大网站、近2700个国内的其他网站、约5600个国外网站，300余种中文电子报纸，以及“中国学研究”、历年奥运会、“天舟一号——首探天宫”、“天宫二号——九天揽月”、“5·12汶川大地震”等涉及科学技术、航空航天、体育运动、抗震救灾等300余个专题的网络信息资源。①

（2）清华大学图书馆网络信息资源建设实践解析

清华大学图书馆除对订购的各类电子资源（包括电子图书、电子期刊、综合文献、事实数据、文摘索引、科技报告、音视频等）进行揭示外，还对丰富的网络信息资源加以组织与展示，与订购资源一起为师生提供7×24小时的在线网络服务。图书馆整理的网络信息资源主要有免费的网络数据库、开放获取的期刊或图书、国家图书馆或NSTL订购的供全国用户使用的数据库或电子期刊，以及网络中其他可利用的学术或学科信息资源等。

清华大学图书馆网络信息资源建设重点是开展以下四个方面工作：

第一，对各类免费或开放获取的全文类网络资源、数据库资源，主要以图书馆管理系统ALMA为核心来进行集中揭示。ALMA是资源一体化管理系统，能够对图书馆的实体、电子、数字资源进行统一的组织和管理。在ALMA中，揭示电子资源是通过建立电子资源库、激活或导入单册数据、配置全文链接程序来实现的。ALMA拥有庞大的社区知识库，馆员可以在社区知识库中选择资源包和与之匹配的服务方式，进行全库激活或选择性激活，以完成资源的揭示工作。② 清华大学图书馆通过ALMA来揭示和管理的免费

---

① 张琳．国家图书馆数字资源建设实践与思考[J]．河北科技图苑，2021(3)：26-31.

② 窦天芳，杨慧．清华大学图书馆一体化资源管理平台建设——以ALMA系统实施为例[J]．数字图书馆论坛，2020(5)：2-7.

网络资源主要包括：

①免费的电子期刊、电子图书等全文资源。ALMA 的社区知识库中有不少资源库是免费或开放获取资源。馆员可筛选查找免费资源库，测试 40 余个免费全文资源包，如 Miscellaneous Free eBooks、Walter De Gruyter Open Access eBooks/Journals、JSTOR Books Open Access 等，将其中适合本校师生访问的学术性的、链接稳定性较好的资源库激活，同时激活资源库中的资源列表，即可快速完成免费网络资源的揭示。目前，清华大学图书馆在 ALMA 中激活了 Taylor & Francis eBooks Open Access、DOAB Directory of Open Access Books、Project MUSE Open Access Books、Medknow Open Access Journals、Miscellaneous Free E-Journals、DOAJ Directory of Open Access Journals、Japanese Free E-Journals、国家哲学社会科学学术期刊数据库(NSSD)等。除此之外，馆员每年主动向数据库商索要其 OA 资源列表，在日常的电子资源揭示工作中同时维护订购资源和 OA 资源。

②NSTL 订购的供全国用户使用的电子期刊过刊和现刊资源。清华大学图书馆在 ALMA 中激活 NSTL 现刊资源库和过刊资源库，覆盖近 530 种电子期刊。这些资源虽然不是免费资源，但对全国用户开放使用，是非常重要的网络学术资源。

③国家图书馆的部分数据库。国家图书馆的一些电子资源库，可供全网用户免费使用或供注册用户登录使用。对这类资源，清华大学图书馆将其在 ALMA 中以数据库为揭示单元进行揭示，用户可查询到这些数据库并通过国家图书馆的网站进行访问，如国家图书馆的民国图书馆库、中华古籍资源库的系列子库等。目前，清华大学图书馆整理的国家图书馆的数据库有 14 个，指引用户直接使用。

第二，通过 ALMA 系统，清华大学图书馆对 7.6 万余种免费全文类网络资源进行揭示和管理，读者可以通过水木搜索、电子期刊导航、数据库导航等途径查询和使用这些资源。

①通过统一检索平台“水木搜索”提供一站式检索和获取服务。读者通过“水木搜索”，可便捷地检索到已经在 ALMA 中揭示的电子图书、电子期刊、数据库以及期刊中的文章级信息，并直接访问。

②通过电子期刊导航平台，可查询到在 ALMA 中激活和编目的电子期刊。在电子期刊导航中，免费期刊专门作为一类，可直接按字顺浏览，也可以进行检索。目前已整理揭示的免费或 Open Access 电子期刊有 34000

余种。

③通过数据库导航，可浏览或查询已经在 ALMA 系统中激活或编目的所有数据库，免费数据库专门作为一类列出。目前已组织揭示了 41 个免费的网络数据库。

第三，清华大学图书馆以 LibGuides 为依托，对学科类网络资源进行整理、组织与展示，以学科导航的方式为用户提供服务。清华大学图书馆创建了近 30 个学科主题导航。不同的学科导航内容各有特色，整体而言，学科导航整理的资源有本馆相关的动态、馆藏检索工具、学科常用数据库等。以其知识产权导航为例(见图 6-4)，分为知识产权的基础知识、常用专利资源、知识产权服务、知识产权微课堂、知识产权事务几个模块，其中常用专利资源中，整理了图书馆订购的资源库以及公开的网络资源；知识产权微课堂中不仅有本馆的相关培训讲座，还列出其他高校有关的教学培训内容以及网上公开的知识产权公益课堂。

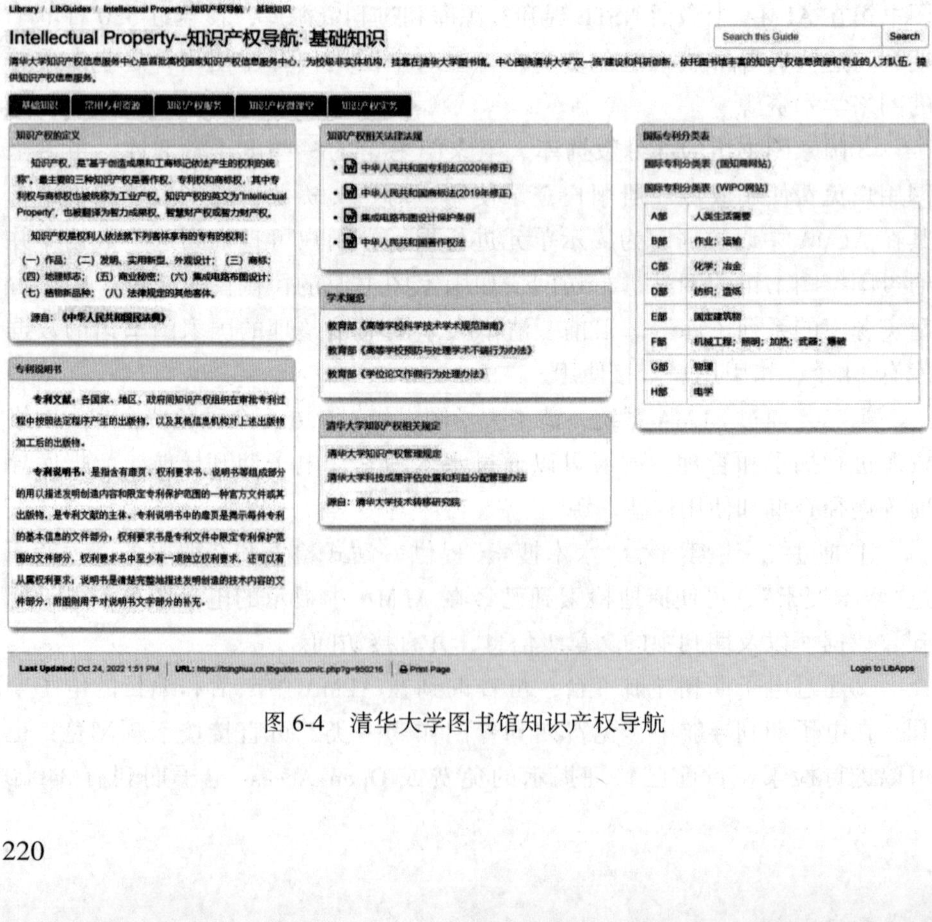

图 6-4　清华大学图书馆知识产权导航

第四，清华大学图书馆整合各类网络资源，将其融入学科类型资源网页，以列表的方式呈现给用户。例如，在图书类资源页面中，列出多个其他图书馆馆藏目录，指引用户查找更广泛的其他图书馆的馆藏信息；在会议类型资源页面中，除了列出本馆订购的重要的会议数据库外，还整理列出上海图书馆上海科学技术情报研究的会议资料数据库、澳门会议目录及论文索引库，以及多个网络免费会议文献的查询库，方便用户查询利用；又如对教材教参资源，除了介绍本馆的教参服务和教参数据库及外国教材中心订购的电子教参外，还收集整理了美国麻省理工学院、斯坦福大学、加州理工学院等国外名校的教学和课程信息。

总之，清华大学图书馆重视网络信息资源的整理、组织与揭示，通过水木搜索、电子期刊导航、数据库导航、学科导航、按类型查找等多种途径、多种方式为用户提供服务。其网络信息资源与馆藏各类型资源共同为用户提供了资源保障。

7 数字信息资源的组织管理

图书馆既要重视数字信息资源的开发，也要重视数字信息资源的组织管理，因为后者是提升数字信息资源利用的关键。本章将从数字信息资源的组织方式、方法、整合、长期保存、数字馆藏管理五个方面进行论述。

7.1 数字信息资源组织方式

数字信息资源组织，是指依据数字信息资源的外部特征和内容特征，运用一定的方法和技术，对其进行揭示和描述，有序结构化数字信息资源的过程。其中数字信息资源的外部特征一般有题名、出版信息、责任人、信息载体等，其内部特征一般是指学科专业和主题概念。①

7.1.1 数字信息资源组织的任务

数字信息资源组织的任务是②：

①根据语义、应用和结构的需要对任何信息内容(包括数据、文件、规则、过程、体制)进行定义、标记、描述、识别、验证和解释。

②运用逻辑、语义、语法或结构方法对上述信息内容进行指向、确认、检索和传递。

---

① 肖希明，黄如花，张燕飞，等. 数字信息资源建设与服务研究[M]. 武汉：武汉大学出版社，2008：130-131.

② 张晓林. 数字化信息组织的结构与技术(一)［J］. 大学图书馆学报，2001(4)：9-14，21.

③运用适当方法对上述信息内容及其集合进行过滤、析取、链接、合并、集成或重组。

④按照语义关系、知识体系、应用需要或用户对象，对信息内容的组织格式和表现形式进行定义、标记、识别和转换。

⑤以计算机可识别、解析和理解的方式，在多语种分布式开放环境中实现上述功能，支持智能代理对信息内容及其交流处理过程的自动处理。

⑥根据用户的具体需要和新的应用环境调整或优化信息资源组织方式。

7.1.2 数字信息资源组织的主要方式

数字信息资源组织方式是指人们利用现代技术，结合数字信息资源的特点，对其进行加工、整理、排列、组合，使之有序化、结构化、关联化、系统化以后所呈现给用户的结构方式和表现形式。① 随着信息技术的进步和用户需求的变化，数字信息资源组织方式不断创新发展，目前已广泛运用以下五种数字信息资源组织方式。

7.1.2.1 文件方式

文件是一个具有符号名的一组相关的逻辑记录的集合。一个文件可以包括数据、程序或字符，是计算机保存处理结果的基本单位，所以它成为数字信息资源组织的一种方式。以文件方式组织数字信息资源有以下优点：

①实现简单方便。计算机有一整套文件处理的理论与技术，在数字信息资源组织中可以充分利用这些现成的技术和方法，极大地降低知识组织的难度和成本。

②能存储非结构化信息。利用计算机，数字图书馆可以以文件的形式保存各种图形、图像、图表、音频、视频等非结构化信息。

以这种方式组织数字信息资源虽然简单方便，但是，随着数字信息资源的快速增长与广泛利用，以这种方式来组织数字信息资源就显得捉襟见肘，主要表现在：

(1)文件大小和数量的冲突。如果文件大小随着信息量的增加而同步增长，势必使数字信息组织过程中网络传输负载越来越大；而如果将文件大

① 肖希明，黄如花，张燕飞，等. 数字信息资源建设与服务研究[M]. 武汉：武汉大学出版社，2008：151.

小限制在适合网络传输的限度内，又会大大增加文件的数量，使文件系统的管理越来越复杂，从而降低网络信息资源的利用效率，也就降低数字信息资源组织效率。

(2)对结构化信息的组织与管理软弱无力。文件系统只涉及信息的简单逻辑结构，当信息结构较为复杂时，就难以实现有效的控制和管理，从而降低数字信息资源组织效率。

7.1.2.2 数据库方式

数据库是在计算机存储设备上合理存放的相互关联的数据集合。数据是形式化的信息，是对客观事物的性质、状态以及相互关系等进行记载的物理符号或这些物理符号的组合。信息是有意义的数据，是经过收集、记录、处理和存储的可供检索的事实与数据。信息资源主要是指经过人类选择、组织和加工处理的有序化的各种媒介信息的集合。数据、信息、信息资源三者之间的这种关系决定了数据库成为数字信息资源组织的方式之一，它的主要特点与优点是：

①能高速处理大量结构化和非结构化数据。如今的关系数据库在数据库管理系统(DBMS)中增加了对图形、图像、声音、超文本等多媒体数据的存储、管理、存取和处理功能，实现了从数据管理到对象管理的扩展，增加了数据处理能力；面向对象数据库比传统数据库包含更多的数据语义信息，对复杂数据对象的表达能力更强。

②以信息项作为数据的最小存取单位。数据库技术既可以存取数据库中某一个或一组数据字段，也可以存取一个或一组记录，还可以根据用户需求灵活地改变查询结果集的大小，从而降低网络数据传输的负载。

③以数据库技术为基础已建立了大量的信息系统，形成了一整套系统分析、设计与实施的方法，为人们建立数字信息资源系统提供了现成的经验和模式。

然而，数据库方式处理的对象通常是结构型的、以数值形式为主的数值类型信息，对网络环境中日益增加的多媒体信息及表格程序、大文本等非结构化信息的组织与处理能力较差。此外，数据库方式缺乏直观性和人机交互性。关系数据库系统的检索结构以记录集合的形式出现，必须由应用程序对其进行适当处理，方能以较直观的方式提供给用户。因此，缺乏灵活易用的检索界面。①

7.1.2.3　超媒体方式

超媒体技术是超文本技术与多媒体技术相结合的产物，它将文字、表格、声音、图形、图像、视频等多媒体信息以超文本方式组织起来，使人们可以通过高度链接的网络结构在各种信息库或知识库中自由“航行”，找到所需要的任何媒体的信息或知识。节点和链是超文本系统中两个最基本的组成要素。节点是表达信息的单位，通常表示一个单一的概念或围绕一个特殊主题组织起来的数据集合。节点的内容可以是文本、图形、图像、动画、音频、视频等，也可以是一般计算机程序。两个节点之间的连接称为链，它是网页表现信息之间联系的实体，是将不同节点联系起来的工具。

超媒体方式在数字信息资源组织上的优点是：

①具有联想式的信息组织方式。超媒体采用非线性的由节点和链组成的网状结构组织块状信息，类似于人类的联想记忆结构，用户可以在网络中主动浏览和航行。

②节点中的内容可多可少，结构可以任意伸缩，具有良好的包容性和可扩充性。

③可组织各类媒体的信息，具有图、文、声并茂的信息服务功能。

超媒体技术把数字、文本、声音、图形、视频等有机整合，更方便地描述和建立各媒体信息之间的语义关系，超越媒体类型对信息组织与检索的限制，能满足人们交流信息的自然过程。然而，由于采用浏览的方式进行信息搜索，当超媒体网络过于庞大时，用户很难迅速而准确地定位于真正需要的信息节点，难以避免“迷航”现象。

7.1.2.4　主题树方式

主题树是一种数字信息资源的组织方式，它实际是提供一种界面机制，用户通过这个界面只与网络信息资源的主题目录进行交流，并通过主题目录间接地连接并使用多个实际的数据资源。采用主题树方式进行数字信息资源组织具有如下优点：

---

①　杨嫚. 网络信息资源组织与开发研究[M]. 武汉：华中科技大学出版社，2006：11-12.

①提供了一个基于树浏览方式的、简单易用的网络信息检索与利用界面。

②信息检索由用户按照规定的分类体系逐步查询，目的性强，查准率高。

③树形目录结构具有良好的可扩充性和严密的系统性。

然而，利用主题树方式进行数字信息资源组织，必须事先建立一套完整的主题目录分类体系，该体系的科学性、合理性直接影响和决定了用户利用信息资源的效果。但是，为保证主题树结构的清晰性和资源的可用性，主题目录体系结构又不宜过于复杂，每一类目下的信息索引条目也不宜过多，这就大大降低了其所能容纳的网络信息资源的数量，与体系的完整性产生了冲突。

7.1.2.5 元数据方式

元数据(metadata)是关于数据的数据，是用于提供某种资源的相关信息的结构化数据。一方面，元数据是数据的抽象，是用来描述和规定数据特征、相互关系以及相应操作的数据的集合；另一方面，元数据也是一种比普通数据处在更高层面的数据。它具有三个基本特征：

①元数据是一种编码体系，它能根据某种标准来对文献中的词及其他元素进行编码，从而揭示、描述文献的这些基本元素。

②元数据不仅可以描述数字信息的内容特征，而且可以描述数字信息的基本属性，使得数字信息资源得以被有效传播、交流和利用。

③元数据为数字信息资源建立了一种机器可理解框架。

元数据具有五项功能，即数字信息资源的描述功能(或者说发现功能)、整合功能、控制功能、代理功能和保存功能。在数字信息资源组织方面，元数据具有描述、定位、搜寻、评估、选择的作用。

在数字信息资源组织中，常用的元数据有五种类型：

①管理型元数据。它是用来管理与支配信息资源的元数据，如信息收集、版权与翻版跟踪、排架信息、数字化标准选择、版本控制等。

②描述型元数据。它是用来描述与识别信息资源的元数据，如记录编目、寻找帮助、专题索引、资源链接、用户注释等。

③保存型元数据。它是与信息资源保存管理有关的元数据，如资源的物质条件、数字资源的保存行为(如数据更新与迁移)。

④技术型元数据。它是与系统或元数据怎样运行有关的元数据，如硬件与软件，数字化信息的格式、压缩比率、定标例程，系统响应跟踪，数据验证与安全(如加密键、密码)等。

⑤使用型元数据。它是与信息资源用户层次和类型有关的元数据，如用户记录、用户使用跟踪、内容的再利用等。

目前数字信息资源比较常用的元数据格式有：DC(Dublin Core，都柏林核心数据)、USMARC(US Machine-readable Cataloging Format，美国机读目录格式)、CNMARC(中国机读目录格式)、CDWA(Categories for the Description of Works of Art，艺术作品描述类目)、FDA/ADAG(Foundation for Documents of Architecture/Architectural Drawings Advisory Group，建筑文献基础/建筑图样咨询组格式)、VRA核心类目(Visual Resource Association Core Categories，美国视觉资料协会核心类目)、REACH(Record Export for Art and Cultural Heritage，艺术与文化遗产数据输出格式)。

在上述元数据中，DC是使用最为广泛的元数据标准，它包括15个数据单元：

①Title(题名)；

②Author or Creator(作者或创建者)；

③Subject and Keywords(主题或关键词)；

④Description(描述)；

⑤Publisher(出版者)；

⑥Other Contributor(其他发行者)；

⑦Data(日期)；

⑧Resource Type(资源类型)；

⑨Format(格式)；

⑩Resource Identifier(资源标识符)；

⑪Source(来源)；

⑫Language(语言)；

⑬Relation(关联)；

⑭Coverage(时空范围)；

⑮Rights Management(版权管理)。

CNMARC是中文文献编目内容(数据)经过计算机处理，以代码形式记载在一定载体上而形成的一种目录。它由记录长度、记录状态、执行代码、指示符长度、子字段标识符长度、数据基地址、记录附加定义、地址目次结构等数据项组成。CDWA 作为文化遗产元数据标准的母板，为艺术对象及其代用品的描述提供了详细的指标，主要应用于艺术作品、珍善本和其他三维作品。FDA/ADAG 作为描述建筑图样类目的指南，能为描述与访问建筑文献信息提供指标。VRA 核心类目主要用来描述网络环境下的艺术、建筑、手工艺、民间文化等艺术类视觉资料。REACH 用于文化艺术类作品及珍善本等的著录，它与 VRA 在 Getty 信息协会的资助下，在网上联合开发了“视觉资料共享信息联机网络”，将一部分文化艺术类作品进行数字化扫描和著录后放在网上，让用户共享与利用。

7.2 数字信息资源组织方法

数字信息资源组织方法是揭示(标引)数字信息资源内容、描述(著录)数字信息资源外在特征以及把标引和著录结果进行排序的方法。它主要包括以下四种方法。

7.2.1 分类法

分类法是将表示各种知识领域(学科及其研究问题)的类目按知识分类原理进行系统排列并以代表类目的数字、字母符号(分类号)作为文献主题标识的一类情报检索语言。分类法的主要特点是按学科、专业集中文献，并从知识分类角度揭示各类文献在内容上的区别和联系，提供从知识分类检索文献的途径。

常见的分类法有《中国图书馆分类法》《中国科学院图书馆图书分类法》《中国人民大学图书馆图书分类法》《杜威十进分类法》《美国国会图书馆分类法》《国际十进分类法》《冒号分类法》《布利斯书目分类法(第 2 版)》等(参见 5.1.1 节)。

分类法用于数字信息资源组织的优势是：

①分类法几乎都是综合性分类法，涵盖人类知识的各学科领域，具有很高的通用性，对于科学、学术信息的组织更有独特的能力。

②分类法的编制和运用既有成熟的理论的技术支持，也积累了丰富的实践验，其严格的词汇控制和完善的语义网络有助于对数字信息资源的筛选和组织。

③分类法是一个完整的知识分类体系，其类目之间严密的逻辑关系全面揭示了知识的内在联系，非常适合于浏览和对主题进行分类控制。

④分类法有着长期的使用历史，并在各种文献数据库中广泛应用，有着深厚的用户基础。

⑤分类法电子化和分类主题一体化使它很适合于数字信息资源组织。

7.2.2　主题法

主题法是以自然语言的语词经过规范处理后直接作为文献主题标识，并按字顺排列，结合参照体系和其他方法来间接地显示概念之间的关系，提供从事物名称检索文献的途径。主题法的主要特点是按事物集中文献，用参照系统等方法间接显示概念或事物之间的关系，提供事物名称的字顺检索途径。它包括标题法、单元词法、叙词法、关键词法、自由标引法及其他自然语言检索法。主题法具有以下特点①：

①按文献所论述的主题集中文献；

②用人们日常使用的名词术语经过规范化来表达文献所论述的事物；

③用参照系统等间接显示主题之间的关系；

④用字顺序列直接提供主题检索途径。

主题法用于数字信息资源组织的优势主要包括：

①主题法一般由人工进行数字信息资源的收集、分类、组织和存储，并由专业人员按照主题字顺编制关键词索引，建立索引数据库，能够直接直观地组织和揭示数字信息资源②。

②其聚类标准以主题和专题为主、学科和专业为辅，符合用户的检索习惯，且信息资源经过专家精选，兼顾丰富性与学术性，查准率较高。

③能按分类体系逐步查询数字信息资源，具有良好的可扩充性和严密的系统性。

不过，主题法应用于数字信息资源组织时，要求用户对这种知识分类体系有一定的认识，无形中加重了用户的负担。

利用主题法组织数字信息资源，主要有以下三种情况③：

---

①　盛小平. 数字图书馆的知识组织[J]. 图书情报工作，2001(3)：24-27.

②　康桂英. 分类法与主题法在网络信息资源组织与揭示中的应用[J]. 情报科学，1999(3)：284-287，291.

③　张林龙. 网络环境下的信息组织[J]. 情报杂志，2003(10)：44-46.

①使用关键词法组织数字信息资源，即利用关键词作为文献主题标识序化信息资源，这种方式能够直观揭示信息中所包含的知识，多数的搜索引擎和数据库采用此种方法组织数字信息资源。

②使用叙词法组织数字信息资源，这种方式是通过建立叙词表标识和组织信息资源，能够较好地适应在计算机系统中进行信息组织工作。

③将关键词法与叙词法相结合组织数字信息资源，即同时使用关键词和叙词作为标引词，并建立关键词与叙词之间的对应参照，有利于网络信息资源的准确描述和科学组织。

7.2.3 分类主题一体化

分类主题一体化是由分类法与主题法有机结合而形成的一种信息资源组织方式，既能充分发挥二者各自特有的功能，又能互相配合，发挥最佳的整体效应。它包括检索系统的分类主题一体化和检索语言的分类主题一体化，后者是前者的前提和基础，前者是后者的应用和延伸。① 它是在一个语言系统中包括分类表和叙词表两个主要部分，并对两部分的概念、标识、参照、索引实施统一控制，从而同时满足分类标引和主题标引的需要；也可以是由原来独立的一种或几种分类语言与一种或几种主题语言合成的语言对应系统，以实现分类语言与主题语言的标识互换。它包括以下三个部分：

①一个结构简明的知识分类体系，通过该体系实现对信息知识领域的宏观制。

②一个智能化的控制词表，实现对作者语言与用户语言的控制和转换。

③建立分类体系与控制词表的系统联系，将标引语言进而也将作者语言和用户语言纳入分类体系，来实现自然语言检索。

至今已出现了分面叙词表、类表与叙词表对应表、分类法及其叙词表式索引、集成词表四种类型的分类主题一体化语言。分类主题一体化实现了分类语言与主题语言的结构整合和性能互补，具有如下优点②：

①标引人员可以用它同时完成分类标引与主题标引，两种数据可以互

---

① 郭丽芳. 分类主题一体化在网络信息资源组织中的应用[J]. 情报资料工作，2002(4)：58-60.

② 盛小平，周媛. 数字图书馆知识组织策略[J]. 大学图书馆学报，2002(2)：13-18，21.

相转换，节省了人力、物力和时间。

②用户可以在一个检索系统中进行主题字顺检索和分类检索，既方便了用户，又提高了检索效率。

③在先编分面分类表，再编字顺叙词表的情况下，可以保证编表选词的全面性和均衡性，有助于词间关系显示的完整性和准确性。

④依据人工拟定的分类表或分类表数据，可以由计算机自动生成字顺叙词表，提高编表的速度与质量。

⑤有助于建立一个统一机构来负责一体化语言的编制与管理。

7.2.4 本体

本体(Ontology)是对一个特定领域中重要概念的共享的、形式化的描述。① 本体的目标就是捕获相关领域的知识，提供对该领域知识的共同理解，确定该领域共同认可的词汇，并从不同层次的形式化模式上给出这些词汇(术语)和词汇相互关系的明确定义。② 本体由类(Classes)、关系(Relations)、函数(Functions)、公理(Axioms)、实例(Instances)五要素组成。③ 其中，类也称为概念(Concepts)，它表示的是对象的集合，其定义一般采用框架(frame)结构，包括概念的名称、与其他概念之间关系的集合以及用自然语言对概念的描述。关系(Relations)表示领域中概念之间的交互作用，本体中的基本关系主要有四种：part-of、instance-of、is-a 和 attribute-of。part-of 表示概念之间部分和整体的关系，instance-of 表示概念之间的实例关系，is-a 表示概念之间的继承关系，attribute-of 表示某个概念是另一个概念的属性。函数是一种特殊的关系，其中关系的第 n 个元素对于前面的第 $n-1$ 个元素而言是唯一的。公理被用来塑造那些总是正确的句子。实例用于表

① Fensel D. The semantic web and its languages[J]. IEEE Computer Society, 2000, 15(6): 67-73.

② 罗昊. 聚焦信息组织研究的前沿——面向网络信息组织的本体开发[J]. 情报资料工作, 2006(1): 52-55.

③ Pérez A G, Benjamins V R. Overview of knowledge sharing and reuse components: ontologies and problem-solving methods [C/OL]//Proceedings of the IJCAI-99Workshop on Ontologies and Problem-solving Methods (KRR5). Stockholm, Sweden, August 2, 1999. Amsterdam: The NetherlandsUniversity of Amsterdam, 1999 [2022-10-26]. http://sunsite.informatik.rwth-aachen.de/Publications/CEUR-WS/Vol-18/1-gomez.pdf.

示元素，从语义上讲实例表示的就是对象。

根据应用领域的不同，本体可分为四类①：

①领域本体(Domain Ontology)，是专业性的本体。在这类本体中被表示的知识是针对特定领域的。这类本体描述的词表关系到某一学科领域，它们提供了关于某个学科领域中概念的词表以及概念之间的关系，或者该学科领域的重要理论。

②顶级本体、上层本体或通用本体(General or Upper Ontology)，涉及具有普遍意义的客观世界常识的本体。这些观念不依赖于特定的问题或学科领域。

③应用本体(Application Ontologies)，描述了既依赖于某个特定领域，又依赖于某项课题的知识。这类本体与解决问题的方法相关联，因此又称为问题求解本体(Problem-solved Ontology)。

④表示本体、元本体或宏本体(Representation Ontology 或 Meta-ontology)，是指一个特定的知识表示体系中，用来获取对知识进行形式描述的表达元词(即词根)的本体。

构建本体的形式语言名为本体描述语言，一般都基于一阶逻辑或描述逻辑。本体描述语言起源于人工智能领域对知识表示的研究，这方面的本体描述语言主要有：KIF(Knowledge Interchange Format)、Ontolingua、OKBC(Open Knowledge Base Connectivity)、OCML(Operational Conceptual Modeling Language)、Frame Logic、Loom 等。近年来，随着 Web 技术的发展，Web 与本体理论的结合成为必然趋势，诞生了一些 Web 本体描述语言，主要有资源描述框架(Resource Description Framework，RDF)、资源描述框架模式(RDF Schema)、简单的 HTML 本体扩展(Simple HTML Ontology Extension，SHOE)、基于 XML 语法和 OKBC 语义的本体交换语言(XML-based Ontology Exchange Language，XOL)、本体标记语言(Ontology Markup Language，OML)、本体交换语言(Ontology Interchange Language，OIL)、DARPA 的 Agent 标记语言+本体推理层(DAML +OIL)、Web 本体语言 OWL(Web Ontology Language，OWL)等。②

---

① Van Heijst G，Schreiber A T，Wielinga B J. Using explicit ontologies in KBS development[J]. International Journal of Human-Computer Studies，1997(2)：183-292.

② 丘威，张立臣. 本体语言研究[J]. 情报杂志，2006(7)：61-64.

本体方法作为一种全新的信息组织方法，具有传统情报检索语言和信息组织方法无法比拟的一些功能，为数字信息资源组织带来了许多变革，包括：

①直接描述语义。本体描述语言可以直接表达为机器“可理解”的显式的、明确的、形式化的语义，在表达概念及其含义时更加清晰和准确，使信息资源组织更加规范。

②分布式共享。本体对领域知识的共同理解与描述可由分散在网络上的多个本体而不一定要由某中心本体来完成。每一个本体负责描述领域知识的某一方面或某一部分，通过多个本体的相互协作来共同完成对领域知识的描述。在特定领域某部分本体建立后，在需要时还可以被其他领域所共享和利用，从而使分散于网络上的各个本体形成一个分布式网络，必要时可以协同工作来完成某一特定任务。

③提供多维信息组织方式。本体采用容易为计算机所接受和处理的体现描述逻辑的知识表现和信息组织方式，使概念及其之间的关系形成了一个多维语义网络，有利于各种不同类型、不同结构的数字信息资源的整合及其相互之间关系的描述和揭示。

④支持推理。一些本体工具(如 Web 本体语言 OWL)可以进行自动推理并为一些智能应用提供高级服务，如概念(或语义)搜索、软件代理、决策支持、自然语言理解、知识管理、智能数据库以及电子商务等，帮助基于本体构建的检索系统更好地满足用户进行语义检索，特别是智能检索的需要。

7.3　数字信息资源的整合

随着语义网、知识网格等新技术蓬勃发展，数字信息资源整合进入高速发展的新阶段。数字信息资源整合是指在网络环境下，采用数字化信息处理和集成整合技术，对多种来源的数字信息资源有目的地进行重新组合的过程，同时为用户提供统一的检索界面，实现高效传播信息的一种服务方式。① CALIS、NSTL、CSDL 的成功运营，意味着我国国家层面的数字信

① 崔瑞琴，孟连生. 数字信息资源整合问题研究[J]. 图书情报工作，2007，51(7)：35-37，70.

息资源整合已经取得显著成效。

对于一般图书馆而言，其数字信息资源有自建数据库、联机数据库、光盘数据库以及学术导航库等，其中自建数据库包括中外文馆藏书目数据库、中文现刊目次库、学位论文和会议论文数据库、教学参考书数据库以及各类中文特色数据库；联机数据库包括题录、文摘以及全文数据库，例如采购的国外联机数据库（如 SD—Elsevier ScienceDirect、Springer LINK、Web of Science、Taylor & Francis 、EBSCO 等）和中文联机数据库（如中国学术期刊全文数据库、万方数据库、国研报告等）。本节主要介绍数字信息资源整合原则与方式。

7.3.1 数字信息资源整合的原则

数字信息资源整合是一项系统工程，要使这一工程做到最优，需要在数字信息数据整合过程中遵循以下原则①：

(1)整体性原则

数字信息资源整合应该根据用户需求，确定整合的对象、范围和需要实现的功能，进行统一规划、统一布局和统一管理，在图书馆内部和图书馆联盟之间合理配置资源，避免资源重复建设，形成一个完整的图书馆数字信息资源整合与服务系统。② 完整性主要体现在以下几个方面：

①根据服务的主要对象或服务目标，保证整合资源内容和学科的完整性。

②确保数字信息资源是一个整体，需要实现馆藏纸本文献资源和电子信息资源、共享的馆外数字信息资源的关联，使整合后的数据信息资源对象相互之间形成有机的联系或建立链接，从而在逻辑上形成一个整体。

③用户界面的统一，即实现一站式检索与集成检索。

④系统功能的全面性，即要求整合后的数字信息资源系统能够涵盖各子系统的所有功能。

(2)科学性原则

科学性原则是指对数字信息资源整合需要全面规划、科学论证，切忌

① 苏新宁，章成志，卫平. 论信息资源整合[J]. 现代图书情报技术，2005(9)：54-61.

② 项英. 高校图书馆数字信息资源整合与服务研究[D]. 武汉：武汉大学，2013.

匆忙上马，不宜随意凑合，要保证整合的合理性、科学性和规范化。

①数字信息资源选择的科学性。根据用户需求和资金投入合理规划、购买和自建数字信息资源，不能盲目求多，浪费人力、财力。

②整合过程中数字信息资源组织的科学性。建立各类数字信息资源间的多重关联，科学地组织它们，使更多的数字信息资源能够被揭示、融合与广泛利用。

③整合系统交互的科学性。这个交互既包括数据处理过程的后台交互，也包括用户和检索系统的交互，实现处理接口的无缝连接、处理过程的简洁快速、检索界面的方便有效。

(3)最优化原则

最优化原则的目标是使整合后的数字信息资源达到最佳的使用效果。这意味着数字信息资源整合需要将原本并不是紧密关联的信息资源有机地联系在一起，并使组合在一起的信息资源实现最优化；采用多种检索手段(例如简单检索、布尔逻辑检索、二次检索、同义词检索、排除词检索以及扩检和缩检手段)，提高查全率和查准率，使检索系统达到最佳的运行效果。

(4)动态性原则

动态性原则是指整个整合系统能够适应用户需求变化和数字信息资源变化的状况。具备动态性特征的系统应该是个开放的系统，能够把各种类型的、不同格式的数字信息资源整合到系统中，且能够及时更新和增加动态变化的数据。只有这样才能充分满足用户日益增多的信息需求，高效利用整合后的各种数字信息资源。

(5)标准化原则

数字信息资源整合应该坚持标准化原则，包括采用共同认可的标准规范，如数据格式标准、信息资源描述标准、信息资源质量标准、元数据标准、互操作标准、数据安全标准、数据集成标准、资源开放标准等，从而为更大范围的数字信息资源整合与集成提供方便。

(6)可靠性原则

数字信息资源整合面临来自计算机病毒、计算机黑客、信息垃圾、存储设备故障等多方面的安全隐患或安全威胁，因此必须采取有效措施，保证图书馆网络与数字信息资源可靠正常地运行。

7.3.2 数字信息资源整合的方式

目前数字信息资源整合涌现出了多种多样的方式，其中比较常见的有如下五种：

(1)基于导航系统的数字资源整合

信息资源导航系统是指将从相关网站上全面收集、整理归类的信息资源的检索入口整合在一起，建立数字信息资源导航库，提供按资源名称、关键词、资源标识等检索途径，为用户提供方便的查询与导航链接服务，包括机构导航、重点学科导航、期刊导航、数据库导航等。用户利用这种导航系统，可以发现其所需的数字信息资源，比如期刊刊名、关键词、学科分类、语种分类、出版商、ISSN、该刊的 URL、出版商的 URL、全文起始年限、期刊详细介绍等相关信息。一般来说，资源导航系统具有几个基本功能：字顺浏览功能、分类浏览功能、关键词检索功能。这些基本功能可以引导读者迅速找到所需的信息资源，并利用记录中提供的超文本链接检索入口，对目标资源进行进一步深入检索。① 这种整合方式使用户可以快速全面地了解信息资源的状况，有利于用户的选择和利用；能够整合馆内资源与网络资源，扩大馆藏资源。然而，该方式不方便用户快速检索馆内外数字信息资源，且若馆藏资源调整或数据库改变，电子资源的链接地址就会失效，阻碍整合后信息资源的使用。②

(2)基于超级链接的数字信息资源整合

基于超级链接的数字信息资源整合是指利用超文本链接机制将存在于异地或异构资源系统中的数字信息资源链接起来，形成一个相互关联的信息资源网络或体系。超级链接(即超链接)的对象可以是一篇文献、一段文本、一个图片或图像、一段音频或视频以及其他实体或虚拟的信息单元。因此，这种整合方式通过超文本链接机制使不同类型、级次的信息资源连接起来，可实现分类、分级的信息资源体系，并构建不同地域、不同学科、不同类型信息资源之间的联系，有助于用户获取更多的信息资源。然而，随着链接点的增多和链接层次的深入，容易造成用户的“信息迷航”，更容

① 陈永选，郑乐丹. 图书馆数字信息资源整合模式探究[J]. 四川图书馆学报，2008(2)：18-20.

② 刘瑜. 当代图书馆信息资源整合的若干模式[J]. 图书馆杂志，2010，29(3)：38-41.

易出现链接地址失效的问题。

(3)基于 OPAC 系统的数字信息资源整合

基于联机公共检索目录(Online Public Access Catalog，OPAC)系统的数字信息资源整合是通过执行 Z39.50 协议聚合不同图书馆的传统 OPAC 系统，整合后生成联合书目查询系统，或者通过在 MARC 记录中增加记录电子文献 URL 的 856 字段，在实体馆藏中揭示并链接全文电子文献。通过聚合不同平台上的异构 OPAC 数据库，建立书目整合检索系统。各高校用户通过统一的 OPAC 系统检索界面，以著者、题名、关键词、标准书号等检索途径检索到相关高校图书馆的 OPAC 书目信息，而不需要在各图书馆不同的 OPAC 界面之间来回切换。基于 OPAC 系统的资源整合让读者在无形中跨越馆内资源和书目服务的局限，方便地使用馆内外数字信息资源，而无须花时间和精力熟悉新的系统和操作方式。① 例如，CALIS 联机公共检索目录系统是 CALIS 联机合作编目形成的联合目录数据库，采用 Web 方式为成员馆用户提供书目查询与浏览(见图 7-1)。这种整合模式解决了实体馆藏资源和数字信息资源的对接问题，用户不需要熟悉新的系统和检索方式，就可以利用馆内外的数字信息资源，但是整合能力有限，且系统维护成本较高。

图 7-1　CALIS 联合目录公共检索系统界面

① 项英. 高校图书馆数字信息资源整合与服务研究[D]. 武汉：武汉大学，2013.

(4)基于跨库检索系统的数字信息资源整合

由于图书馆数字信息资源来源广泛，在没有进行数字信息资源整合前，用户需要通过不同的检索接口查找不同数据库，才能比较全面地获取相关信息资源。为了提高用户获取信息资源的效率，需要将多个异构数据库整合到同一个检索平台下，实现对多个数据库的跨库检索。跨库检索就是将孤立的、松散的系统和服务进行集成，更加方便用户的使用，提高获取数据的效率。简单来说，就是针对多个数据库系统进行集成检索。因此，需要实施基于跨库检索系统的数字信息资源整合。

这种整合也可以称为基于数据库的整合，将所有可利用的异构数据库内信息资源的元数据记录汇总为一个新的元数据库。由于元数据类型各异，元数据库必须具有一套核心元数据的标准，作为整合不同类型元数据形式的依据，需要构建一个联合元数据库，组建一个跨库检索系统(见图 7-2)。此系统主要分为准备层、查询层和输出层三层。准备层主要完成信息资源检索前的准备工作，对数据源的信息资源进行元数据采集。联合元数据库是用来保证元数据标准的统一，完成数据源之间的互操作。查询层主要完成

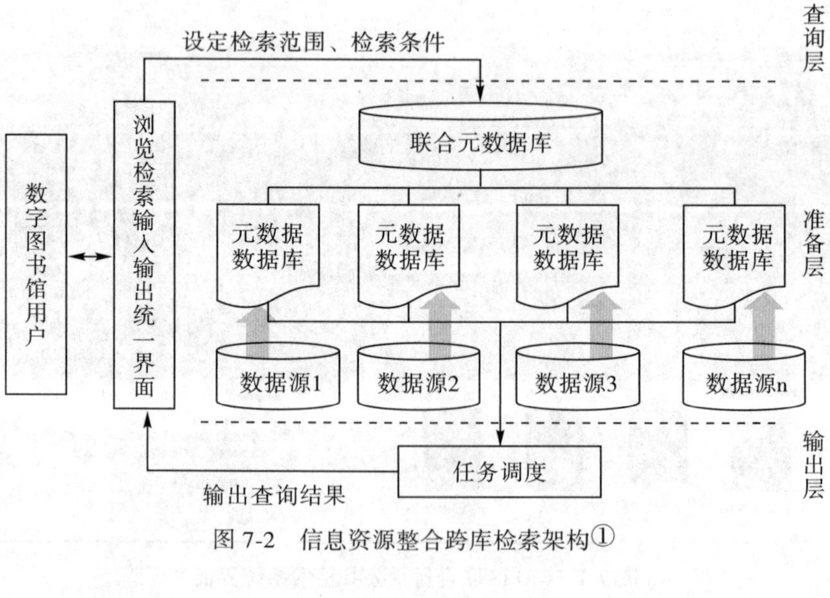

图 7-2　信息资源整合跨库检索架构①

① 沈涌. 数字信息资源整合策略与服务共享模式研究[D]. 长春：吉林大学，2009.

用户与系统之间的交互，通过统一检索界面向各个数据源的元数据库提交查询请求，并获取元数据库返回的查询结果，最后将查询结果以统一的输出界面呈现给用户。这样，跨库检索系统能够在统一用户查询界面与信息反馈的形式下，共享多个数字(网络)信息资源的索引与检索技术，为用户提供信息资源服务，做到检索界面的整合。不过，整合后的检索界面是一个代理检索界面，用来接收用户的检索查询请求，但并没有建立自己的信息资源数据库。这种整合方式避免了用户逐个登录数据库、输入检索条件，提高了用户获取信息资源的效率；检索的结果以统一的格式、统一的标准排序，方便了用户的浏览和选择。然而，一般不支持高级检索，查准率和查全率较低。

(5)基于学科信息门户的数字信息资源整合

学科信息门户是针对特定学科或主题领域，按照一定的资源选择和评价标准、规范的资源描述和组织体系，对具有一定学术价值的网络资源进行搜集、描述和组织，并提供浏览、检索、导航等增值服务的专门性信息门户。① 学科信息门户的主要特点是②：

①学科性。学科信息门户往往是针对特定学科或主题领域，按照一定的资源选择和评价标准，根据用户的信息需求，对具有一定学术价值的信息资源进行搜集、选择、描述和组织。

②集成性。学科信息门户将专业领域内各种有价值的数字信息资源集中到一个知识体系中，这些数字信息资源既包括学术性成果如论文、著作，也包括其他学科信息资源，如相关学术网站、数据库、专家学者、学术论坛等。

③规范化。学科信息门户建设有严格明确的规范，包括学科信息资源收录范围、选择标准以及选择步骤，信息资源描述标准与组织结构体系等。

学科信息门户可以将特定学科领域的信息资源、工具与服务进行集成；提供学科领域数字信息资源的导航，为用户提供一个方便的信息检索和服务入口；支持开放式集成定制系统，将资源与服务应用集成在一个可个性化定制的界面中来满足每个用户的需要；为某学科用户提供一个统一协作

① 唐加玉，谢明，龙训田. 学科信息门户的知识组织[J]. 图书馆论坛，2006，26(3)：178-180.

② 肖希明，黄如花，张燕飞，等. 数字信息资源建设与服务研究[M]. 武汉：武汉大学出版社，2008：159-160.

的学术交流环境。①

如今，国内许多图书馆都建立了学科信息门户。例如，北京大学已构建的学科信息门户有北京大学海洋学术信息门户、北京大学数学学术信息门户、北京大学教育学信息门户、北京大学信息管理学信息门户、北京大学经济与管理学信息门户等。

7.4　数字信息资源的长期保存

数字信息资源的长期保存是有效使用数字信息资源的前提条件。由于数字信息资源的可靠利用容易受到自然灾害、技术失效、经济条件和法律限制等因素的影响，数字信息资源的长期保存和永久使用面临着严峻挑战。为此，许多国家和机构积极开展数字资源长期保存的研究与实践。② 为有效实施数字信息资源的长期保存，需要明确数字信息资源长期保存的目标、主要问题与模式等。

7.4.1　长期保存的目标

数字信息资源长期保存目标可用从下到上、从基础要求到较高要求的金字塔来描述(见图 7-3)，即保障数字对象的可获得性(Availability)、可识别性(Identity)、完整性(Integrity)、持久生存能力(Viability)、可呈现能力(Renderability)、真实性(Authenticity)和可理解性(Understandability)。

保障数字对象的可获得性(Availability)，意味着要对数字信息资源进行选择和管理。需要将有意义的数字信息资源纳入保存和管理的范围内，不能把重要的数字信息资源丢失在数字信息的汪洋大海中。

保障数字对象的可识别性(Identity)，意味着数字信息资源的来源信息、身份信息是明确的。需要通过数字信息资源来源、身份信息的描述，让一个数字信息资源区别于其他数字信息资源。

---

① 胡昌平. 面向用户的信息资源整合与服务[M]. 武汉：武汉大学出版社，2007：300.

② 徐速，王金玲，王静芬. DRAA 引进数字资源的长期保存与利用研究[J]. 大学图书馆学报，2019(6)：70-77.

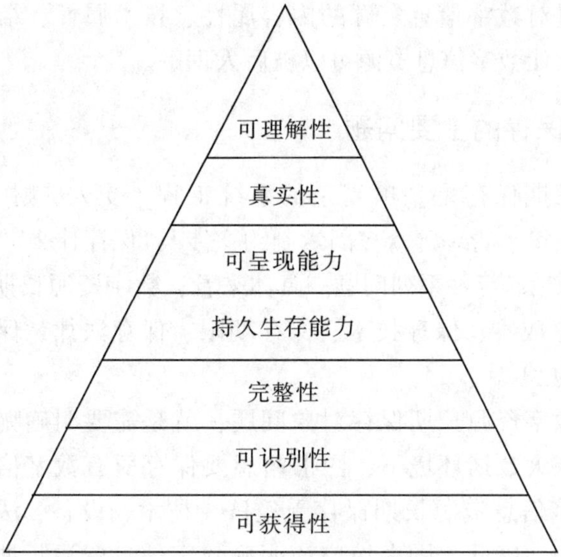

图 7-3　数字资源保存金字塔

保障数字对象的完整性(Integrity)，意味着数字信息资源的内容、结构都是完整的，不存在部分缺失、损毁的情况，也意味着数字信息资源是被有效保护的，没有被非法修改。

保障数字对象的持久生存能力(Viability)，意味着数字信息资源不会因为技术的变化、组织的失效或其他自然及人类的影响而导致不可读取、损毁或不可用。

保障数字对象的可呈现能力(Renderability)，意味着要保证被保存的数字信息资源能够被用户所感知。也就是说，对于不同类型的数字信息资源，能够以适当的方式和格式正确地呈现给用户。例如，对于视觉数字信息资源，可以正确地显示出来；对于听觉数字信息资源，能够正确地被播放。

保障数字对象的真实性(Authenticity)，意味着被保存的数字信息资源与其最初状态时的原始信息资源相比，是完整并且没有被修改的。如果一个数字信息资源是真实的，至少需要保证：数字信息资源的来源是可信的；非授权的内容修改没有发生，内容的完整性得到有效维护；有相应的验证机制，可以验证此数字信息资源的真实性。

保障数字对象的可理解性(Understandability)，意味着要保障被保存的数字信息资源可以被指定的用户团体(Designated Community)所理解。也就是说，需要通过对数字信息资源的内容属性、技术属性、结构属性和历史信息等的记录，让数字信息资源可以被后人理解。

7.4.2 长期保存的主要问题

数字资源长期保存是一项复杂的系统工程，受人、财、技术、设备、制度、法律、政策、管理等众多因素制约，涉及“保存什么”“如何保存”“谁来保存”“保存多久”等一系列问题。具体来看，数字资源长期保存需要解决保存对象、保存成本、保存技术、保存期限、保存法律、保存标准、保存管理等主要问题。①

①图书馆数字资源长期保存对象问题，就是需要明确哪些数字资源需要长期保存。在大数据环境下，图书馆想要保存所有数字信息资源是不现实的，因为数字信息资源长期保存受经济、技术、设备、法律、政策等多种外部条件制约。因此，图书馆应该明确数字信息资源长期保存对象，它涉及数字信息资源选择和媒体选择。在数字信息资源选择上，应该首先保存容易丢失、与未来有关联且有重要价值的数字资源；而媒体选择涉及磁、光等存储介质及其组合的选择。不同数字信息资源保存机构和保存项目对长期保存对象往往有不同的规定和不同的选择。

②数字信息资源长期保存成本问题，主要涉及资金投入、维护费用、商业模式等问题。随着海量数字信息资源的急剧增长，其长期保存的资金投入越来越大，维护成本和费用也越来越高。因此，数字信息资源长期保存必须解决资金投入与运营费用等成本问题。若仅仅依靠上级主管单位拨款，可持续性难以保证。

③数字信息资源长期保存技术问题，涉及长期保存技术、存储载体、硬件平台、软件系统等技术因素。数字信息资源长期保存中常见的技术有拷贝、仿真、迁移、封装、标准化、复制(数据备份)、数字再造技术(数据恢复、数据考古)、再生性保护、自动存储、数据检测等。LOCKSS、DSpace、DAITSS、Fedora、DIAS、PANDAS、EPrint，PAWN 和 NEDLIB 等数字信息资源长期保存系统日益成熟，并得到了广泛应用。

④数字信息资源长期保存法律问题，涉及版权、安全、隐私等众多法

① 刘晓英. 大数据时代图书馆数字资源长期保存问题研究[J]. 图书馆，2016(7)：90-96.

律问题。这些法律问题主要源自数字信息资源及软件本身涉及的版权、许可协议、采购合同、呈缴制等法律问题，以及长期保存行为涉及的保存权、复制权、隐私权、使用权、安全风险等法律问题。

⑤数字信息资源长期保存期限问题，主要涉及数字信息资源保存时间或周期。并非所有数字信息资源需要保存的期限都一样，往往会因用户需求不同、内容价值不同、存储介质不同，其保存期限也会不同。不同类型的数字资源因价值不同、用户需求不同，保存期限差异巨大；也因不同的存储介质及其利用环境影响数字信息资源寿命，因为不同的存储介质保存时长不一。

⑥数字信息资源长期保存标准问题，涉及数据存取规范、数据共享和互访标准、数据安全和认证等问题，是长期保存实现的基础问题。目前已积累形成了一些可作为数字信息资源长期保存指南和基础的国际标准，如元数据编码传输标准(Metadata Encoding & Transmission Standard)、保存元数据实施策略(Preservation Metadata：Implementation Strategies)等保存元数据标准、数字资源长期保存系统核心标准(ISO 14721)、数字资源长期保存格式标准(ISO 19005-1:2005)等。

⑦数字信息资源长期保存管理问题，涉及质量识别、风险防范(安全策略、责任机制)、运行机制(分级存储、分层管理、可扩展、监控、生命周期、遗忘管理)、资源配置(人、财、物保障)、业务流程(工作流程和操作规范)、人员培训、组织机构、数据监管等一系列具体问题。

7.4.3 长期保存模式

目前，数字信息资源长期保存模式主要包括机构独立保存、机构集中保存、合作保存、第三方委托保存四种模式。①

7.4.3.1 机构独立保存模式

机构独立保存模式是由保存机构在拥有对被保存资源的使用权的条件下，获得相关权利人(如出版商)许可后进行长期保存，被保存资源的服务范围也大多限定在保存机构内的原有用户。例如，上海大学图书馆开发的“钱伟长数据库”就是保存在本馆数字图书馆系统中。

---

① 肖希明. 信息资源建设(第2版)[M]. 武汉：武汉大学出版社，2020：307-308.

7.4.3.2 机构集中保存模式

该模式是通过自建数据库或集团采购、建立本地存储服务方式，为集团成员进行数字信息资源长期保存，成员馆可以永久访问所订购的数字信息资源。它包含三种不同类型的长期保存方式：

①自建数据库集中保存。自建数据库，特别是书目数据库，例如CAILS建立的联合目录数据库、西文期刊目次库和重点学科网络资源导航库等，由于不涉及版权问题，可以集中长期保存并提供免费服务。

②与第三方联合开发数据库后集中保存。图书馆甚至可以与第三方联合开发数据库，然后实施集中存储与共享。例如，CAILS教学参考书数据库就是CAILS通过与北大方正电子有限公司合作，建立了一个解决了版权的众多教学参考书集中存档的全文电子书库，可供高校师生在线阅读。

③集团采购后采用集中本地保存。2009年9月3日，中国科学院国家科学图书馆与施普林格(Springer)签订了数字资源长期保存协议。根据协议，国家科学图书馆将成为Springer长期保存数据在中国境内(港澳台除外)的保存机构，当出现特殊情况以致Springer现刊数据库不能延续服务(双方定义为服务失效)时，在不改变数据完整性、保证数据库署名权、不提供商业营利服务的前提下，国家科学图书馆可以利用长期保存数据向原订购范围的用户提供检索与获取服务。该模式的另一个典型案例是PQDD外文学位论文全文数据库。2002年开始，在CALIS的组织下，国内各高等院校、学术研究单位以及公共图书馆集团采购了国外优秀博硕士学位论文，建立了PQDD博硕士学位论文全文数据库，实现了学位论文的网络共享。所有参加CALIS集团采购ProQuest学位论文全文数据库的成员馆，都能得到自己所订购篇目的PDF论文全文的永久使用权(全文以光盘方式提供)，并可访问集团ProQuest学位论文全文库镜像站点的网络数据库，共享集团购买的论文全文。与此同时，在中国设立了三个镜像站点，由数据库商提供集团成员所购买学位论文全文的裸数据及其相应的元数据，这些裸数据分别存放在CALIS管理中心、上海交通大学图书馆和中国信息研究所。CALIS负责购买镜像站点的服务器及其升级与日常运行维护，从而实现ProQuest学位论文全文库数据库数字资源的长期保存与永久访问。①

---

① 姚晓霞，陈凌. CALIS数字资源保存的现状和发展策略[J]. 图书情报工作，2010，54(7)：68-71.

7.4.3.3 合作保存模式

合作保存模式是由多家机构共同承担数字信息资源长期保存任务，各成员通过合作实现保存风险和保存成本的分担。从合作主体来看，合作保存模式可以分为保存机构之间的合作、保存机构与其他机构之间的合作两类模式。

(1)保存机构之间的合作保存模式

保存机构之间的合作保存模式可细分为如下三种①：

①集中分布式合作。集中分布式合作是一个机构负责制定政策和方针、管理机构组织等主要工作，并提供项目所需的绝大部分基础设施和资源，其他机构协同参与数字信息资源保存活动。例如，在澳大利亚的PANDORA中，澳大利亚国家图书馆作为项目的主要管理者，对参与数字资源保存的其他图书馆或博物馆等记忆文化机构进行监督，监督它们定期对数字资源保存仓库进行技术检测，以保证保存对象的完整性、可读性和可获得性等，同时督促数字资源保存各项活动的有效实施。由国家图书馆所指定的7个地区性图书馆负责承担数字资源保存任务，对数字资源的完整性和可靠性等进行评估，将处理后的数字资源存入PANDORA保存仓库，及时解决存储技术问题和更新软件程序，以确保保存对象的长期可获得性。参与此项目的其他机构负责确定需要保存的数字资源，描述保存对象，并将保存对象打包后及时提交给相应的数字资源保存仓库。这种集中分布式合作保存模式能够较好地控制合作过程，提高效率，也能形成大规模的数字资源保存仓储，可分担数字资源保存的成本。

②平等分布式合作。平等分布式合作是指在数字资源合作保存中，合作各方所处的地位、应尽的义务和享有的权利是平等的，没有哪一方占主导地位。合作各方在共同协商下完成任务，互相分享观点、经验和技术，共同承担经费并应对存在的挑战及风险。例如，国际互联网保存联盟(Internatioanal Internet Preservation Consortium，IIPC)是一个国际性的网络信息资源保存机构，成立于2003年，最初由澳大利亚、加拿大、丹麦、芬兰、法国、冰岛、意大利、挪威、瑞典、英国国家图书馆，美国国会图书馆和互联网档案(美国)等12个机构组成，目前已有53个成员，包括我国国家

① 伍进平. 数字资源合作保存研究[D]. 郑州：郑州大学，2010.

图书馆。在这种模式中，合作者要共同协商来确定各自的责任和义务。IIPC成立了一个指导委员会和一个技术委员会来组织协调工作。这种合作模式在职责平分的同时，可以有效地分担各个成员机构在技术和工具开发上的经济风险，有利于资金的合理配置。

③联盟合作。数字资源保存联盟是指为了数字资源的长期保存和持续服务而建立的两个或两个以上图书馆的联合体，其以联盟协议的形式集中了各个图书馆的资源、技术、人员、服务等，甚至是资金，共同搭建了数字资源长期保存的服务体系。一方面，降低了单个图书馆构建数字资源长期保存体系的成本，提高了效益；另一方面，又极大地拓展了单个图书馆用户获取数字资源的范围，将其拓展到了联盟范围。联盟降低了数字资源保存的门槛，尤其是对一些技术薄弱、资金匮乏的图书馆，联盟共建是一个非常好的选择。①

(2)保存机构与其他机构之间的合作保存模式

保存机构与其他机构之间，比如图书馆(保存机构)与出版者之间也可以进行合作保存。数字资源长期保存馆社合作模式是指在某一个区域内，在图书馆与出版社有关各方合作协议的协调下，出版社通过协作平台，将数字资源传输给图书馆保存，图书馆向用户提供数字资源服务的同时，将收集到的用户反馈信息反馈给出版社的双向互动合作模式。②

数字资源长期保存馆社合作模式对于合作双方都十分有利。图书馆从中可获取以下利益：

①更高效、迅速地收集数字资源；

②能够保证收集的数字资源的完整性与真实性；

③更加了解收集的数字资源的内容，保证数字资源的质量；

④降低数字资源采购加工与保存的成本，节约开支；

⑤有利于解决数字版权问题。

出版社可获取以下利益：

①提高出版社的知名度和品牌影响力；

②提高公众对出版社数字信息资源的认可度,获得更多用户或作者的支持；

---

① 刘万国，周秀霞，姜雷. 数字资源长期保存联盟研究[J]. 情报资料工作，2016(3)：75-79.

② 钟源. 数字资源长期保存馆社合作模式调查分析[D]. 湘潭：湘潭大学，2013.

③减少出版社为保存数字资源所进行的投资，降低运营成本；

④增强出版社与图书馆及其用户的交互性，及时了解市场动向与反馈信息。

7.4.3.4 第三方委托保存模式

第三方委托保存模式是由资源提供方(如出版商)与资源采购方(如图书馆)以外的第三方机构承担委托保存职责，通常由大型数据中心或商业机构或大型图书馆提供第三方保存服务，目的是共同承担经费开支，共同发展市场，合作行动，从而提供更广泛的数字信息资源服务。

2005年成立的Portico就是近年发展起来的第三方保存机构，为出版商和图书馆提供数字资源长期保存服务。Portico采用责任与利益兼顾的运行模式，依靠契约机制来保证各类角色责任的有效性。图书馆委托Portico保存电子期刊内容，必须出示出版商的保存授权证明，对尚未获得保存权的资源，图书馆可自行或委托Portico代为申请。确认图书馆拥有保存权后，图书馆与Portico签署相关协议。协议期间，图书馆必须按照其年度采购经费额度向Portico缴纳从1500美元到24000美元不等的保存费用。图书馆享有对内容完整性与正确性的审校权利，每个图书馆可以获得最多4个名额的授权对保存内容进行校验，同时还可以享受Portico提供的内容对比服务。出版商与Portico签署非排他性的协议，授予Portico在世界范围内的长期保存权利，在内容出版后3个月之内向Portico提交内容，允许其抽取文本、音频或其他内容，并使用元数据、索引及其他补充数据来丰富这些内容，但不可以对原内容进行修改。同时，出版商还需按照期刊销售额向Portico缴纳从250美元到75000美元不等的年度保存费用。出版商的权利则包括对提交内容的无障碍获取及对保存资源的辅助审校。Portico为出版商保存以电子形式出版或以其他形式出版并电子化的资源，同时提供保存内容的无障碍获取，以及对图书馆欲保存内容与Portico已保存内容的对比服务，以确定哪些资源需申请保存权。对图书馆尚未获得保存权的资源，Portico也可代图书馆向出版商进行保存权利诉求。Portico承诺，如果Portico停止运行，该组织会将已保存内容转交美国国会图书馆或其他的非营利性机构加以保存，继续为用户提供服务。①

---

① 丁艳君，郑建程. Portico：第三方数字资源长期保存模式初探[J]. 图书情报工作，2009，53(3)：74-77.

7.4.4 《数字文献资源长期保存共同声明》

2008年11月6日至7日，国家科技图书文献中心倡议并联合图书情报机构共同发起“数字图书馆高层论坛”并签署《数字文献资源长期保存行动宣言》，呼吁国家启动数字文献资源长期保存行动计划，迅速建立我国数字文献资源长期保存体系。① 2015年9月23日，国家科技图书文献中心联合国内百余家图书馆签署《数字文献资源长期保存共同声明》，截至2018年1月29日，已有216个图书情报机构签署了该声明。该声明宣示②：

①图书馆拥有对所采购的数字文献资源进行本土长期保存的权利。长期保存权利是图书馆通过采购获得的知识内容利用权利的自然部分，是数字文献资源被图书馆用户可信赖地利用的必要条件，是图书馆对数字文献资源的销售、推广和应用的重要支持措施，也是图书馆与数字文献资源提供者合作持续进行数字文献资源采购的重要基础。

②为切实保护图书馆对所采购知识内容的长期保存，图书馆拥有对所采购数字文献资源的合理的存档权、处理权和服务权。存档权指图书馆对所采购数据完整、及时、可靠地摄入和存档的权利。处理权指图书馆因长期保存需要对存档数据进行检验、转换、提取元数据、迁移等处理的权利。服务权指图书馆拥有在必要条件下利用保存数据向授权用户提供获取服务的权利。为有效履行上述权利，图书馆还拥有在行使保存权利时消除技术保护措施不良影响的权利。

③图书馆为提高长期保存的效率，拥有委托第三方机构进行长期保存的权利，拥有相互合作进行长期保存的权利，只要第三方机构或合作机构履行合理保护利益相关方合法权益的义务。

④所有采购数字文献资源的图书馆，都有义务推动所采购资源在中国本土实现长期保存，并将所采购资源在中国本土获得长期保存作为采购的重要条件，应该在资源采购谈判中主动主张和维护所采购资源在中国本土长期保存的权利，应该要求资源提供者在采购合同中明确承认采购方对所采购资源的长期保存权利，并明确说明资源提供者支持采购方对所采购资

① 全国图书馆界呼吁建设国家数字文献资源长期保存服务体系[EB/OL]. [2022-11-07]. https://www.cas.cn/xw/yxdt/200906/t20090608_688313.shtml.

② 数字文献资源长期保存共同声明[EB/OL]. [2022-11-07]. https://www.nstl.gov.cn/Portal/news_details.html? id=p0ysh4vxfl0laaeiao5v.

源进行长期保存的义务。

⑤图书馆充分承认和保护出版社在数字文献资源长期保存中的合法权益，充分承认和承担诚信尽责地保护出版社合法权益的义务。图书馆支持建立可信赖的法律、管理、技术等措施，推进诚信、勤勉、尽责地维护各方合理权益的制度机制，促使长期保存相关利益方能够遵守各自在长期保存中的权利与义务。

⑥图书馆支持国家建立数字文献资源长期保存系统，授权可靠的长期保存承担单位，协同保存重要数字文献资源，并在必要条件下向这些资源的合法用户提供公共获取服务，图书馆将委托国家长期保存系统长期保存自己所采购的数字文献资源。图书馆要求国家将数字文献资源长期保存系统作为重要的国家公共基础设施，予以长期稳定的支持和规范可靠的管理，保障该系统的可靠运行和持续发展。图书馆将共同努力，建设能够有效支持数字文献资源长期保存和可靠利用的环境，建立与资源提供者合作开展长期保存的可靠机制，促进数字文献资源长期保存系统的高效、经济和可信赖运行。

7.4.5 不同类型图书馆数字信息资源长期保存实践解析

7.4.5.1 国家图书馆数字信息资源长期保存实践

国家图书馆长期保存的数字信息资源，是指国家图书馆为履行作为国家信息资源总库的职责，承担国家数字资源保存中心任务而长期保存的数字资源。根据《国家图书馆数字资源保存管理办法》规定，按照“中文为主、外文为辅，特色馆藏为主、引进资源为辅”的数字资源建设总方针，国家图书馆数字资源长期保存的总策略为：重点对特色馆藏数字资源、原生数字资源、网络采集数字资源及合作建设特色文化资源等数字资源进行长期保存。数字信息资源保存的总原则为“重点保存中文数字信息资源；有选择地保存外文数字信息资源；根据不同数字信息资源的特点和生命周期，随着技术的发展，不断完善保存与管理方法”。数字资源保存的具体原则为“数字信息资源保存应贯彻格式独立性原则、重点保存原则、可再现原则、互补性原则和分工协调原则”①等。

① 李致忠. 中国国图书馆馆史资料长编[M]. 北京：国家图书馆出版社，2009：1303-1304.

国家图书馆长期保存的数字信息资源包括：馆藏所有元数据（书目数据、规范数据、分类主题数据、馆藏数据）、馆藏数字化的特色资源数据库、重要的中文网络资源、授权永久保存的中文资源数据库和国外重要的工具性数据库等。数字信息资源保存格式主要包括：①元数据格式，包括MARC元数据、DC元数据、其他格式（如ACCESS 2000或excel）等。②对象数据格式，包括文本（不压缩TIFF格式、PDF）、图像（不压缩TIFF格式、JPEG 2000、PDF）、音频（WAVE、MP3）、视频（MPEG2、MPEG4、WMV、AVI）。③数据说明文件，是对成品数据的说明文件（如word、excel等格式）。

为了保障数字信息资源的安全、稳定和永久可用，国家图书馆数字信息资源保存遵循多备份、异地分布保存的要求，实行在线保存、近线保存、离线保存三级保存制度，保存方式采取"不同介质、多个备份"，保存介质主要有光盘、硬盘、缩微胶片、磁盘阵列、磁带库等，并同时保存至少3份作为备份，分别保存于机房存储器、异地灾备库和战略储备库。

国家图书馆从2005年开始着手建设数字信息资源存储系统，坚持"统筹规则、集中管理"的基本原则，整体规划和建设数字信息资源存储体系。经过近20年的研究建设和实践发展，已经由单台存储设备单点存储发展为多套存储系统集中管理和统一服务，由单一的存储结构发展为融合可用的复合存储架构，由单数据中心存储发展为两地三中心的多数据中心协同工作的分布式存储体系。① 截至2021年年底，国家图书馆数字信息资源长期保存容量为2215085.71GB，资源内容涵盖电子图书、电子期刊、电子报纸、馆藏特色数据库、音视频资源及网络资源等。

7.4.5.2 清华大学图书馆数字信息资源长期保存实践

国内高校图书馆不断探索数字资源长期保存方案。北京大学图书馆承建国家数字科技文献资源长期保存体系（National Digital Preservation Program，NDPP）高校保存节点项目建设，该节点保存了Springer、Nature、John Wiley、Emerald、PQDT等50多个中外文数据库的数字资源。清华大学图书馆参与数字资源长期保存标准的研究以及系统的开发项目等。清华大学图

---

① 魏大威，谢强，季士妍．国家数字图书馆分布式多活存储体系研究［J］．图书馆杂志，2018（3）：4-11.

书馆数字资源长期保存实践主要体现在以下三个方面：

(1)参与数字资源长期保存研究项目

①中文数学数字图书馆项目。

从20世纪90年代末开始，欧美等发达国家陆续启动了若干“数学数字图书馆”项目。其中EMANI（Elec-ironic Mathematics Archiving Network Initiative）项目是2002年启动的一个关于“数学文献电子文档网络”研发的国际合作项目，有美、德、法、中的四家图书馆(美国康奈尔大学图书馆、德国哥廷根大学图书馆、法国MathDoc联盟、中国清华大学图书馆)参加。该项目旨在推动世界范围内从古至今在数学领域的出版物的逐步数字化，在长期保存的同时，以数字图书馆方式向全球用户提供快捷的检索和全文浏览等服务。为配合EMANI项目的进展，清华大学图书馆联合数学系、信息学院在2003年共同申请了学校的基础研究课题——“数学文献电子文档网络的若干关键问题研究”。以该课题的研究为基础，清华大学图书馆开始了“中文数学数字图书馆(CMDL)”的规划与建设。以此合作项目为契机，清华大学图书馆广泛调研了国内外的各种保存元数据方案，在重点借鉴美国国会图书馆长期保存音像资料的经验的基础上制定出了一个完整的保存元数据框架，并确定了使用这个元数据框架进行实际标引时的标引机制以及元数据的编码方案。这个元数据框架除了可以实现数字资源的长期保存外，还重点解决了资源结构的表达问题。① 通过项目的实施，图书馆体会到在数字资源长期保存标准规范的制定和采用方面应尽量与国际接轨，优先采用国内外已有的、开放公认的数字图书馆标准规范，并以此为起点，持续跟踪数字资源长期保存的发展。

②国家数字图书馆长期保存项目。

清华大学图书馆承担了国家“十五”重点文化建设项目——国家数字图书馆工程的“长期保存元数据规范和封装规范”项目。根据国家图书数字资源长期保存的需求，清华大学图书馆组建了研制团队，由负责数字资源长期保存的副馆长牵头，带领当时的数字化部、系统部的骨干，在参考国外标准规范《PREMIS保存元数据数据字典2.1》的基础上，根据国家图书馆数字资源的具体情况，研制了《国家数字图书馆长期保存元数据规范和应用指

① 姜爱蓉，冯立升，郑晓惠，董丽. 全球数学数字图书馆的发展与中文数学数字图书馆的建设[J]. 图书情报工作，2005(9)：79-81，106.

南》《国家数字图书馆长期保存元数据封装规范和应用指南》。该项目于2012年通过验收，两份规范和应用指南已于2014年正式出版。在该项目的基础上，清华大学图书馆和国家图书馆、上海图书馆等机构联合起草，并于2012年由文化部发布了行业技术性指导文件《图书馆数字资源长期保存元数据规范》(WH/Z1—2012)。规范的实施与指南的应用，为PREMIS数字模型的实施、元数据存储等提供了具体的指导，为国家数字图书馆设计数字信息长期保存系统提供了参考。

③文物数字化保护标准体系及关键标准研究与示范项目。

清华大学图书馆承担了国家文物局"文物数字化保护标准体系及关键标准研究与示范"项目的子课题"文物数字化保护保存元数据规范"和"文物数字化保护保存元数据应用指南"，主要研究保存元数据及其在文博领域的应用。这两项成果正在形成行业标准，为文博领域的文物数字化保护项目提供参照，在我国数字资源长期保存、可互操作和可持续发展中发挥作用。

(2)运用新技术长期保存本馆数字信息资源

清华大学图书馆长期跟踪国外数字资源长期保存的发展情况，开展了第三方存储Portico的技术研究，介绍了欧盟长期保存项目Planets的体系与特点，跟踪了DAITSS数字保存仓储软件的发展与应用等。基于对国外数字资源长期保存元数据标准、存储系统、存储方式的长期跟踪和调研，清华大学图书馆结合自身的资源与需求情况，利用新技术，开展了本馆数字资源进行长期保存的探索与实践。

①基于DSpace数字资源存储系统的应用实践。

DSpace系统是最初由美国麻省理工学院和美国惠普公司合作开发的，以内容管理发布为设计目标的数字资源存储系统，可以收集、存储、索引、保存和发布任何格式的数字资源。清华大学图书馆从2004年开始进行了基于DSpace的若干应用探索，包括选择DSpace作为一个基础平台，建立读者培训门户系统，以此平台作为读者获取培训服务信息的主要途径，也作为图书馆读者培训服务组发布和存储培训相关资源的基本平台。选择DSpace系统搭建本校学生优秀作品(Outstanding Academic Papers by Students, OAPS)库，内容包含收集、存储本校本科生优秀毕业论文、课程优秀作业，大学生研究计划成果、大学生研究训练优秀报告等。同时，OAPS也是由香港城市大学、台湾逢甲大学、清华大学三校共同发起的一个合作计划，清华大学图书馆以DSpace系统为基础，通过应用OAIHarvester2.0软件和本地开发 XMLParser 软件，收割了三所大学的 OAPS 数据库，建立了通过网络提供服务的 OAPS 联合网站①；选择 DSpace 作为基础系统，清华大学图书馆根据学校对科研论文管理和保存的实际需求，进行了清华大学科研论文管理系统的建设尝试②。

②基于 Fedora 数字对象仓储管理系统的应用实践。

Fedora 是康奈尔大学(Cornell University)在美国国防部高级研究计划局(DARPA)和美国国家科学基金会(NSF)共同资助下进行的研究项目。该项目旨在解决内容管理、数字资产管理和数字资源保存等多方面的问题，实现系统的通用性。清华大学图书馆与本校计算机系合作，对资源表示、存储和管理等方面的内容进行深入研究，确定以开放源软件 Fedora 为底层，建立具有良好通用性和可扩展性的数字图书馆平台，对数字资源进行有效管理，并应用于数学数字图书馆、机械史数字图书馆系统平台，以及中国科技史系列平台的集成平台建设。③

(3)对本馆数字资源进行备份，保证图书馆长期保存数据的安全性

清华大学图书馆为了确保本校数字资源的安全性和完整性，构建了数据备份系统，图书馆馆内自建库和一些镜像服务器的资源等重要数据都通过网络备份系统得到合理的保护。④ 同时，图书馆实践对外购电子资源长期保存的方式，利用 DSpace 系统建立一个本馆电子资源的长期保存和管理平台，一方面提供对购进资源的长期保存功能，另一方面提供对这些资源的检索访问功能。图书馆利用已建成的平台，持续存储图书馆已购 IEEE 数据库的数据，并可以向校内读者提供检索服务。

7.5　数字馆藏管理

在网络环境下，数字馆藏是图书馆馆藏的重要组成部分。所谓数字馆

① 曾婷，董丽. DSpace 的相关研究进展及应用探索[J]. 现代图书情报技术，2007(6)：11-15.

② 邹荣，范爱红，姜爱蓉. 基于 DSpace 构建科研论文管理系统[J]. 现代图书情报技术，2009(10)：90-94.

③ 曾婷，董丽，邹荣，姜爱蓉. 开源仓储软件在清华大学图书馆的研究应用与思考[J]. 图书馆杂志，2012，31(5)：58-64.

④ 窦天芳，陈武. 数字图书馆数据备份的解决方案与技术——清华大学图书馆备份系统简介[J]. 图书馆建设，2005(1)：91-92.

藏，是指图书馆馆藏中以数字形式保存的且须借助计算机等信息技术设备进行管理和利用的数字信息资源的总和。它常常被划分为拥有的数字信息资源和可访问的网络信息资源(虚拟馆藏)两部分。数字馆藏与传统印刷型馆藏有显著区别，具有高度可共享性、易于自动管理、占用馆舍空间小、对设备依赖性强、对存储环境要求高、易受损害、管理难度大等特点。① 从广义上讲，数字馆藏管理包含数字馆藏生命周期(含选择、开发、采集、组织、保存、评价与利用等)管理、数字馆藏质量管理、数字馆藏安全管理、数字馆藏版权管理等。由于本书前面几章已经介绍了数字信息资源的选择、开发、采集、组织、保存，所以本节主要说明数字馆藏评价、数字馆藏质量管理、数字馆藏安全管理、数字馆藏版权管理等核心内容。

7.5.1 数字馆藏评价

数字馆藏评价是对图书馆数字资源及其管理系统的整体状况、属性、功能、运行与利用情况的检测和评估。它既要测评图书馆拥有的数字资源，也要评估图书馆可访问的数字资源，还要评估提供数字资源利用的系统及其功能与效率。

7.5.1.1 数字馆藏评价原则

数字馆藏评价应该遵循如下七个原则：

①可靠性原则，即要求数字图书馆系统是稳定的，馆藏资源本身是客观的，数据原创者的个人信息是真实的。

②合理性原则，即要求馆藏资源是公正的、适度的和一致的。这里“公正”是指提供不偏不倚、理由充分的观点，并能用合理的方式表达自己的见解；“适度”是指能恰当地反映客观世界；“一致性”是指提供的证据或信息不自相矛盾。

③可用性原则，即要求馆藏信息是符合数字图书馆和用户的实际需要的，并可通过网络实现本地和异地的访问与统计。

④全面性原则，即要求馆藏收录范围是全面的和广泛的，能够尽量收录本国与外国、本民族语言与外来民族语言、过去和现在的文字、图像、视频与音频信息。既提供原始文献，又提供资源链接；既提供一次文献，

① 索传军. 论数字馆藏的管理[J]. 大学图书馆学报，2003(2)：30-35.

又提供二次文献。

⑤权威性原则，即要求数字图书馆网站和馆藏具有声望或权威，并拥有知识产权。

⑥时效性原则，即要求馆藏信息能始终保持最新状态，定期更新。

⑦经济性原则，即要求用最少的费用支出满足用户对馆藏信息的需求。

7.5.1.2　数字馆藏评价标准

数字馆藏评价需突破传统图书馆馆藏评价指标(如藏书保障率、藏书覆盖率、藏书结构、藏书利用率等)的束缚，不仅需要评估图书馆拥有的各种数字信息资源，而且需要评估图书馆可访问的数字信息资源以及数字信息资源利用情况，涉及数字馆藏的拥有能力、存取能力、描述能力、检索能力、组织能力、利用能力六个方面。因此，可以从上述六个维度构建数字馆藏评价指标体系(见表7-1)。

表7-1　数字馆藏评价指标①

序号	拥有能力	存取能力	描述能力	检索能力	组织能力	利用能力
1	数据存储量	能访问的网络数据库数量	主题深度	浏览功能	数据准确性	个性化服务
2	数字资源学科覆盖率	能访问的网络数据库种类	主题广度	检索功能	数据安全性	用户数量
3	光盘数据库数量	开放获取资源数量	数据格式	检全率	系统稳定性	访问量
4	网络数据库数量	开放获取资源种类	元数据格式	检准率	数字资源组织方式	下载量
5	电子期刊数量	网络信息资源的准确性	信息来源	响应速度	数字资源组织方法	引用量
6	特色数据库规模	网络信息资源的权威性	注释	界面交互性	数字资源整合	用户满意度

① 盛小平. 数字图书馆馆藏评价[J]. 图书情报工作，2003(5)：40-43.

续表

序号	拥有能力	存取能力	描述能力	检索能力	组织能力	利用能力
7	数字版权管理	网络信息资源的完整性	参考文献	显示多样化	自动索引	用户反馈
8	数字资源年采购经费	网络信息资源的时效性	资源描述方法	输出多样化	自动文摘	—
9	数字资源年维护经费	访问网络资源的响应速度	—	—	数据更新频率	—
10	数字馆藏管理系统	—	—	—	—	—

7.5.2 数字馆藏质量管理

数字馆藏质量管理是图书馆通过制定数字馆藏质量目标，依据数字资源质量标准，对数字馆藏资源及其存取系统和检索系统进行全方位的质量控制、评价与改进的过程。

7.5.2.1 数字馆藏质量管理的意义

数字馆藏质量管理具有如下积极作用①：

①有利于提高数字馆藏资源整体质量。针对由多种数字资源组成的数字馆藏，必须重视每种数字资源的质量管理与过程控制，由此确保数字馆藏资源整体质量达到较高水平。

②提高数字馆藏资源利用率，尽最大可能发挥数字馆藏的效用。只有高质量的数字馆藏才能获得用户的青睐与广泛使用，真正发挥数字馆藏在满足用户信息需求和有效支持教学科研和社会经济发展等方面的潜在作用，通过其广泛利用实现更大的社会与经济效益。

③有利于提高用户满意度。图书馆通过数字馆藏质量管理，可以提高馆藏数字资源质量，能够为用户提供其亟需的、权威的、适用的数字资源，

① 索传军，赵梅亭. 数字馆藏质量管理系统研究[J]. 中国图书馆学报，2007(5)：68-72，78.

有效提高用户满意度。

④促进数字馆藏建设的标准化、规范化、科学化。数字馆藏质量管理可通过建立数字馆藏质量标准与规范的数字馆藏质量控制流程，同时明确各部门、各岗位人员的职责与权限，促进数字馆藏建设的标准化、规范化、科学化。

7.5.2.2 数字馆藏质量的影响因素

影响数字馆藏质量的因素有多种多样，主要包括：

①采集的数字资源质量。不同的数字资源提供者——数据库提供商或经销商，往往拥有不同学科、种类、规模与数量的数字资源，其所遵循的数据质量标准并不完全相同，因而提供的数字资源质量有高有低。图书馆在采购数字资源前，应该对不同数据库提供商或经销商提供的数字资源质量进行评估，选择质量较高、声誉较好的数据库提供商或经销商，以便从源头上确保获取高质量的数字信息资源。

②自建数字馆藏质量。自建数字馆藏的准确性、完整性、描述的规范性，都将会影响整个数字馆藏质量。因此，图书馆应该严格遵循数字资源质量标准来开发与运营数字馆藏。

③数字馆藏存储质量因素。存储系统的选型、存储设备、网络设备、供电设备、存储分配方案、备份和恢复方案、存储格式与相应软件、数字资源的长期保存策略、机房管理制度、存储管理策略、存储管理人员的技术水平与工作能力以及质量意识等因素，都可影响数字馆藏存储质量，从而进一步影响数字馆藏质量。

④数字馆藏服务质量因素。数字图书馆主页、专门的数字资源整合工具、数字资源检索系统、馆藏导航系统等服务质量因素可影响用户对数字馆藏的使用，也可折射出数字馆藏质量的高低。

7.5.2.3 提升数字馆藏质量的措施

为提升数字馆藏质量，可以采取如下几个方面的措施：

①实施数字馆藏全面质量管理，即实施数字馆藏的全员、全过程、全要素管理以改进数字馆藏质量，其中数字馆藏全员管理要求对参与数字馆藏建设与服务的图书馆员实施全面的管理，通过提高图书馆员的质量意识与专业技能，严把数字馆藏资源及其相关因素的质量关。数字馆藏全过程

管理要求对数字馆藏建设整个过程，即数字资源的选择、采集、分类、组织、存储、传递、共享、利用、评价，按照高质量标准实施系统化的管理，不遗漏其中任何一个环节，严把数字资源建设过程的质量关，确保每项数字资源建设活动达到高质量要求。数字馆藏全要素管理要求对影响数字馆藏质量的诸多因素实施全方位管理，及时发现影响数字馆藏质量的不利因素或数字馆藏建设中存在的质量问题，并采取有效的质量改进措施，确保数字馆藏的整体质量。

②构建数字馆藏质量管理系统。数字馆藏质量管理系统是一套采集、存储和处理各类质量数据，并以此为基础进行质量分析、评价、控制和决策的信息管理系统。该系统通过执行质量信息(数据)的有效流动与处理、把质量任务分配给相应的责任者、处理与记录各种质量事件或问题、实施和跟踪质量评价、进行质量反馈与控制等活动，可以改善数字馆藏质量管理。①

③综合评估拟购数字资源质量。由于采购是目前数字资源建设的主要途径，采集的数字资源本身质量的高低直接影响数字馆藏质量，所以图书馆采集人员需要考虑数字资源与用户需求的相关程度、数字资源本身质量的高低来选择数字资源，包括数字资源使用的软硬件环境与方便程度、数字资源的内容质量(数据库收藏是否全面、准确、权威以及是否具有独特性、新颖性、时效性等)、检索系统及其功能、数据库提供商的后续服务与价格模式、许可协议与保存要求等，全面、综合地评估拟购数字资源的质量，仅选择与采集高质量的数字资源，从而从源头上确保数字馆藏质量。

7.5.3 数字馆藏安全管理

随着图书馆特色数据库开发、商业数据库采购的持续推进和开放获取信息资源的快速发展，图书馆收藏了大量的数字资源，这些资源可以极大地满足广大用户的科研、工作和学习需求。然而，馆藏资源的数字化、网络化使得数字馆藏安全问题逐渐显现出来，成为数字信息资源建设不可忽视的核心问题。

7.5.3.1 数字馆藏安全问题

目前，图书馆数字馆藏安全问题主要体现在以下几个方面：

---

① 索传军，赵梅亭. 数字馆藏质量管理系统研究[J]. 中国图书馆学报，2007(5)：68-72，78.

(1)资源存储安全问题。为保障用户长期使用图书馆的数字资源，这些数字资源就需要得到长期保存，然而相对传统文献资源而言，数字资源的存储更容易出现安全问题，比如存储媒介使用寿命的约束、外部因素(温度、湿度、磁场、突发性断电等)和计算机病毒的侵扰。其中，计算机病毒是数字资源安全的最大威胁，其传播速度快、途径多样，具有极强的破坏性，由此造成服务器运行速度变慢、数据被破坏、网络带宽被占用，甚至导致服务器系统瘫痪、硬件受损、数据丢失等，对数字资源的安全构成严重威胁。① 因此，如何实现数字馆藏的长期保存，是数字馆藏安全管理必须解决的首要问题。

(2)网络安全问题。数字馆藏必须依靠局域网、互联网或无线网的传输才能被用户使用，它需要确保信息处理和传输系统的安全，避免因为系统的崩溃和损坏而对系统存储、处理和传输的信息造成破坏和损失，避免由于电磁泄漏产生信息泄露，干扰他人或受他人干扰；确保网络上系统信息的安全，包括用户存取权限控制、数据存取方式控制、数据加密等；确保网络上信息传播安全，包括信息过滤，防止和控制非法、有害的信息进行传播；确保网络上信息资源内容的安全，包括保护信息资源的保密性、真实性和完整性，避免攻击者利用系统的安全漏洞进行窃听、冒充、诈骗等不法行为。②

(3)数字馆藏使用安全问题。数字馆藏极大地方便了用户使用，用户通过网络可以随时随地浏览、访问、下载各种数字馆藏资源，但这引起数字资源使用安全问题，比如出现数字资源的窃取、篡改、泄露、恶意破坏和滥用等风险，引发数字版权问题、涉密资源的非法传播等。

7.5.3.2　数字馆藏安全管理对策

针对上述各种数字馆藏安全问题，图书馆需要采取有效的数字馆藏安全管理对策，包括：

第一，实施高效的数字资源存储。目前常见的数字资源存储工具有硬盘、光盘、磁带等存储介质，它们的寿命有限，且易损坏或者丢失。与此

---

①　杨琼. 高校图书馆数字资源建设与安全管理[J]. 武汉理工大学学报，2010，32(8)：160-162，172.

②　杨向明. 论数字信息资源的网络安全[J]. 中国图书馆学报，2004(2)：66-68.

同时，由于大多数数字资源是通过网络共享的，易被木马、病毒、黑客等攻击，更需要做好数字资源保护与备份工作。

①根据数字资源的属性、类型、大小、用途等对数字资源进行分类与整合。

②综合考虑存储载体及所要存储数据的各种特点，如数据读取频次、存储载体容量、使用寿命等，选择合适的存储载体，如光盘、硬盘与云存储平台等。

③选择合适的备份方案，针对不同类型的数字资源，要采取不同的备份频次，比如对于日常信息可以每天或者每周备份一次，对于重要数据信息则有必要实时备份；在数字资源备份方式上，可以选择增量备份或者完全备份两种，或采取远程备份、本地备份以及两者结合的备份方式。

第二，采用安全防护技术与措施，包括：

①安装安全性能高的服务器管理软件，最大限度地减少软件漏洞所引起的安全问题出现的概率。同时，要利用高级的系统安全管理软件定期对系统进行扫描、漏洞修复，从而降低风险。

②应用虚拟局域网技术。将数字馆藏服务器与其他服务器隔离开来，减少与规避馆藏服务器受到病毒感染或恶意攻击的风险，进而提高数字馆藏的安全性。

③应用防火墙技术。在数字馆藏内部网络与外部网络之间设置安全屏障，阻止外界对数字馆藏资源的非法访问，保障数字馆藏资源的安全。

④应用防病毒技术。病毒可以通过浏览器、邮件甚至聊天工具、U盘等各种途径感染数字资源，需要为数字馆藏服务器安装服务器版网络杀毒软件，以提高对病毒的检测、清除、免疫和对抗能力，并由专人负责维护，确保杀毒软件不断更新，并使用各种方法定时检测病毒，实时清除病毒。严禁在没有杀毒的情况下，使用外来磁盘、光盘和移动存储设备，不得安装来历不明的软件和盗版软件。

⑤应用数字加密技术，以便在数据传输、存储中对数据采取安全、有效的保护，保证数据的完整性，防止数据被外部截获、破译。①

⑥应用身份认证和控制技术，保证只有通过身份认证的用户才能享受

① 杨琼. 高校图书馆数字资源建设与安全管理[J]. 武汉理工大学学报，2010，32(8)：160-162，172.

数字馆藏服务，避免非法用户对系统的恶意使用。在此过程中，需要对不同身份的用户设定不同的权限，如普通用户、会员用户、管理者等，这样可以避免用户的越权使用，同时提高资源的有效使用。①

第三，加强数字馆藏安全管理制度建设，应根据数字资源的安全要求，制定机房、服务器与磁盘阵列等设备的安全管理制度和网络安全管理办法，建立健全数字馆藏安全管理制度，比如数字馆藏过程管理制度、数字资源长期保存制度、数字馆藏备份制度、数字馆藏安全保护制度等，从而为数字馆藏安全管理提供制度保障。

7.5.4 数字馆藏版权管理

数字馆藏版权管理是数字馆藏管理的另一个关键问题。2020 年 11 月新修订的《中华人民共和国著作权法》(后简称《著作权法》)第 62 条规定，著作权即版权，它包括以下人身权和财产权：发表权、署名权、修改权、保护作品完整权、复制权、发行权、出租权、展览权、表演权、放映权、广播权、信息网络传播权、摄制权、改编权、翻译权、汇编权、应当由著作权人享有的其他权利。数字馆藏版权管理就是对数字馆藏资源著作权的管理。由于数字馆藏包含图书馆拥有的数字信息资源和仅可访问的数字信息资源，而这两类信息资源的著作权情况差异较大，因此需要加强数字馆藏版权管理。

7.5.4.1 数字馆藏管理中的版权问题

(1)馆藏作品数字化的版权问题

由于数字化是复制行为，所以数字化权就属于复制权。对于超过保护期、已经进入公有领域的馆藏作品，其数字化不再受著作权人支配，在尊重作者的署名权、修改权、保护作品的完整权的基础上，属于合法复制。对于尚未进入公有领域的作品，我国《著作权法》第 24 条第 8 款中规定“图书馆、档案馆、纪念馆、博物馆、美术馆、文化馆等为陈列或者保存版本的需要，复制本馆收藏的作品”属于合理使用，可以不经著作权人的许可；对于尚未进入公有领域的作品，如果是为了保存版本和教学科研的需要，

① 刘晓茹. 大数据环境下图书馆馆藏数字资源安全管理问题及对策研究[J]. 农业图书情报学刊，2017，29(5)：39-42.

图书馆将其进行数字化转化，这种复制行为也应视为合理使用，即不存在侵犯版权的问题。

(2)数字资源采集中的版权问题

数字资源采集可能遇到的版权问题主要是面临许多侵权风险，包括①：

①因采购资源中含有侵权作品而承担连带责任的风险。连带侵权是图书馆数字资源采集容易遇到的法律风险，表现形式主要是图书馆采购的商业数据库中含有涉嫌侵犯著作权人信息网络传播权的作品而引发的纠纷。若图书馆在数字资源采集中忽视版权问题，很容易掉入侵权诉讼的泥潭。

②因版权瑕疵担保条款缺失或设置不利于图书馆而产生的合同风险。在数据库采集中，若数据库采购合同对数据库的版权归属、版权风险规避等关键条款缺失或其规定不利于图书馆，一旦数据库提供商因其产品出现版权诉讼，图书馆很可能无法依据合同得到法律救济，由此遭受损失。

③因合同规定使用范围界定模糊而产生的合同风险。在现实采购中，数据库提供商往往会在采购协议中对授权用户范围、使用方式、技术措施等方面做出限制，若这些限制影响图书馆服务且在关键条款上界定模糊，将埋下侵权隐患。

④因版权争议适用法律而产生的风险。国外数据库采购合同涉及国外的适用法律及其管辖范围，若图书馆不熟悉协议约定的适用法律，一旦出现版权纠纷，图书馆将要面临被判版权侵权或违约的风险。

⑤因限定责任范围而产生的风险。因著作权侵权赔偿责任难以预估，若采购合同出现了类似于“(供应商)根据本协议承担的责任，不论是合同责任、侵权责任、后果责任或者其他责任，均不超过根据本协议为购买资源库而支付的费用”的条款，图书馆就面临承担超过采购费用部分的赔偿风险。

(3)数据库建设中的版权问题

数据库建设是图书馆信息资源建设的重要内容，它主要通过图书馆员独立开发和购买商业数据库来实现。图书馆开发的数据库主要是书目数据库、文摘数据库、全文数据库。图书馆书目数据库建设主要是对书目数据的编辑与组织，不涉及版权问题。我国《著作权法》第35条规定“作品刊登

① 申庆月．数字资源采访版权风险分析和防范[J]．图书馆杂志，2014(6)：24-28.

后，除著作权人声明不得转载、摘编的外，其他报刊可以转载或者作为文摘、资料刊登，但应当按照规定向著作权人支付报酬”，因此，文摘数据库建设可以不必取得著作权人的许可，但应向著作权人支付报酬。而全文数据库建设，在使用作品原文时必须获得著作权人的许可，除非该作品已经进入公有领域。此外，图书馆开发的数据库只有具有独创性才能享有版权，在开发过程中不能侵害他人的数据库版权；图书馆购买光盘数据库后，实质上就享有了对这个数据库光盘的物权，可以检索、打印或拷贝相关文献；图书馆购买联机数据库或网络数据库，这时图书馆购买的仅是信息资源的使用权①，不能大批量下载而转变为图书馆拥有的数字信息资源。

(4)虚拟馆藏建设中的版权问题

许多开放获取的信息资源和网络信息资源已经成为图书馆虚拟馆藏的重要组成部分，对于满足用户需求发挥了积极作用。这些虚拟馆藏建设主要是通过动态链接技术来完成的，这个过程涉及复杂的版权问题，主要包含两种情形：

①临时复制。在数字传输引发的复制中，大量存在的是作品并未复制在磁盘上，而是在随机存储器(RAM)暂存，甚至作品只是在电子系统的正常使用过程中产生的附带的或瞬间的复制件，这种“临时复制”是制作或接收某项信息的一部分，它不侵犯版权。欧盟《版权指令(2001/29/EC)》第5条第1款规定：“过渡的或偶然的临时复制行为，是技术程序不可分割的和重要的组成部分，其目的仅是为了能使第三方在网络传输中使用或合法使用受保护的作品或其他材料，而且这些作品或材料没有任何独立的经济意义，应当对第2条规定的复制权进行豁免。”临时复制有两种典型方式——浏览(browsing)与缓存(caching)。一般来说，浏览互联网上的资料是一种合理使用，不构成侵权行为。缓存是指计算机使用者通过其计算机与网络，自远程站点选取信息后，该信息将由计算机系统自动存放在计算机或服务器上，当随后用户点击同一站点信息时，将不必再自远程原始站点传送该信息，而是由先前存有该信息的计算机内存或服务器传送该信息。缓存的信息经常只是暂时被存储起来，尽管时间可能从几秒到几天、几周或更多。缓存类型包括本地缓存(缓存一般出现在本地终端用户的计算机上)和代理

① 党跃臣，张晔，王韫华．数字图书馆信息资源建设中的版权问题[J]．图书情报工作，2001(3)：28-31.

缓存(缓存出现在服务器层次而非终端用户计算机层次，特别是原始资料的复制件存储在新服务器而非原始服务器中)两种。因为缓存包含制作复本，它就引起了一个潜在侵犯复制权的问题，所以需要注意缓存特别是代理缓存的“合理性”问题。

②链接(linking)。链接是一种嵌入式电子地址，它指向另外一个 Web 位置。链接分为两种类型：第一种是“外链接”(out link)，它存储了目标地址，为浏览 Web 页面的某个人提供一种工具，使此人在点击链接后能到达另一个地点。第二种链接是“内链接”(inline link)，它是一种指针，指向文件、图像、声音素材或另外一个 Web 页面。一般认为，通过“外链接”使虚拟馆藏直接与网络信息资源链接起来，用户在链接的导引下可以直接访问被链接对象，这种链接没有侵犯被链接者作品的传播权，即不存在侵犯版权的问题；虚拟馆藏通过“内链接”或加框技术和埋藏链接技术，使被链接网页不能以原有形式出现在用户计算机屏幕上，这将侵害被链接作品的“保护作品完整权”，实际上是一种侵权行为。因此，若需要采用“内链接”构建虚拟馆藏，必须事先与被链接者取得联系，在获得许可的情况下，方可链接对方的网页。

7.5.4.2 数字馆藏版权管理对策

为加强数字馆藏版权管理，图书馆可以采取如下对策：

(1)制定数字馆藏版权管理制度

正式的数字馆藏版权管理制度能够有效指导图书馆的数字馆藏版权管理业务，规避侵权风险。因此，图书馆需要制定或完善相关的数字馆藏版权管理制度，包括：面向图书馆各项业务的版权规章制度，如采购版权政策、文献传递版权政策、复制权政策、网站建设版权政策等；面向用户的版权政策，如网站声明、用户应遵守的版权须知等。此外，图书馆需要根据国际版权条约、我国《著作权法》及相关政策的变化，不断调整完善数字馆藏版权管理制度。①

(2)科学制定采购合同中的版权相关条款

若采购信息资源选择与代理商签订采购协议，或者是因引进国外、中

---

① 邱奉捷，张若冰. 图书馆数字资源版权管理战略规划研究[J]. 图书馆杂志，2014(6)：29-33，47.

国港澳台地区资源时依法须由出版物进口经营单位经营的，在采购协议中必须明确产品的版权归属、责任主体。当产品的各种权利、义务和责任人非常分散时，为了保护图书馆的采购权益特别是版权权益，应谨慎审查各种代理权限，选择适合的主体签订合同，确保合同的一方是承担版权责任的主体。同时，尽量争取合同适用法律为图书馆所在国的法律，法律管辖地为图书馆所在地，以尽可能规避法律规定不同而带来的不确定性和版权风险。此外，要求资源供应商以合同条款的形式明确保证其所提供的资源版权无瑕疵；若图书馆按照协议规定采购数字信息资源后出现版权纠纷，需明确供货商承担由此产生的责任，并赔偿图书馆由此产生的损失。图书馆采集人员需熟知信息资源采购可以适用的各种著作权例外和限制，在签订采购协议时争取最大的版权利益，同时尽可能规避版权风险。①

(3)强化版权意识，加强被整合数字馆藏的知识产权保护

对于被整合的数字馆藏，应该加强知识产权保护，包括以法律声明的方式宣示和保护被整合数字馆藏的版权；充分利用版权例外，如合理使用制度、法定许可制度、声明性版权例外等，最大限度地实现数字信息资源整合；采取技术措施保护被整合数字馆藏的版权；加强与数据库提供商的协商，利用约定许可规避被整合数字馆藏的版权风险；建立健全现行版权法律法规，为数字馆藏版权管理提供充分保障。②

(4)运用区块链技术实现数字馆藏版权管理

中国国家数字图书馆运用区块链技术，成功实施了数字馆藏版权管理。它借助区块链分布式存储技术创建数字资源版权实时登记机制，打通数字版权归属与数字版权交易信息间的“数据孤岛”，有效改变数字资源版权信息垄断、封闭和不易获取的状况，显著降低数字资源版权登记的时间成本与中介成本；应用基于一致性哈希算法的数字资源版权利益共享模式，构建基于哈希算法的数字资源版权收益管理平台，推动数字版权分布式交易，凭借区块链共识机制让数字版权利益相关者快速达成版权收益分配的共识，利用感知哈希算法提高数字图书馆版权审核效能，确保数字资源版权主体获得最大化收益，实时审核数字资源版权利益相关者的用权行为；打造基

---

① 申庆月. 数字资源采访版权风险分析和防范[J]. 图书馆杂志，2014(6)：24-28.

② 高峰. 公共数字文化资源整合中的数据库版权问题[J]. 图书馆，2015(9)：11-16.

于区块链智能合约的数字资源版权监管闭环链条，利用智能合约一体化监管手段动态监测数字资源版权确权、维权与用权的操作流程，对数字版权中的敏感信息进行隐匿性标签处理，促进数字图书馆合法合规地部署调用数字版权资源。①

① 张铭丽. 数字图书馆数字资源版权区块链管理研究——以中国国家数字图书馆数字资源版权区块链管理实践为例[J]. 图书馆工作与研究，2021(8)：31-39.

8 信息资源的共建共享

信息资源共建共享是指两个或两个以上图书馆之间通过分工协作等方式，开展优势互补、互利互惠的信息资源建设和信息服务活动，以使信息资源配置和布局更加合理和有效，最大限度地满足用户的信息需求。① 长期以来，我国非常重视信息资源共建共享活动。1997 年 9 月 25 日，原国家科委印发了《关于“九五”期间文献信息资源建设和发展的若干意见》，要求建设文献信息资源网络，实现信息资源共享②；1998 年 5 月，正式成立 CALIS；2000 年 3 月成立“全国文献资源共建共享协调委员会办公室”来组织与策划全国文献资源共建共享，并负责指导建立各地的文献资源共建共享工作；2002 年 4 月 17 日，文化部与财政部印发了《关于实施全国文化信息资源共享工程的通知》，并于当年 6 月 30 日，由文化部印发了《全国文化信息资源共享工程管理暂行办法》；2006 年和 2013 年，文化部分别先后印发了《全国文化信息资源共享工程“十一五”规划》《全国文化信息资源共享工程“十二五”规划》；2016 年 9 月 5 日，国务院印发了《政务信息资源共享管理暂行办法》。此外，许多国务院下属机构制定了不同部门信息资源共享的政策文件，如《农业部政务信息资源共享管理暂行办法》《交通运输政务信息资源共享管理办法(试行)》等。如今国内形成了以 CALIS、CASHL、NSTL、全国文化信息资源共享工程站点为中心节点的国内信息资源共享体系。本章

① 叶继元. 信息资源建设[M]. 北京：科学出版社，2021：92.

② 国家图书馆研究院. 我国图书馆事业发展政策文件选编(1949—2012)[M]. 北京：国家图书馆出版社，2014：150-157.

主要介绍信息资源共建共享的意义、目标、内容、模式等。

8.1 信息资源共建共享的意义

信息资源共建共享具有非常重要的意义，主要包括如下几个方面：

(1)满足日益增长的用户信息需求

如今用户的信息需求发生了很大的变化。他们希望通过网络，以十分便捷的方式获取广泛的信息资源与多样化、个性化的信息服务。他们不仅希望及时获得文献的线索，更希望足不出户获取文献的全文。信息资源共建共享是充分满足用户需求最有效的途径。图书馆通过信息资源共建、协调采购，可以避免信息资源的重复购置与馆藏资源数字化的重复开发，也可以通过网络实现各馆印刷版和其他载体文献资源的共享，提高信息资源的获取能力，更好地满足用户日益增长的各种信息需求。2005 年 7 月 8 日，全国 50 余所高等院校图书馆馆长在武汉大学举办的“中国大学图书馆馆长论坛”上发布了《图书馆合作与信息资源共享武汉宣言》，明确规定信息资源共建共享的最终目标是“使任何人在任何时候、任何地点，均可以获得任何图书馆的任何信息资源”①。

(2)显著提高馆藏资源的利用率

国内大多数重要图书情报机构对现有文献资源的开发利用十分有限，许多大学图书馆的图书平均流通率只有 30%左右，有些图书馆的藏书利用率甚至只有 5%。② 太低的利用率无疑是一种对资源与资金的浪费。如果采用馆际互借、文献传递等资源共享方式，甚至实现区域范围内图书馆(如大学城高校图书馆)用户的互通互用，必然会极大地提高馆藏资源的利用率。

(3)显著提高用户的信息保障率

我国在文献资源建设方面虽然取得了长足发展，但仍存在许多不足。第一，文献资源的社会平均占有率比较低。以公共图书馆为例，2021 年年末，全国人均图书藏量 0.89 册、全年全国人均购书费 1.57 元，虽然比 2016

① 中国大学图书馆馆长论坛图书馆合作与信息资源共享武汉宣言[J]. 大学图书馆学报，2005(6)：3-5.

② 袁海波，孟连生. 网络环境下信息资源共建共享的实践——兼述国家科技图书文献中心的建设与发展[J]. 情报学报，2002，21(1)：57-62.

年人均图书藏量和人均购书费分别增长 0.24 册和 0.01 元，但是增长步伐较小，与西方发达国家相比仍有明显差距。第二，文献资源布局不合理，覆盖面不全，重复率较高，信息资源建设宏观调控不强。第三，书刊价格上涨显著，信息资源订购经费不足，文献入藏量下降，难以满足不断增长的用户信息需求。通过信息资源共建共享，形成覆盖不同地区、机构的国家信息资源保障体系，可以显著提高用户的信息保障率。

(4)促进信息资源公平合理的使用，助力和谐社会建设

由于我国经济与文化发展存在地区差异，发达地区往往拥有更多的信息资源，而欠发达地区的信息资源匮乏。这种信息资源分布的不均衡反过来加大了不同地区经济与文化发展的差距，从而影响整个社会的和谐发展。信息资源共建共享，使信息资源能够在全社会合理配置，有利于消除不同地区之间的信息鸿沟和壁垒，进而助力和谐社会建设。

(5)优化国家对信息资源建设的投入

通过信息资源共建共享，可以避免信息资源重复建设，使有限的资金投入能够得到充分、有效的利用，并产生最大的投资回报，包括采集尽可能多的、有价值的信息资源，并努力实现最大范围、最大限度的信息资源共享，以获得最佳的投入产出比。

8.2　信息资源共建共享的内容

目前，信息资源共建共享的内容主要包括以下六个方面：

①通过整体规划与各馆的分工，建立相对完备的信息资源保障体系。

②联机联合编目。联机联合编目是将各自独立的多个文献机构(即成员馆)的目录资源通过计算机自动化系统和网络联合起来，形成一个统一的联合目录数据库，从而使得所有与该数据库联网的机构均能共享库中的书目资源，并可开展异地联机编目，也使得用户在任何一个与数据库联网的终端或 PC 上均能查询到全部成员馆的馆藏信息。① 联机联合编目既能减少重复劳动，提高编目效率，显著降低编目成本，也可以通过各成员馆采用统一标准显著提高编目质量，实现编目数据的规范化与标准化，促进书目数

① 向前. 联机联合编目——未来发展之路[J]. 大学图书馆学报，1999(2)：39-42.

据的共建、共知与共享。①

③联合采购。联合采购是指由多个图书馆或情报机构组成一个团体，由各成员出资统一采购成员所需的信息资源，以实现各成员以最低成本采购尽可能多的信息资源。联合采购可用于购买图书馆硬件与软件以及各种信息资源。

④馆际互借与文献传递。馆际互借是指图书馆根据用户的特定需求，从其他图书馆借阅本馆未入藏的资料，并根据互惠原则向申请馆出借文献的活动。在网络环境下，馆际互借发生了很大变化，出现联机馆际互借、数字化全文传递服务等新型信息资源共享方式，且占据越来越重要的地位。

⑤合作馆藏建设。合作馆藏建设是两个或两个以上图书馆在自愿的基础上，通过分工，各自尽可能将一定范围内的资源收集齐全，使各类型、各学科文献在整体上更充实，避免不必要的浪费，并在此基础上促进信息资源共享的行为。各成员馆通过合作馆藏建设，既可以在一个地区或一个系统内建立比较完善的信息资源保障体系，也可以避免信息资源在成员之间的重复建设。

⑥组建图书馆联盟。图书馆联盟是以实现资源共享、互惠互利为目的而组织起来的，受共同认可的协议和合同制约的图书馆联合体。② 图书馆联盟的功能和任务主要是协调信息资源建设，开展集团采购、联合编目、馆际互借与文献传递，合作存储数字信息资源，提供人员培训、业务辅导与咨询服务。因此，组建图书馆联盟是信息资源共建共享的一项重要工作，通过图书馆联盟可以更有效地实施信息资源共建共享。

8.3 信息资源共建共享的模式

如今已经涌现出了多种信息资源共建共享模式，并可从不同角度来进行分类③：①从管理体制角度来看，信息资源共建共享模式可分为集中型模

① 叶继元. 信息资源建设[M]. 北京：科学出版社，2021：96-97.

② 戴龙基，张红扬. 图书馆联盟——实现资源共享和互利互惠的组织形式[J]. 大学图书馆学报，2000(3)：36-39.

③ 马恒通，许梅. 文献信息资源共建共享模式论纲[J]. 情报资料工作，2003(4)：36-38.

式和分散型模式两大类。集中型模式是指有跨部门的信息资源共建共享管理机构，统管全国的信息资源共建共享工作。分散型模式是指无统一的具有行政干预能力的全国性管理机构，而主要靠社会组织和社会力量来组织和调节信息资源的共建与共享。②从共享区域范围来看，信息资源共建共享模式可分为国际、国内和区域三大类。国际型是指跨国共享型，如OCLC。区域型是指少数几个洲或一个洲内多国参加的资源共建共享模式。国内型又分全国共享型和地方共享型、系统内共享型、跨系统共享型。③从共享层次来看，可分中央型、地区型、省市型三个层次。中央型是指国家级文献情报中心所组建的信息资源共建共享模式，它将国家图书馆和各系统所有大型图书情报中心联合起来，形成中央型信息资源共建共享网络。地区型是指某一地区内（如华东地区）各系统图书馆共同组建的信息资源共享网络。省市型是指以省（或自治区、直辖市）为单位，建立一省（市、区）范围内跨系统的信息资源共建共享网络，如"上海市文献资源共建共享协作网"。④从文献信息系统来看，可分系统内型和跨系统型两大类。系统内型是指在同一个系统如高校图书馆系统、公共图书馆系统和科研图书馆系统等实现的同类型图书馆的信息资源共建共享。跨系统型指在不同系统之间实现的信息资源共建共享。

纵观现有的各种信息资源共建共享模式，可以依据信息资源共建共享范围把目前主要的信息资源共建共享模式分为国际性图书馆联盟模式、全国性跨系统共建共享模式、全国性系统内共建共享模式、区域性跨系统共建共享模式、区域性系统内共建共享模式五类。

8.3.1 国际性图书馆联盟共建共享模式（OCLC 模式）

国际性图书馆联盟共建共享模式是指依靠国际性图书馆联盟在不同国家或地区实现信息资源共建共享的一种模式。该模式的典型案例是联机计算机图书中心（OCLC）。

（1）OCLC 简介

1967 年 7 月 5 日，为了共享信息资源和降低成本，美国俄亥俄州 54 所大学图书馆组建俄亥俄州学院图书馆中心（Ohio College Library Center，OCLC），1971 年更名为"联机计算机图书馆中心"（Online Computer Library Center，OCLC）。OCLC 致力于促进世界信息访问和减少图书馆成本，如今发展成世界上最大的图书馆网络，向全球 150 个国家和地区的 52156 个图书馆提供信息与技术服务。①

(2)OCLC 管理机制

从成立至今，OCLC 建立并逐步完善了一套会员制管理机制来实现信息资源在所有会员之间的共建共享。通过这种机制，OCLC 会员可以行使自己的职责和权利，从宏观上监督 OCLC 章程的执行情况、经营策略与未来发展趋势。OCLC 监管机制自下而上由 OCLC 的会员、地区理事会、全球理事会、董事会组成。

董事会由 13~17 名董事组成，任期为 6 年。董事会负责批准战略计划和项目，并对成果进行评估；每年进行一次首席执行官评估，负责首席执行官的继任规划，负责批准预算并监督审计报告和其他报告，以确保 OCLC 财务安全且符合其公益目的；负责审查合作或收购方案，确保各项交易有助于实现 OCLC 的使命和愿景。全球理事会的主要职责是从全球理事会代表中选举 OCLC 董事会的董事，批准对《OCLC 章程》和《法规施行细则》的修改，与 OCLC 董事会董事和其他管理层商议共同关注的问题并提出建议，确保 OCLC 会员与 OCLC 之间进行定期开放式交流。地区理事会的目的是在全世界范围内加强 OCLC 的合作机制，使各会员更方便地参与对 OCLC 的管理；地区理事会选举会员担任执行委员会委员。会员是那些满足 OCLC 协议的持续发展的最低要求的实体，通过共享其资源来表示接受 OCLC 倡导的合作理念。OCLC 会员分为治理会员(Governing Members)、普通会员(Members)、参与会员(Participants)。治理会员是指愿意将其所有新馆藏使用世界书目(WorldCat)作编目的会员馆，以使 WorldCat 成为一个世界各地用户可以广泛使用的联合目录数据库；普通会员是指愿意将一部分而非全部的新馆藏使用 WorIdCat 作编目或愿意将馆藏通过 OCLC 馆际互借系统出借给其他图书馆的会员馆。②

(3)OCLC 信息资源共建共享服务

OCLC 可以为会员提供全方位信息资源共建共享服务，包括管理服务、发现与咨询服务、资源共享服务、元数据服务等。其中“世界书目发现服务”(WorldCat Discovery Services)和“世界共享馆藏管理”(WorldShare

① OCLC. Directory of OCLC members[EB/OL]. [2022-11-12]. https://www.oclc.org/en/contacts/libraries.html.

② 丘东江，赵志，黄飞燕，等. 全球图书馆的“联合国”——联机计算机图书馆中心(OCLC)[M]. 北京：海洋出版社，2010：11，14-17.

Management Services)是两大核心服务。WorldCat 是一个全球图书馆联合目录;“世界书目发现”(WorldCat Discovery)是一个基于云的应用程序，它可以帮助人们通过一次搜索轻松地找到他们的图书馆和世界各地的图书馆中可用的资源。图书馆用户和工作人员使用他们的“世界书目发现”实例来搜索 WorldCat 数据库，确定他们需要的资料，并查看在哪里可利用这些资料。“世界共享馆藏管理”是一个完整的基于云的图书馆管理平台，帮助用户在馆藏级别上管理图书馆电子和纸本资源的元数据。通过馆藏知识库、查询、编目伙伴、数据同步和 WorldCat 更新五种方式允许用户接收和编辑所需的信息，以节省工作人员的时间，并帮助用户通过馆藏编目查找和访问资源。

8.3.2 全国性跨系统共建共享模式(NSTL 模式)

全国性跨系统共建共享模式，是指在某个国家由隶属于不同文献情报系统的文献情报机构如高校图书馆、公共图书馆、文献情报中心或信息研究所通过签订合作协议实现信息资源共建共享的一种模式。该模式的典型代表是我国的国家科技图书文献中心(NSTL)。

(1)NSTL 简介

国家科技图书文献中心(National Science and Technology Library，NSTL)是根据国务院批复，由科技部联合财政部、国家经贸委、农业部、卫生部和中国科学院等部委，于 2000 年 6 月 12 日组建的一个科技文献信息服务单位，也是中国目前为各界用户提供科技文献信息服务的一个新颖便捷的大型网络服务系统。NSTL 按照理、工、农、医四大支柱组建，由中国科学院文献情报中心、中国科学技术信息研究所、机械工业信息研究院、冶金工业信息标准研究院、中国化工信息中心、中国农业科学院农业信息研究所、中国医学科学院医学信息研究所、中国标准化研究院国家标准馆、中国计量科学研究院文献馆 9 个重点科技图书馆等组成。NSTL 的发展目标是，建设成数字时代的国家科技文献信息资源保障基地、国家科技文献信息服务集成枢纽、国家科技文献事业发展支持中心。

(2)NSTL 管理机制

NSTL 本身是一个虚拟的机构，不设文献信息收藏与服务部门，只设一个办公室，实行理事会领导下的主任负责制。理事会是领导决策机构，由跨部门、跨系统的著名科学家、情报信息专家、有关政府部门代表和主要成员单位领导组成。理事会根据需要定期或不定期召开会议，审议中心上一年度工作总结和当年各项工作的计划安排，审议经费预算方案、决算情况以及其他重大事项。理事会闭会期间不定期召开理事长办公会议，研究决定中心日常工作中的重要问题。主任由理事会聘任，科技部牵头会同财政部等有关部门对 NSTL 进行政策指导和监督管理。为确保科技文献共建共享建设，财政部、科技部设立了“科技文献信息专项经费”，支持 NSTL 的建设与持续运行。科技部每年组织审计部门，对 NSTL 的经费使用情况进行审计，确保专项经费使用的规范、安全和有效。各成员单位都为科技文献信息专项经费单独设账，单独核算，切实做到专款专用。NSTL 全新的运行机制和建设模式，打破了行政条块分割，提高了决策的科学性，推进了国家科技资源共享机制和科技基础条件支撑体系建设，实现了隶属于不同系统的，具有不同管理机制的各成员单位的合作共建，促进了科技文献资源的全国共享。①

（3）NSTL 信息资源共建共享

NSTL 以构建数字时代的国家科技文献资源战略保障服务体系为宗旨，按照“统一采购、规范加工、联合上网、资源共享”的机制，采集、收藏和开发理、工、农、医各学科领域的科技文献资源，面向全国提供公益的、普惠的科技文献信息服务。经过 20 多年的发展，NSTL 建立了印本文献战略储备和数字资源国家保障并举的科技文献资源体系，印本文献的采集数量和数字资源的国家保障规模居国内首位。截至 2022 年 11 月 13 日，已收录 25271 条期刊论文数据、54021 条会议论文数据、52955 条报告数据、18784 条文集汇编数据、74031 条图书数据、5821821 条学位论文数据、115327628 条专利数据、163331 条标准数据、4175 条计量规程数据。②

NSTL 以网络服务系统为核心，依托地方和行业科技图书馆，合作建立了辐射全国的科技文献信息服务体系。NSTL 在全国 29 个省、自治区、直辖市建立了 44 个服务站，构建了面向高校和科研院所的用户管理平台，开通了面向集团用户的接口服务，提升了地方和行业科技文献信息的保障能力和服务水平。NSTL 以国家许可的方式引进数字资源，避免了资源重复建设，

① 赵路. 我国科技和财政管理改革的一个典范——NSTL 成立十周年有感[EB/OL].[2022-11-13]. http://www.gov.cn/gzdt/2010-06/11/content_1625939.htm.

② NSTL. 文献浏览[EB/OL].[2022-11-13]. https://www.nstl.gov.cn/resources_browse.html.

保障了信息平等获取，最大限度地实现了规模效益，节约了国家在文献资源上的整体经费投入，缩短了个体图书馆资源引进周期。

“十四五”期间，NSTL的总体发展目标是显著增强科技文献信息资源保障能力，基本实现不同地区、不同系统、不同创新群体间科技文献信息保障的均衡化，显著提升科技文献信息服务水平和智能化知识服务能力，建成以科技文献大数据为核心的、具备知识服务基本功能的国家科技文献信息战略保障体系。①

NSTL的探索、建设和发展，一方面避免了科技系统文献资源的重复建设，提高了资源使用效益，实现了科技文献资源的优化配置，另一方面也为公共图书馆系统、高校图书馆系统提供了共建共享范例，优化了全国文献资源配置，促进了全国范围的科技文献信息共建共享。②

8.3.3　全国性系统内共建共享模式(CASHL模式)

全国性系统内共建共享模式，是指在某个国内文献情报系统内不同机构通过签订合作协议实现信息资源共建共享的一种模式。该模式的典型代表是我国的中国高校人文社会科学文献中心(CASHL)。

(1)CASHL简介

中国高校人文社会科学文献中心(China Academic Humanities and Social Science Library，CASHL)是在教育部领导下，为我国哲学社会科学教学科研提供外文文献及相关信息服务的最终保障平台，其建设目标是“国家人文社会科学文献信息资源平台”。它于2004年3月15日正式启动，其宗旨是组织若干所具有学科优势、文献资源优势和服务条件优势的高校图书馆，有计划地系统引进国外人文社会科学期刊，借助现代化的服务手段，为全国高校的人文社会科学教学和科研提供高水平的文献保障。CASHL管理中心设在北京大学，其全国中心设在北京大学和复旦大学，区域中心设在武汉大学、南京大学、四川大学、吉林大学、中山大学。各中心将在统一的规划和协调下，有计划地负责部分学科或领域的重点文献收藏和服务工作，

① 彭以棋．国家科技文献保障工作的形势与NSTL“十四五”规划[J]．数字图书馆论坛，2021(5)：2-7.

② 李学勇．加快科技条件资源建设提高自主创新保障能力——写在国家科技图书文献中心成立十周年之际[EB/OL]．[2022-11-13]．http://www.gov.cn/gzdt/2010-06/12/content_1626357.htm.

以此组成 CASHL 服务体系，建设“高校人文社科外文期刊目次数据库”，全面揭示文献信息，进而向全国高校开展文献传递服务。它将基本保证外文期刊文献的引进，馆藏文献覆盖人文社会科学的各个领域，文献服务范围覆盖全国各个高校，满足全国高校及研究机构教学和科研的需要。①

(2) CASHL 服务体系

CASHL 的服务体系由全国中心、区域中心和成员图书馆三级组成。在 CASHL 系统中，所有要使用 CASHL 文献传递服务的高校均须到 CASHL 管理中心进行注册，作为管理中心下设的账户，并在此账户下为读者建立用户名。所有账户和用户均需经 CASHL 管理中心确认后才能生效，只有经过确认的用户才能提交请求。

用户馆可根据本校实际情况选择集团用户模式或个人用户模式。选择集团用户模式的用户馆的馆际互借员要在 CASHL 管理中心的系统中开设一个账户(用户)，该馆的所有读者文献传递申请均由馆际互借员审核后，登录到 CASHL 管理中心的用户服务网关上，代本馆用户手工提交请求给 CASHL 管理中心的馆际互借系统，然后 CASHL 馆际互借系统会根据该请求的馆藏地址，自动将此请求发送到响应馆(各中心馆)的馆际互借系统中。由各中心馆的馆际互借员负责进行系统处理和文献物流传递。文献物流由各中心馆传递给用户馆馆际互借员，再由馆际互借员交给用户。在这种模式中，用户馆馆际互借员对读者的原文传递申请可在本地资源中进行审核、查询，确认本地无收藏后再向服务馆提交，避免资源浪费和经费的滥用。

选择个人用户模式(管理员模式)的用户馆下经馆际互借员认可的所有用户，均在 CASHL 管理中心系统中开有独立账户(用户)。用户馆读者可自行到 CASHL 管理中心的系统上提交文献传递申请，而无须本馆馆际互借员审核。在该模式下，通常由 CASHL 管理中心给予用户馆一个管理员户头，用户馆的馆际互借员可以利用这个户头在 CASHL 管理中心的系统上管理本馆的用户，以及自行获取本馆用户申请的统计信息等，所以又被称为管理员模式。CASHL 管理中心下设的各响应馆(各中心馆)可以将原文直接传递给用户，也可先传递给用户馆馆际互借员，再由馆际互借员交给用户。采用该模式，由于用户馆读者提交申请无须本馆馆际互借员审核，容易造成

① CASHL 管理中心. 打造文献渊薮，繁荣社会科学——中国高校人文社会科学文献中心(CASHL)启动[J]. 大学图书馆学报，2004(3)：91-91.

失控、经费滥用等情况。用户馆管理员可利用系统提供的保证金和透支管理功能约束本馆用户的传递请求。①

CASHL 以协调收藏国外人文社科原版期刊为己任，由 7 个中心馆承担对国外人文社科纸质期刊的收藏工作，同时也为其他有条件的图书馆放弃国外原版期刊收藏、选择电子期刊服务解除了后顾之忧。CASHL 采用的文献传递服务，是在不侵犯知识产权的前提下，通过对期刊论文的扫描，形成电子文档，再通过网络进行传递，不仅保证了传递速度，也有效地保证了文献原件的安全，为在全国更大范围内开展文献的馆际互借提供了可行的范式。②

在 CASHL 各相关高校的共同努力及其与 CALIS、中国社科院图书馆、上海图书馆的战略合作下，CASHL 外文可服务文献量得到进一步扩大。截至 2021 年 10 月 21 日，CALIS 可供服务的人文社科核心期刊和重要期刊有 6.2 万余种，印本图书有 345 万余种，电子资源数据库达 16 种，累计提供文献服务近 2200 万件，其中手工文献服务已突破 130 万件，文献平均满足率有 96.29%左右，平均服务时间缩短为 1.87 天，大大提高了外文图书的利用率，充分发挥了其效益。除此之外，CASHL 还提供“高校人文社科外文期刊目次库”和“高校人文社科外文图书联合目录”等数据库，提供数据库检索和浏览、书刊馆际互借与原文传递、相关咨询服务等。CASHL 目前已拥有近 900 家成员单位，个人注册用户有 15.4 万多个，服务惠及上千万用户。③

8.3.4 区域性跨系统共建共享模式(OhioLINK 模式)

区域性跨系统共建共享模式是指在同一个区域不同文献情报系统的机构通过建立联盟而实现信息资源共建共享的一种模式。该模式的典型代表是美国的 OhioLINK、上海地区文献信息资源共建共享协作网、广东省文献资源共建共享协作网等。这里主要以美国俄亥俄州图书馆与信息合作网(OhioLINK)为例来做说明。

---

① 李朵. 中国高校人文社会科学文献中心(CASHL)网络服务系统现状与发展[J]. 大学图书馆学报，2005(3)：27-29.

② 刘兹恒. CASHL 是我国信息资源共建共享的成功模式[J]. 大学图书馆学报，2006(5)：7-10.

③ 关于 CASHL[EB/OL]. [2022-11-13]. http://www.cashl.edu.cn/node/45.

(1) OhioLINK 简介

美国俄亥俄州图书馆与信息合作网(Ohio Library and Information Network, OhioLINK)是由该州大专院校图书馆和州图书馆构成的资源共享联盟。这一模式被美国高等教育理事会和州政府理事会评为创新和增效的先锋,也被世界同行视为图书馆合作、集中投资和提供有效服务的典范。1992年11月,OhioLINK 正式成立,其动机是在全州公共图书馆自动化系统的基础上,解决俄亥俄州大学图书馆经费短缺与典藏空间不够的问题,以及希望通过全州大学图书馆系统来强化图书馆合作与资源共享机制。其始创愿景是提供广泛的信息资源以及全力支持21世纪俄亥俄州高等教育的发展。OhioLINK 三易其名,最初启用“俄亥俄州图书馆存取系统”,后来更名为“俄亥俄州图书馆与信息系统”,最后定名为“俄亥俄州图书馆与信息网络”。

OhioLINK 在不同阶段分别制定科学的发展目标。OhioLINK 在成立伊始,确立了五大任务、目标:

①联结大学图书馆与州立图书馆间的资源,通过单一窗口为研究者和教职员工提供丰富的信息资源。

②成为全球电子信息资源的重要通道。

③运用先进的软件、硬件技术,为研究者提供广而专的指引,促进图书馆信息资源的有效利用。

④提供便捷的文献传递。

⑤通过合作管理图书与期刊的采购,提供具有成本效益的资源利用;基于州际合作,协调信息服务;通过合作融资,支持相关软硬件设备的采购与系统的运行。

2000年后,OhioLINK 进入了“更大、更好、更快”的发展阶段,这时 OhioLINK 制定了新的发展目标:

①继续发展和改善电子传递系统,有效联结用户和所需的信息资料,无论这些信息资料是自己拥有的还是存在于互联网上的。

②继续增加资料内容的可获得性。

③最大限度地发挥联合采购的优势,增强购买信息资源的能力。

④宣传图书馆资源相对于互联网商业网站资源的优势,营销图书馆服务。

⑤提高馆藏资源的共享程度。

⑥增加与俄亥俄州公共图书馆、中小学图书馆、公共机构和工商界的合作。

⑦提供必要的工具和手段，增强全州参与电子出版的创建和发展的能力。

在 OhioLINK 的建设初期，其资产及运营费用主要由俄亥俄州政府立法机构批准拨款，资产经费用于支付 OhioLINK 中央系统的软硬件设备以及网络维护等，运营经费用于支付 OhioLINK 中央系统的人事、办公设备、管理、软件维护以及数据库签约等方面费用。OhioLINK 的各联盟馆在负担部分服务成本费用的同时，还会每年从州政府得到一定的财政拨款用于跨馆的馆际互借服务。

(2)OhioLINK 管理机制

OhioLINK 的成功之道，是建立了基于董事会负责制的管理机制。该董事会负责制由管理委员会(Governing Board)主导联盟大政方针，并委托一个执行主任在两个理事会(图书馆顾问理事会、技术顾问理事会)的协助下主管 OhioLINK 的具体运作。两个理事会下辖四个常设委员会(即信息资源合作管理委员会、数据库管理与标准委员会、校际服务委员会、用户服务委员会)和一个首席执行员联席会。各常设委员会又根据需要组建特别工作组、兴趣小组或工作小组，探讨和解决专门问题。在具体职责分工上，管理委员会负责监管 OhioLINK 所有政策、计划、活动、财政及法律契约，向俄亥俄州立大学董事会报告，并通过每年 6 次会议监督计划的实施进展及未来规划和预算；图书馆顾问理事会审查和批准四个常设委员会提出的实施 OhioLINK 计划的所有政策，讨论与批准重要筹资措施，参与战略规划；技术顾问理事会审查 OhioLINK 战略方向，对 OhioLINK 中央系统以及参与单位对 OhioLINK 计划的技术影响提出建议；信息资源合作管理委员会调查并向图书馆顾问理事会推荐 OhioLINK 可以考虑采购的数据库和出版商，重点是资源合作管理问题和推荐新政策与章程；数据库管理与标准委员会维护中央书目库的质量标准，制定所有成员馆应该执行的元数据政策与章程；校际服务委员会介绍全州资源共享政策与章程，协调成员馆本地系统之间、成员馆本地系统与中央系统之间的运作，监督文献传递系统；用户服务委员会提供 OhioLINK 开发或维护用户界面的反馈意见，评估 OhioLINK 系统并提出改进建议，组织和提供 OhioLINK 与卖主产品系统的培训，参与宣传 OhioLINK；首席执行员联席会全面维护成员单位本地创新系统与 OhioLINK 相关的政策与章程，定期组织聚会、信息交流和培训活动。这种权责清晰、分工协作的运行机制就像一个巨轮，驱动着 OhioLINK 快速发展。①

(3) OhioLINK 信息资源共建共享

OhioLINK 通过获取、提供和维护大量的印本及电子学术资源，极大地推进了俄亥俄州的信息资源共建共享。首先，OhioLINK 信息资源合作管理委员会提出了信息资源共建共享的原则：①订购的内容应是在教育及研究领域对于俄亥俄州具有战略意义和可持续发展的内容；②订购的内容由成员单位进行决定及支持；③订购的内容应是大多数成员单位需求较高的内容(基础资源)；④能从联盟成员或相关研究型成员那里得到足够的资金支持；⑤经济有效地联合购买优于单个馆购买或订购；⑥内容的管理有助于提升 OhioLINK 工作人员及成员单位的工作效率。

其次，采用集团采购方式引进电子资源，减少了资源的重复购买，节省了购置费用，实现了电子资源的共建共享，使资源的利用最大化。OhioLINK 的集团采购部门在购买电子资源的过程中扮演"藏书采购代理人"的角色，分别指定不同的"采购召集馆"负责不同种类资源的采购，代表联盟与数据商进行谈判。联盟集团采购部门先请相关学科专家与数据库采购专家对拟采购数据库资源进行价值评估，再与联盟成员商定购买事宜，协调各成员馆的购买需求和范围，最后与数据商进行价格和服务谈判，获得最优惠的价格。对于确定购买的资源，要与数据商签订合同，对所有成员馆授权开通。除了在出版社的平台上开通外，还由联盟的工作人员上载到电子期刊中心(Electronic Journal Center，EJC)，并进行认证及内容的维护等。1998 年 EJC 建成之初，仅能提供两个出版商 1300 余种电子期刊和不足 100 万篇的期刊论文，至 2016 年，能够提供来自著名学术出版商、学协会及大学出版社的 11000 多种学术期刊，2600 多万篇全文。每周来自 Elsevier、Wiley 、Oxford 及美国物理学会等著名出版社及学协会的 50000 多篇新发表的文章上传到 EJC，OhioLINK 用户每年通过 EJC 下载 1000 万篇文章全文。OhioLINK 引进了 140 多个数据库，学科涵盖社会科学、人文科学、自然科学，在类型上包括文摘检索类、全文型、音像类、事实及统计型数据库等。此外，OhioLINK 还整合了开放获取数据库，如 arXiv。

第三，OhioLINK 通过电子图书中心(Electronic Book Center，EBC)提供电子图书。2000 年始引进电子图书，至 2015 年电子图书超过 12.5 万种，

① 盛小平. OhioLINK 的成就及启示[J]. 大学图书馆学报，2008(6)：8-13.

覆盖多个学科，包括学术专著、辞典及工具书等图书类型。大多数电子书被 OhioLINK 永久拥有。2016 年，OhioLINK 通过谈判，新增加了加州大学出版社、芝加哥大学出版社、麻省理工学院出版社、耶鲁大学出版社以及美国物理学会出版的电子书，电子书的数量达到 12.5 万多种。电子书的购置经费来自成员单位及 OhioLINK 中心。

第四，创建了中央书目库（OhioLINK Central Catalog）。中央书目库是 OhioLINK 的中枢。中央书目库拥有包括印本图书、印本期刊杂志、视听材料、录音资料、电子资源、政府文件、档案与手稿、地图、乐谱等在内的各种书目记录数据。成员馆通过各自的本地系统与中央书目库保持紧密连接。中心系统和本地系统采用相同的软件，即创新界面公司的产品，以确保连接高度畅通和一致，而各图书馆又可以就其个别需求设定其系统参数。两者结合，构成一个强大而又灵活开放的合作系统。中央书目库兼具联合目录和馆际互借的流通功能。联合目录源于各成员馆本地目录，并具备实时更新功能。若用户发现本地系统无所需内容时，可通过中央书目库系统，查找 OhioLINK 联盟成员拥有该内容的图书馆名单列表，以及该内容的流通借阅状态。该系统核查此要求合法之后，会发出电子邮件给用户确认，并向出借馆发出这一借阅要求。出借馆接到这一要求后，按规定要在 24 小时之内准备好资料，文献传递系统按规定也要在 24 小时之内将该资料送至用户指定地点，显著提高资源共享效率。①

第五，创建了电子学位论文中心（Electronic Theses and Dissertations, ETD）。ETD 于 2001 年开始建设，到 2016 年收录了俄亥俄州 31 个世界知名学术机构（高等院校）的 59000 多篇学位论文，学科包括科学、技术、音乐及艺术等。全世界范围内的科研人员都能在 ETD 中获取俄亥俄州的师生、科研人员的最新、最原始的研究成果。

第六，提供文献传递与馆际互借、开放获取服务。OhioLINK 提供包含传统馆藏纸质文献物流传递方式和珍贵原始资料影印件或复印件的文献传递方式的文献传递和馆际互借服务，实现资源共享与服务共享的整合。用户通过 OhioLINK 统一的技术平台和中央书目数据库，可在任何时间、任何地点在线互借联盟成员馆的各类文献资源。OhioLINK 成熟的文献传递

① 李国庆. 世界图书馆联盟的典范：OhioLINK 信息资源共享模式研究[J]. 图书情报工作，2004，48(7)：13-16，89.

系统非常便于读者获取和归还文献，其开创的“就近还书”原则为联盟内图书馆读者带来了前所未有的便利，用户可申请“非原馆返还服务”，即将所借图书就近归还到离自己最近的一个联盟成员图书馆。同时，OhioLINK 利用馆藏资源不仅为俄亥俄州的用户提供服务，也为世界范围内的用户提供开放获取服务。2016 年 10 月，“俄亥俄数字网络(Ohio Digital Network)”链接到美国数字公共图书馆(DPLA)服务中心，成为州立图书馆、档案馆和文化遗产组织的平台，可确保当地数字馆藏资源的访问和使用都更加便捷。①

8.3.5 区域性系统内共建共享模式(FULink 模式)

区域性系统内共建共享模式，是指同一区域范围内的多个文献情报机构通过签订合作协议实现信息资源共建共享的一种模式。区域性系统内共建共享有多种不同模式。下面以福建省高校数字图书馆(FULink)为例来作说明。

(1)FULink 简介

福建省高校数字图书馆(FULink)是经省教育厅批准，由福州地区大学城文献信息资源共享平台(FULink)扩展而成，目前已扩容至全省 89 所院校，并在该范围内实现图书、期刊、学位论文、会议论文等各种文献资源的相互开放和联合保障。FULink 始建于 2010 年，由福建省教育厅牵头，福州大学、福建师范大学、福建农林大学、福建医科大学、福建中医药大学、福建工程学院、福建江夏学院、闽江学院 8 所高校共同参与建设，依托参与高校图书馆形成联盟，以文献信息的联合保障体系建设和资源共享为主要任务，整合各馆资源、发挥联合优势，为共享域内的广大师生提供一站式的校际文献提供、文献传递、馆际互借、联合借阅等信息资源服务。② 如今，FULink 的愿景是建成全国规模最大、资源最广、服务最好的省级文献信息服务与保障平台，同时将已基本成熟的 FULink 资源链接到“智慧福州”“数字福建”。

(2)FULink 组织架构

FULink 是福建省教育厅组织领导和推进建设的一个面向全省高校的文

---

① 马鑫，续玉红. 俄亥俄图书馆与信息网络(OhioLINK)资源建设与服务[J]. 农业图书情报学刊，2018，30(3)：5-10.

② 郑美玉，刘田. 大数据视角下高校图书馆联盟服务创新探析——以福建省高校数字图书馆(FULink)为例[J]. 图书馆工作与研究，2017(7)：63-69.

献信息联合保障体系，其组织架构如图 8-1 所示。

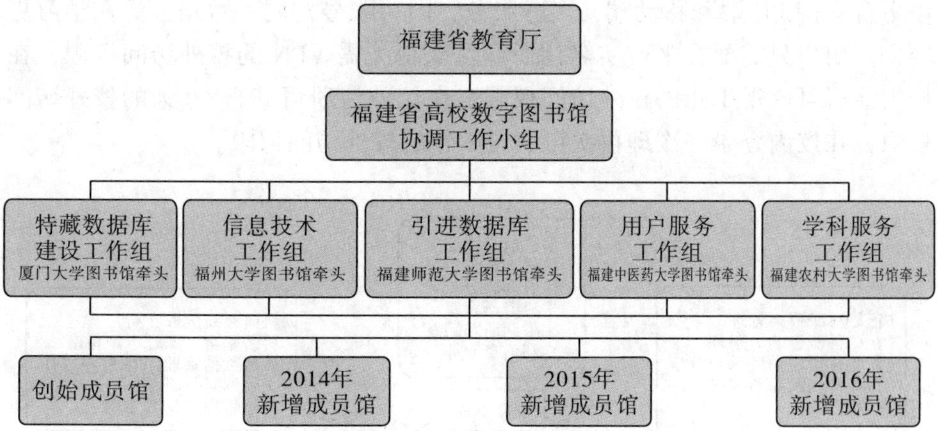

图 8-1　福建省高校数字图书馆组织架构

(3) FULink 信息资源共建共享

截至 2020 年，FULink 已整合了 89 所成员馆的纸质图书 6600 多万册，揭示全国 700 多家图书馆的纸质图书，能提供 7. 6 亿篇电子文献，其中中文图书书目 670 万种(含 320 万种全文)、中文期刊 12000 万篇、中文报纸 19000 万篇、中文学位论文 680 万篇、中文会议论文 680 万篇、外文期刊 29000 万篇、外文学位论文 2502 万篇、外文会议论文 2600 万篇、开放学术资源 4 900 万篇。①

FULink 除了提供资源导航(含数据库导航、期刊导航)、CALIS 福建省中心接口、新闻公告、福建省高校数字图书馆通讯、读者留言、图书荐购、网上展览等信息服务以外，在信息资源共建共享方面提供的服务内容包含文献提供服务、联合借阅服务、FULink 学科服务、FULInk 学位论文服务、FULink HD 高清多媒体资源服务、移动 FULink 服务、随书光盘服务以及知识学习、科学交流支撑服务。

其中，FULink 学科服务平台(见图 8-2)整合了知网、万方和维普等中文数据库和 Wiley、SCI、EI、PubMed 等主流外文数据库，可以提供跨库统一

① 戴晓翔，刘敏榕. 图书馆联盟开展跨界疫情应急服务的探索与思考——以福建省高校数字图书馆联盟(FULink)为例[J]. 图书情报工作，2020，64(15)：12-16.

检索、文献下载和文献传递等文献资源保障服务，同时提供了文献订阅、收藏书架、检索档案、阅读记录等辅助工具，成为科研和学习的好助手。该平台支持 PC 端和移动端，多屏服务，同一账号，同一数据，泛在学习更轻松。用户只需要在平台实名注册即可获得无需 VPN 的校外访问权限，在校内注册可获得 1 年的校外访问权限，在校外注册可获得 60 天的校外访问权限，在校内登录一次即再次可获得 1 年的校外访问权限。

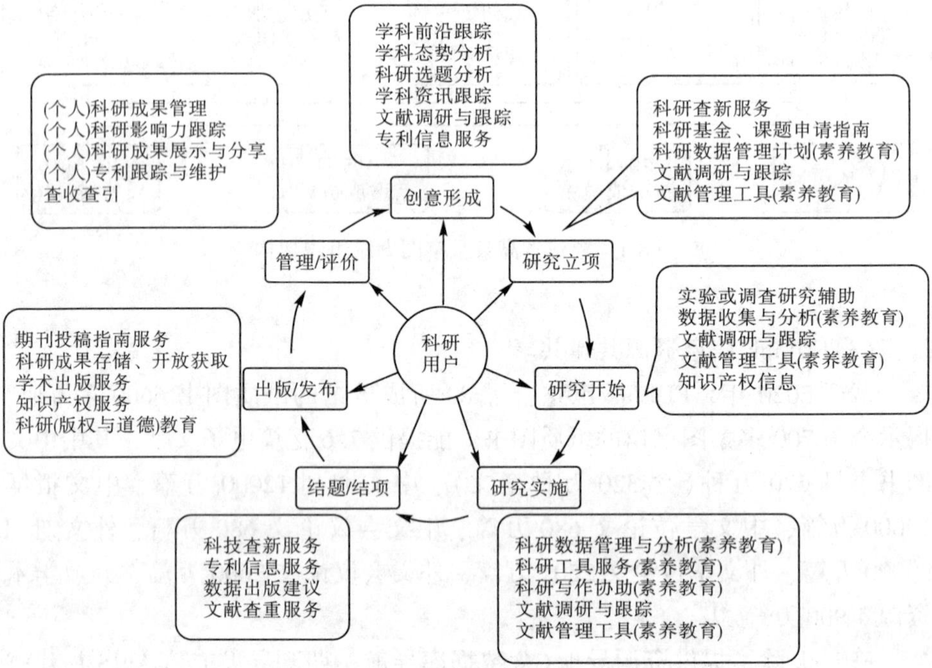

图 8-2　FULink 学科服务平台服务内容①

8.4　信息资源共建共享可持续发展的对策

我国信息资源共建共享已经取得了伟大成就，创建了不同规模的信息资源共享体系。这包括教育部、国家发展和改革委员会、财政部支持的

① 林艺山，詹庆东. 面向科研过程的高校图书馆联盟学科服务平台的设计与实现——以 FULink 学科服务平台为例[J]. 国家图书馆学刊，2022(2)：33-41.

CALIS和中国教育与科研网(CERNET)，文化和旅游部、财政部支持的全国文化信息资源共享工程，科技部支持的NSTL，科学院支持的CSDL和教育部支持的CASHL等全国性文献资源共享体系，以及一批地区性信息资源共享体系，如北京地区高校图书馆文献资源保障体系(BALIS)、江苏省高等教育文献保障系统(JALIS)、天津市高校文献信息保障系统(TALIS)、上海市文献资源共建共享协作网等。这些体系分属不同的图书情报系统，由不同的部委或地方政府领导，旨在促进全国系统内或地区间信息资源的共建共享。① 这些信息资源共建共享体系都得到了政府部门的大力支持，政府在保障这些信息资源共建共享体系可持续发展中发挥了关键作用。

然而，国内信息资源共建共享体系可持续发展正面临严峻挑战。作为高校图书馆信息资源共建共享的典范，CALIS经历前后三期建设，但自2013年后，虽然CALIS继续获得教育部常规运维经费支持，但没有启动第四期建设，目前一些信息资源共建共享活动处于停滞状态。这直接影响了CALIS的可持续发展。因此，如何建立国内信息资源共建共享可持续运行机制，特别是谁来负责可持续的经费投入？如何解决标准规范在具体实施、操作层面和推广层面的问题？如何推动数字信息资源的长期保存和使用？如何使图书情报机构拥有与存取的各种信息资源得到充分与有效利用？如何解决信息资源共建共享中的知识产权问题？如何科学评估图书情报机构信息资源共建共享效益？如何激励图书情报机构与社会化组织和个人更积极地参与信息资源共建共享？这一系列问题都将影响与制约信息资源共建共享的可持续发展。因此，很有必要采取有效对策。

8.4.1　建立健全我国信息资源共建共享法律法规体系

要保障我国信息资源共建共享的可持续发展，必须建立健全信息资源共建共享法律法规体系。我国信息资源共建共享法律法规建设已经取得了初步成就，包括：制定了《普通高等学校图书馆规程》，明确高校图书馆的任务之一是“积极参与文献保障体系建设，实行资源共建、共知、共享，促进事业的整体化发展。开展各种协作、合作和学术活动”；颁布并实施了《公共图书馆法》，明确指出“国家支持公共图书馆开展联合采购、联合编

① 姚晓霞，冯英，陈凌. 信息资源共建共享可持续发展的运作机制研究[J]. 大学图书馆学报，2008(1)：23-27.

目、联合服务，实现文献信息的共建共享，促进文献信息的有效利用”；制定了《国家科技资源共享服务平台管理办法》，要求“利用财政性资金形成的科技资源，除保密要求和特殊规定外，必须面向社会开放共享”“开展科技资源的社会共享，面向各类科技创新活动提供公共服务，开展科学普及，根据创新需求整合资源开展定制服务”；颁布了《政务信息资源共享管理暂行办法》《农业部政务信息资源共享管理暂行办法》《人力资源社会保障部政务信息资源共享管理暂行办法》，明确政务信息资源共享“以共享为原则，不共享为例外”；出台和实施了一些地区性图书馆法规，如《上海市公共图书馆管理办法》《深圳经济特区公共图书馆管理条例(试行)》《内蒙古自治区公共图书馆管理条例》《湖北省公共图书馆管理条例》《北京市图书馆条例》和《河南省公共图书馆管理办法》《浙江省公共图书馆管理办法》等；制定了一些地方高校图书馆信息资源共享管理办法，如《江苏省高校学科文献中心资源共享规定》《北京地区高校图书馆文献资源保障体系(BALIS)馆际互借管理办法》《天津市高校馆际互借服务管理办法(试行)》等。然而，这些法律法规或管理办法往往是针对某一领域或地区而言的，各种法律法规的实施细则以及各种配套的政策条例还需要进一步完善。① 因此，为保障我国信息资源共建共享的可持续发展，需要建立健全我国信息资源共建共享法律法规体系。

8.4.2 实施信息资源共建共享战略规划

为促进我国信息资源共建共享的可持续发展，应该做好信息资源共建共享战略规划。通过信息资源共建共享战略规划，加强全国、区域、地区与机构信息资源共建共享的统筹规划、统一安排、协调组织，建立多元化的、立体的、综合的信息资源共建共享运行机制，推动全国信息资源共建共享工作持续有效地开展。1957 年，国务院批准了我国首个信息资源共建共享战略规划——《全国图书协调方案》，使我国图书馆事业摆脱了彼此孤立的状态，建立了图书馆网的雏形，走向了统一规划、共建共享的发展道路，后来受“文化大革命”的影响而销声匿迹，但它引起了新中国图书馆事业发展的一次浪潮。② 2002 年，文化部颁布了《全国文化信息资源共享工程

① 肖希明. 信息资源建设(第 2 版)[M]. 武汉：武汉大学出版社，2020：471.

② 张树华，赵华英. 新中国图书馆事业发展的一次浪潮——记“全国图书协调方案”及其协作、协调活动[J]. 中国图书馆学报，2009(3)：21-26.

管理暂行办法》，要求“‘共享工程’资源建设实行统一规划、统一标准、宏观协调，避免重复建设”。《全国文化信息资源共享工程》既是一项国家重大文化惠民工程，也是一项文化信息资源共建共享的战略规划。它应用现代信息技术，将中华优秀文化信息资源进行数字化加工与整合，依托各级公共图书馆、文化馆(站)等公共文化设施，通过互联网、广播电视网、无线通信网等新型传播载体，在全国范围内实现中华优秀文化资源的共建共享，成功地开辟了一条符合国情、符合时代发展方向、符合广大基层群众需求的公共数字文化服务新途径，在传播社会主义先进文化、消除城乡“数字鸿沟”、推进公共文化服务均等化、提升全民文化信息素质、保障广大人民群众基本文化权益等方面发挥了重要作用。① 2004 年 12 月 13 日，中共中央办公厅、国务院办公厅联合下发《中共中央办公厅、国务院办公厅关于加强信息资源开发利用工作的若干意见》，明确要求“着力开发和有效利用生产、经营活动中的信息资源，推进政府信息公开和政务信息共享，增强公益性信息服务能力”。2016 年 7 月 27 日，中共中央办公厅、国务院办公厅印发了《国家信息化发展战略纲要》，要求“加强信息资源规划、建设和管理”，“积极稳妥推进公共信息资源开放共享”。2021 年颁布的《中华人民共和国国民经济和社会发展第十四个五年规划和 2035 年远景目标纲要》(简称为“十四五”规划)要求“加强公共数据开放共享”，“推动政务信息化共建共用”。虽然上述不同时期的政策要求加强信息资源共建共享，但在国家层面缺少信息资源共建共享总体战略规划。因此，我们应该结合“十四五”规划构建新时代的信息资源共建共享战略规划，以支撑其可持续发展。

8.4.3 建立信息资源共建共享利益平衡机制

信息资源共建共享涉及众多的利益相关者，如政府、行业组织、企业、图书馆、信息中心、研究所、个人等，这些利益相关者在信息资源共建共享中有不同的利益诉求，只有在这些利益相关者之间实现利益均衡，才能保障信息资源共建共享的可持续发展。这就需要建立信息资源共建共享利益平衡机制。所谓信息资源共建共享利益平衡机制，是指以各种利益(如政治利益、社会利益、经济利益)为驱动力，通过对参与信息资源共建共享的

---

① 全国文化信息资源共享工程[EB/OL]. [2022-11-20]. http://dsselib.cn/a/2015/04/02/810.aspx.

利益相关者利益关系的调整，使各行为主体之间的利益达到一种相对平衡，并促使各行为主体产生一种积极参与信息资源共建共享的驱动力，从而引导与控制利益相关者信息资源共建共享行为和实现共建共享目标的过程与方式。从整体上看，信息资源共建共享虽然对国家、社会、机构和个人都有利，但具体到不同的行为主体，情况就不完全相同。如果忽略了各行为主体在信息资源共建共享中的价值、作用与职责，忽略了资源共享的实质是一种利益的交换，就不能激发行为主体内部的积极主动性，也不能完全消除共建共享中的障碍。就拿图书情报机构来说，不同的图书情报机构可能隶属于不同的系统，其文献基础、学科分布、设备情况、经费来源等方面都会有较大的差异。一般来说，规模大的、设备好的、信息资源丰富的，在共享中"输出"的相对较多，而"输入"的相对较少，若得不到应有的回报和补偿，就可能不愿与中小机构合作，而中小机构无法说服大型机构作更多贡献，会造成比较有实力的大型机构消极对待信息资源共建共享，出现利益失衡。① 因此，就需要建立信息资源共建共享的利益平衡机制，使利益相关者都能从中获得相应的好处与回报。这种利益平衡机制需要明确利益相关者之间权利与义务的平衡、成本与收益的平衡、公平与效率的平衡。因此，需要建立政府平衡机制、市场平衡机制、社会平衡机制来建立健全信息资源共建共享的利益平衡机制。② 其中，在构建政府平衡机制时，政府需要采取经济的、法律的、行政的各种手段，建立健全信息资源共享的法律法规与方针政策，统筹规划信息资源共建共享重大决策与行动，建立专门的、全国统一的组织机构对信息资源共建共享进行有效的管理和监督，并对参与其中的图书情报机构给予有效的财政支持。在构建市场平衡机制时，需要充分发挥市场机制作用，按照市场交换原则，实行有偿共享；通过制定有关的规则和协议来规范利益相关者的行为，保证各方的利益。在构建社会平衡机制时，需要不断完善信息资源共建共享的社会伦理价值观念与行为准则，形成有利于共建共享的社会环境与行为习惯，从而推进信息资源共建共享的可持续发展。

---

① 李仲良. 我国图书馆数字信息资源共建共享发展现状研究[J]. 图书馆工作与研究，2009(3)：3-7.

② 楼靖华. 信息资源共建共享的利益平衡机制研究[J]. 图书馆杂志，2006(5)：20-23，32.

8.4.4　引入信息资源共建共享市场机制

信息资源共建共享是一项巨大的系统工程，其可持续发展需要长期的、有力的资金支持。我国信息资源共建共享除了需要政府稳定的经费投入以外，在坚持平等、公平、自愿、方便等原则的前提下，引入市场机制，即按照市场交换原则，实行有偿共享。运用利益驱动原理，将信息资源共建共享纳入有偿信息服务的轨道，激励各方参加信息资源共建共享活动，利用共享的收费收入来偿还共建的投资、支付管理维护的费用，保证资源共建共享建立在互利互惠的基础上，促使图书馆或信息中心、社会化组织、企业和政府在信息资源共建共享中都能得到应有的投资回报，从而推进信息资源共建共享的可持续发展。当然，引入市场机制来促进信息资源共建共享，应加强国家的宏观调控，即国家运用行政、经济、法律、舆论等各种手段来指导、调整、控制和管理信息资源共建共享活动，使之实现可持续发展。①

8.4.5　测评信息资源共建共享绩效

测评信息资源共建共享绩效也是助力信息资源共建共享可持续发展不可或缺的关键措施。前面四种对策固然对信息资源共建共享非常重要，但是信息资源共建共享的可持续发展离不开对共建共享绩效进行科学系统的、全方位的测评。通过信息资源共建共享绩效的测评，不仅可以发现其中某个环节可能出现的纰漏，也可以了解共建共享目标的实现程度以及各参与者的贡献程度。信息资源共建共享绩效评价包括：①自我评价。信息资源共建共享参与方(特别是图书情报机构)必须建立一套经常性的、持续的信息资源共建共享绩效评估体系，定期对共建共享活动和服务工作及其成效进行检查。②投资方评价。对投资方意图、预期和今后计划进行评估，为可持续发展提供重要依据。③用户评估。这主要反映用户对共建共享活动的认可程度，提高最终用户使用信息资源的能力。④第三方评价。它是利用第三方评价机构对信息资源共建共享绩效进行客观公正评估，以准确反映信息资源共建共享的效益与效率。②

---

① 姚晓霞，冯英，陈凌. 信息资源共建共享可持续发展的运作机制研究[J]. 大学图书馆学报，2008(1)：23-27.

② 姚晓霞，陈凌，戴龙基. 对我国信息资源共建共享可持续发展的思考和启示[J]. 图书情报工作，2008，52(5)：16- 19.

参考文献

一、中文参考文献

(一)著作

1. 查先进. 信息资源配置与共享[M]. 武汉：武汉大学出版社，2008.
2. 常书智. 文献资源建设工作[M]. 北京：北京图书馆出版社，2005.
3. 陈平殿. 21 世纪的信息资源建设[M]. 北京：海洋出版社，2011.
4. 蔡丽萍，段莹. 文献信息检索教程(第 2 版)[M]. 北京：北京邮电大学出版社，2017.
5. 程焕文，潘燕桃. 信息资源共享(第 2 版)[M]. 北京：高等教育出版社，2016.
6. 达文波特，普鲁萨克. 营运知识：工商企业的知识管理[M]. 王者，译. 南昌：江西教育出版社，1999.
7. 代根兴. 数字时代的图书馆信息资源建设[M]. 北京：北京图书馆出版社，2006.
8. 韩红予，张联锋. 高校图书馆文献采访理论与实践[M]. 武汉：武汉大学出版社，2012.
9. 高奇. 系统科学概论[M]. 济南：山东大学出版社，2001.
10. 国家图书馆研究院. 我国图书馆事业发展政策文件选编(1949—2012)[M]. 北京：国家图书馆出版社，2014.
11. 胡昌平. 面向用户的信息资源整合与服务[M]. 武汉：武汉大学出版

社，2007.

12. 江莹. 基于信息资源建设与读者服务的高校图书馆发展研究[M]. 长春：吉林大学出版社，2020.
13. 金胜勇，锅艳玲，陈则谦. 信息资源建设[M]. 北京：科学出版社，2017.
14. 金胜勇，刘雁. 公共图书馆信息资源建设规范研究[M]. 北京：科学出版社，2017.
15. 李芳，彭佳，杨眉，等. 学科信息资源建设方法[M]. 上海：上海交通大学出版社，2012.
16. 李晓新. 新编文献编目[M]. 天津：南开大学出版社，2005.
17. 李致忠. 中国国家图书馆馆史资料长编[M]. 北京：国家图书馆出版社，2009.
18. 刘绍怀. 论价值观研究[M]. 昆明：云南大学出版社，2017.
19. 李致忠. 中国国图书馆馆史资料长编[M]. 北京：国家图书馆出版社，2009.
20. 马费成. 信息经济学[M]. 武汉：武汉大学出版社，2012.
21. 马海群. 数字信息资源的国家宏观规划与管理[M]. 北京：知识产权出版社，2010.
22. 马克·布尔金. 信息论——本质·多样性·统一[M]. 王恒君，嵇立安，王宏勇，译. 北京：知识产权出版社，2015.
23. 孟广均，霍国庆，罗曼，等. 信息资源管理导论(第3版)[M]. 北京：科学出版社，2008.
24. 丘东江，赵志，黄飞燕，等. 全球图书馆的“联合国”——联机计算机图书馆中心(OCLC)[M]. 北京：海洋出版社，2010
25. 邱均平. 信息计量学[M]. 武汉：武汉大学出版社，2017.
26. 盛小平. 社会网络视域下的开放获取机制[M]. 广州：中山大学出版社，2017.
27. 盛小平. 知识管理原理与实践[M]. 北京：北京大学出版社，2009.
28. 盛小平，刘泳洁. 图书馆职业能力研究[M]. 武汉：武汉大学出版社，2020.
29. 沈禄赓. 系统科学概要[M]. 北京：北京广播学院出版社，2000.
30. 孙长怡. 数字图书馆信息资源建设[M]. 沈阳：辽宁大学出版社，2009.

31. 孙建军. 网络信息资源搜集与利用[M]. 南京：东南大学出版社，2000.
32. 宋旅黄. 图书馆与馆配商的合作效益研究[M]. 北京：中国社会科学出版社，2019.
33. 图书馆·情报与文献学名词审定委员会. 图书馆·情报与文献学名词[M]. 北京：科学出版社，2019.
34. 王建雄，林昱. 图书馆信息平台的理论基础与技术开发[M]. 沈阳：沈阳出版社，2018.
35. 王珊，萨师煊. 数据库系统概论[M]. 第5版. 北京：高等教育出版社，2014.
36. 王绍平，陈兆山，陈钟鸣，等. 图书情报词典[M]. 上海：汉语大词典出版社，1990.
37. 王声媛，陈常菊，刘晓丽. 机构知识库的建设与发展[M]. 北京：经济科学出版社，2019.
38. 王松林. 现代文献编目[M]. 北京：书目文献出版社，1996.
39. 吴慰慈，董焱. 图书馆学概论[M]. 北京：国家图书馆出版社，2018.
40. 肖希明. 信息资源建设[M]. 武汉：武汉大学出版社，2008.
41. 肖希明. 信息资源建设(第2版)[M]. 武汉：武汉大学出版社，2020.
42. 肖希明，黄如花，张燕飞，等. 数字信息资源建设与服务研究[M]. 武汉：武汉大学出版社，2008.
43. 叶继元. 信息资源建设[M]. 北京：科学出版社，2021.
44. 杨文祥. 信息资源价值论[M]. 北京：科学出版社，2007.
45. 杨嫚. 网络信息资源组织与开发研究[M]. 武汉：华中科技大学出版社，2006.
46. 尹伯成，刘江会. 西方经济学简明教程[M]. 上海：上海人民出版社，2018.
47. 俞君立，陈树年. 文献分类学[M]. 武汉：武汉大学出版社，2001.
48. 张慧敏，肖静. 高等院校图书馆学与信息化应用研究[M]. 长春：吉林人民出版社，2019.
49. 张庆，陈昊平，杨媛媛. 经济学基础[M]. 北京：北京理工大学出版社，2021.
50. 张祥生，肖厚智. 系统科学[M]. 武汉：武汉理工大学出版社，2003.
51. 章云兰，王学勤. 现代信息检索与利用[M]. 杭州：浙江科学技术出版社，2007.
52. 钟建法. 高校图书馆信息资源采访[M]. 广州：世界图书出版广东有限公司，2014.
53. 钟义信，周延泉，李蕾. 信息科学教程[M]. 北京：北京邮电大学出版社，2005.
54. 周和玉，郭玉强. 信息检索与情报分析[M]. 武汉：武汉理工大学出版社，2007.
55. 周振鹏，潘小英. 微观经济学[M]. 郑州：河南科学技术出版社，2015.

二、期刊论文与学位论文

1. 常唯. 数字学术环境中的机构知识库探析[J]. 图书情报工作，2006(7).
2. 陈永选，郑乐丹. 图书馆数字信息资源整合模式探究[J]. 四川图书馆学报，2008(2).
3. 崔瑞琴，孟连生. 数字信息资源整合问题研究[J]. 图书情报工作，2007，51(7).
4. 崔宇婷. 我国省级公共图书馆特色数据库建设与发展研究[D]. 哈尔滨：黑龙江大学，2021.
5. 戴龙基，张红扬. 图书馆联盟——实现资源共享和互利互惠的组织形式[J]. 大学图书馆学报，2000(3).
6. 戴晓翔，刘敏榕. 图书馆联盟开展跨界疫情应急服务的探索与思考——以福建省高校数字图书馆联盟(FULink)为例[J]. 图书情报工作，2020，64(15).
7. 戴艳清. 公共图书馆文献的招标采购与自主采购——基于我国《公共图书馆法》立法的背景[J]. 图书馆杂志，2013，32(3).
8. 代根兴，周晓燕. 信息资源类型研究[J]. 中国图书馆学报，2000(2).
9. 党跃臣，张晔，王韫华. 数字图书馆信息资源建设中的版权问题[J]. 图书情报工作，2001(3).
10. 邓君. 机构知识库发展的动力机制与动力模型研究[J]. 图书情报工作，2008，52(5).
11. 邓君. 机构知识库建设模式研究[J]. 图书情报工作，2010，54(6).
12. 邓君. 机构知识库建设模式与运行机制研究[D]. 长春：吉林大学，2008.

13. 丁艳君，郑建程. Portico：第三方数字资源长期保存模式初探[J]. 图书情报工作，2009，53(3).
14. 窦天芳，陈武. 数字图书馆数据备份的解决方案与技术——清华大学图书馆备份系统简介[J]. 图书馆建设，2005(1).
15. 窦天芳，杨慧. 清华大学图书馆一体化资源管理平台建设——以 ALMA 系统实施为例[J]. 数字图书馆论坛，2020(5).
16. 范亚芳，郭太敏. 特色数据库建设若干问题研究[J]. 情报理论与实践，2008，31(4).
17. 傅晓光. 特种文献资源概述[J]. 沈阳农业大学学报(社会科学版)，2003(2).
18. 富平. 北京图书馆中文书目数据库建设的回顾与展望[J]. 北京图书馆馆刊，1996(2).
19. 高波，吴慰慈. 从文献资源建设到信息资源建设[J]. 中国图书馆学报，2000(5).
20. 高峰. 图书在版编目数据常见差错、成因及消除办法[J]. 中国编辑，2014(3).
21. 高峰. 公共数字文化资源整合中的数据库版权问题[J]. 图书馆，2015(9).
22. 高江丽. 1999—2004 年纸质期刊价格走向分析[J]. 图书情报工作，2005(增刊).
23. 郭丽芳. 分类主题一体化在网络信息资源组织中的应用[J]. 情报资料工作，2002(4).
24. 何坚石，樊国萍. 数字图书馆中特色数据库的建设[J]. 图书馆建设，2003(2).
25. 胡芳. 学科存储库及相关概念辨析[J]. 图书馆，2016(1).
26. 胡乃志. 高校图书馆数据库评价与选择的策略研究[D]. 长春：东北师范大学，2007.
27. 胡永生. 电子资源的集团采购：21 世纪图书馆的必然选择[J]. 图书情报知识，2004(6).
28. 黄俊贵. 地方文献工作刍论[J]. 中国图书馆学报，1999(1).
29. 黄胜国，徐文贤. 图书馆数字资源集团采购模式研究[J]. 图书馆学研究，2009(9).

30. 黄卫珍，邢金荣. 谈高校图书馆电子期刊数据库的订购[J]. 图书馆学研究，2006(3).
31. 黄燕. 图书馆数字化内容选择原则阐释[J]. 情报资料工作，2006(6).
32. 黄宗忠. 论图书采访学[J]. 图书馆，1997(4).
33. 贾延霞，吕肖华，杨慧，窦天芳. 电子期刊编目方法新尝试——以清华大学图书馆的实践为例[J]. 图书馆建设，2011(4).
34. 康桂英. 分类法与主题法在网络信息资源组织与揭示中的应用[J]. 情报科学，1999(3).
35. 姜爱蓉，冯立升，郑晓惠，董丽. 全球数学数字图书馆的发展与中文数学数字图书馆的建设[J]. 图书情报工作，2005(9).
36. 蓝曦. 网络信息资源的类型及其评价[J]. 现代情报，2003(9).
37. 李朵. 中国高校人文社会科学文献中心(CASHL)网络服务系统现状与发展[J]. 大学图书馆学报，2005(3).
38. 李蓉梅. 高校图书馆中文期刊招标采购工作的实践与质量控制[J]. 池州学院学报，2011，25(6).
39. 李国庆. 世界图书馆联盟的典范：OhioLINK 信息资源共享模式研究[J]. 图书情报工作，2004，48(7).
40. 李树凯. 高校图书馆纸电同步采购的探索与实践——以辽宁师范大学图书馆为例[J]. 大学图书情报学刊，2022，40(1).
41. 李湜清. 我国几大联合编目中心现状研究[J]. 图书馆，2009(5).
42. 李友诚. 图书馆特色馆藏的数字化建设探讨[J]. 图书馆，2002(4).
43. 李仲良. 我国图书馆数字信息资源共建共享发展现状研究[J]. 图书馆工作与研究，2009(3).
44. 梁平. 中国图书在版编目问题研究[J]. 图书情报工作，2002(4).
45. 林丽娟. “纸电同步”趋势下高校图书馆文献资源建设的困惑与思考[J]. 图书馆工作与研究，2019(1).
46. 林艺山，詹庆东. 面向科研过程的高校图书馆联盟学科服务平台的设计与实现——以 FULink 学科服务平台为例[J]. 国家图书馆学刊，2022(2).
47. 刘兹恒. CASHL 是我国信息资源共建共享的成功模式[J]. 大学图书馆学报，2006(5).
48. 刘丹妮. 图书内容质量评价指标体系构建与应用研究[D]. 北京：北京

理工大学，2015.
49. 刘葵波. 特色数据库及其相关概念辨析[J]. 图书馆建设，2015(4).
50. 刘惠敏. 纸电同步趋势下我国高校图书馆开展读者决策采购(PDA)的策略分析[J]. 图书馆建设，2018(6).
51. 刘万国，周秀霞，姜雷. 数字资源长期保存联盟研究[J]. 情报资料工作，2016(3).
52. 刘晓茹. 大数据环境下图书馆馆藏数字资源安全管理问题及对策研究[J]. 农业图书情报学刊，2017，29(5).
53. 刘晓英. 大数据时代图书馆数字资源长期保存问题研究[J]. 图书馆，2016(7).
54. 刘雅杰. 图书馆馆藏资源布局理论研究[D]. 保定：河北大学，2012.
55. 刘艳明. 高校图书馆数字信息资源建设的原则探讨[J]. 情报杂志，2004(7).
56. 刘永胜. 1980—1986 年国内期刊价格的变化[J]. 图书情报工作，1986(3).
57. 刘瑜. 当代图书馆信息资源整合的若干模式[J]. 图书馆杂志，2010，29(3).
58. 楼靖华. 信息资源共建共享的利益平衡机制研究[J]. 图书馆杂志，2006(5).
59. 罗昊. 聚焦信息组织研究的前沿——面向网络信息组织的本体开发[J]. 情报资料工作，2006(1).
60. 马恒通，许梅. 文献信息资源共建共享模式论纲[J]. 情报资料工作，2003(4).
61. 马鑫，续玉红. 俄亥俄图书馆与信息网络(OhioLINK)资源建设与服务[J]. 农业图书情报学刊，2018，30(3).
62. 毛雅君. ALEPH500 系统给我们带来了什么[J]. 国家图书馆馆刊，2004(3).
63. 苗东升. 系统科学论[J]. 系统辩证学学报，1998，6(4).
64. 宓永迪. 长尾理论在图书馆的应用[J]. 图书馆杂志，2007(5).
65. 潘燕桃. 二八定律与长尾理论在信息资源建设与服务的应用[J]. 山东图书馆学刊，2016(3).
66. 彭以祺. 国家科技文献保障工作的形势与 NSTL“十四五”规划[J]. 数字

图书馆论坛，2021(5).
67. 彭媛媛，黄金霞，陈雪飞，赵展一. 开放科学进程中的OA期刊发展：2017—2020年[J]. 农业图书情报学报，2020，32(12).
68. 齐东峰. 图书馆学术电子书采购诉求与出版商利益的矛盾与平衡[J]. 国家图书馆学刊，2014，23(3).
69. 齐宏亮. 浅析图书内容质量的判断标准[J]. 编辑之友，2010(7).
70. 邱奉捷，韩新月，陈瑜. 图书馆数字资源共建共享中的版权风险防范[J]. 新世纪图书馆，2018(2).
71. 邱奉捷，张若冰. 图书馆数字资源版权管理战略规划研究[J]. 图书馆杂志，2014(6).
72. 邱漱良. 我国图书在版编目的发展历程和取得的成就[J]. 图书馆工作与研究，2003(1).
73. 丘威，张立臣. 本体语言研究[J]. 情报杂志，2006(7).
74. 秦雪珍. 核心期刊选择的新思考[J]. 图书馆，1998(6).
75. 任爱平. 高校图书馆中文期刊采购分析[J]. 图书馆建设，2004(5).
76. 申庆月. 数字资源采访版权风险分析和防范[J]. 图书馆杂志，2014，33(6).
77. 盛小平. 数字图书馆的知识组织[J]. 图书情报工作，2001(3).
78. 盛小平. 数字图书馆馆藏评价[J]. 图书情报工作，2003(5).
79. 盛小平. OhioLINK的成就及启示[J]. 大学图书馆学报，2008(6).
80. 盛小平，周媛. 数字图书馆知识组织策略[J]. 大学图书馆学报，2002(2).
81. 沈涌. 数字信息资源整合策略与服务共享模式研究[D]. 长春：吉林大学，2009.
82. 宋秀芬. 机构知识库与数据知识库比较研究[J]. 图书馆理论与实践，2019(9).
83. 索传军. 论数字馆藏的管理[J]. 大学图书馆学报，2003(2).
84. 索传军，赵梅亭. 数字馆藏质量管理系统研究[J]. 中国图书馆学报，2007(5).
85. 苏新宁，章成志，卫平. 论信息资源整合[J]. 现代图书情报技术，2005(9).
86. 唐加玉，谢明，龙训田. 学科信息门户的知识组织[J]. 图书馆论坛，

2006，26(3).
87. 唐琼. 图书馆数字资源选择标准研究[D]. 武汉：武汉大学，2009.
88. 唐琼. 数字资源选择标准研究：基于国内外馆藏发展政策的考察[J]. 图书馆杂志，2011，30(10).
89. 唐琼，吴钢，谭明君. 图书馆数字资源选择标准体系权重的确立研究——读者与馆员的双重视角[J]. 图书情报知识，2011(3).
90. 宛玲，余向前，董伟. 我国图书馆数字资源集团采购的发展历程及特点[J]. 情报资料工作，2009(6).
91. 王萍，王毅，文丽. 优化读者满意体验的数字资源建设探究[J]. 中国图书馆学报，2014，40(5).
92. 王巧萍. 高校图书馆图书的招标采购[J]. 图书馆论坛，2005，25(3).
93. 王喜和，傅林红，李玖蔚，等. 特色之困：国内大学特色数据库建设现状与反思[J]. 情报理论与实践，2013，36(4).
94. 王雅玲. 纸电同步下的图书采访模式变革[J]. 吉林省教育学院学报，2018，34(6).
95. 王玉波，徐文贤. 论数字资源采购的规范管理[J]. 情报科学，2010，28(2).
96. 文榕生. 中国图书在版编目的现状与展望[J]. 中国图书馆学报，1997(2).
97. 魏大威，季士妍. 国家图书馆网络信息资源采集与保存平台关键技术实现[J]. 图书馆，2021(3).
98. 魏大威，谢强，季士妍. 国家数字图书馆分布式多活存储体系研究[J]. 图书馆杂志，2018(3).
99. 魏蕊，王丽，封勇丽. 京津冀高校机构知识库协同建设模式研究[J]. 图书情报工作，2017(14).
100. 吴建中. 推进开放数据，助力开放科学[J]. 图书馆杂志，2018，37(2).
101. 伍进平. 数字资源合作保存研究[D]. 郑州：郑州大学，2010.
102. 项英. 高校图书馆数字信息资源整合与服务研究[D]. 武汉：武汉大学，2013.
103. 向前. 联机联合编目——未来发展之路[J]. 大学图书馆学报，1999(2).

104. 肖道刚. 基于成本—收益理论的上海世博经济影响研究[D]. 上海：华东师范大学，2008.
105. 肖珑，姚晓霞. 我国图书馆电子资源集团采购模式研究[J]. 中国图书馆学报，2004(5).
106. 肖珑，章琳. 引进数据库的发展趋势与价格成本策略[J]. 大学图书馆学报，2015，33(1).
107. 肖希明，黄连庆. 以需求为导向的数字信息资源开发[J]. 中国图书馆学报，2007(6).
108. 肖自力. 藏书发展方针规范指南[J]. 黑龙江图书馆，1982(2).
109. 谢清文，弓婧雯，范冰玥. 公共图书馆文献信息处置流程[J]. 国家图书馆学刊，2018(4).
110. 徐获惠. 论文献信息资源政府招标采购和图书馆自主采购权[J]. 图书馆，2010(3).
111. 徐佳宁. 网络资源的选择与评价[J]. 图书与情报，2003(6).
112. 徐晶晶，路纳新，葛红梅. 图书馆开放获取期刊遴选与编目实践——以中国医学科学院图书馆为例[J]. 图书馆杂志，2022(8).
113. 徐剑，黄秋月. “二八定律”在图书馆管理中的应用[J]. 中国图书馆学报，2007(5).
114. 徐宽，任河. 数字资源长期保存的内容价值判断依据研究[J]. 图书情报工作，2013，57(13).
115. 徐速，王金玲，王静芬. DRAA 引进数字资源的长期保存与利用研究[J]. 大学图书馆学报，2019(6).
116. 杨兰芝. 图书在版编目著录数据存在的问题及改进措施[J]. 情报杂志，2004(10).
117. 杨琮. 高校图书馆数字资源建设与安全管理[J]. 武汉理工大学学报，2010，32(8).
118. 杨延廷，许宏翠. 试论信息资源的含义与特征[J]. 情报资料工作，1998(1).
119. 杨向明. 论数字信息资源的网络安全[J]. 中国图书馆学报，2004(2).
120. 杨毅，周迪，刘玉兰. 电子资源集团采购模式的探讨[J]. 图书情报工作，2005，49(9).
121. 姚晓霞，陈凌. CALIS 数字资源保存的现状和发展策略[J]. 图书情报工作，2010，54(7).
122. 姚晓霞，陈凌，戴龙基. 对我国信息资源共建共享可持续发展的思考和启示[J]. 图书情报工作，2008，52(5).
123. 姚晓霞，冯英，陈凌. 信息资源共建共享可持续发展的运作机制研究[J]. 大学图书馆学报，2008(1).
124. 叶继元，陈铭，谢欢，华薇娜. 数据与信息之间逻辑关系的探讨——兼及 DIKW 概念链模式[J]. 中国图书馆学报，2017，43(3).
125. 于宁，陈虹. 高校图书馆的远程书库建设[J]. 图书馆杂志，2009，28(9).
126. 于宁，贾延霞，武丽娜，等. 聚焦支持高校教学与科研——清华大学图书馆资源建设实践与思考[J]. 图书情报工作，2021，65(1).
127. 袁海波，孟连生. 网络环境下信息资源共建共享的实践——兼述国家科技图书文献中心的建设与发展[J]. 情报学报，2002(1).
128. 袁曦临. 信息资源共建共享模式及其理论基础研究[J]. 图书情报工作，2008，52(9).
129. 殷银芳. 传统藏书理论与数字馆藏管理[J]. 图书情报知识，2004(3).
130. 曾婷，董丽. DSpace 的相关研究进展及应用探索[J]. 现代图书情报技术，2007(6).
131. 曾婷，董丽，邹荣，等. 开源仓储软件在清华大学图书馆的研究应用与思考[J]. 图书馆杂志，2012，31(5).
132. 张海霞. 1996—2000 年国内期刊价格分析[J]. 情报资料工作，2020(增刊).
133. 张琳. 国家图书馆数字资源建设实践与思考[J]. 河北科技图苑，2021(3).
134. 张林龙. 网络环境下的信息组织[J]. 情报杂志，2003(10).
135. 张铭丽. 数字图书馆数字资源版权区块链管理研究——以中国国家数字图书馆数字资源版权区块链管理实践为例[J]. 图书馆工作与研究，2021(8).
136. 张树华，赵华英. 新中国图书馆事业发展的一次浪潮——记“全国图书协调方案”及其协作、协调活动[J]. 中国图书馆学报，2009(3).
137. 张晓林. 数字化信息组织的结构与技术(一) [J]. 大学图书馆学报，2001(4).

138. 张晓林，宛玲，徐引篪，宋小冬，王欣. 国家科学数字图书馆数字资源采购的技术要求[J]. 中国图书馆学报，2004(4).

139. 曾婷，董丽，邹荣，姜爱蓉. 开源仓储软件在清华大学图书馆的研究应用与思考[J]. 图书馆杂志，2012，31(5).

140. 钟源. 数字资源长期保存馆社合作模式调查分析[D]. 湘潭：湘潭大学，2013.

141. 郑琳. 期刊涨价中的无奈与思考[J]. 怀化学院学报，2013，32(4).

142. 郑美玉，刘田. 大数据视角下高校图书馆联盟服务创新探析——以福建省高校数字图书馆(FULink)为例[J]. 图书馆工作与研究，2017(7).

143. 中国大学图书馆馆长论坛图书馆合作与信息资源共享武汉宣言[J]. 大学图书馆学报，2005(6).

144. 周和玉. 高校图书馆特种文献的收藏与管理[J]. 图书情报知识，1991(4).

145. 周群. 纸电阅读同步推广系统与读者关联数据挖掘研究[J]. 情报科学，2017，35(11).

146. 周月秋. 资源配置理论探索[J]. 金融管理科学，1994(2).

147. 周悦珍. 国内特种文献的情报价值与开发利用[J]. 图书情报知识，1999(2).

148. 邹荣，范爱红，姜爱蓉. 基于 DSpace 构建科研论文管理系统[J]. 现代图书情报技术，2009(10).

三、英文参考文献

1. Allen C, Mehler D M A. Open science challenges, benefits and tips in early career and beyond[J]. PLOS Biology, 2019, 17(5).

2. Brookes B C. Bradford's law and the bibliography of science[J]. Nature, 1969, 224(5223).

3. Buckland M. Information as thing[J]. Journal of American Society of Information Science, 1991, 42(5).

4. DAMA International. Data management body of knowledge(2nd ed.)[M]. Basking Ridge: Technics Publications, 2017.

5. Dunford R, Su Q, Tamang E. The Pareto principle[J]. The Plymouth Student Scientist, 2014, 7(1).

6. Fensel D. The semantic web and its languages[J]. IEEE Computer Society, 2000, 15(6).

7. Hartley R V L. Transmission of information[J]. Bell System Technical Journal, 1928, 7(3).

8. Lievrouw L A. Social media and the production of knowledge: a return to little science? [J]. Social Epistemology, 2010, 24(3).

9. Nwabueze A U, Urhiewhu L O. Availability and use of digital information resources by undergraduates of universities in Delta and Edo States, Nigeria [J]. International Journal of Digital Library Services, 2015, 5(2).

10. OECD. The digitalisation of science, technology and innovation: key developments and policies[M]. Paris: OECD Publishing, 2020.

11. Pantzar E. Knowledge and wisdom in the information society [J]. Foresight, 2000, 2(2).

12. Pérez A G, Benjamins V R. Overview of knowledge sharing and reuse components: ontologies and problem-solving methods[C/OL]. Proceedings of the IJCAI-99Workshop on Ontologies and Problem-solving Methods (KRR5). Stockholm, Sweden, August 2, 1999. Amsterdam: The Netherlands University of Amsterdam, 1999[2022-10-26]. http://sunsite.informatik.rwth-aachen.de/Publications/CEUR-WS/Vol-18/1-gomez.pdf.

13. Rutledge J, Swindler L. The selection decision: defining criteria and establishing priorities[J]. College & Research Libraries, 1987, 48(2).

14. Sebastian-Coleman L. Measuring data quality for ongoing improvement: a data quality assessment framework [M]. Waltham: Morgan Kaufmann, 2013.

15. Segundo R S. A new concept of knowledge [J]. Online Information Review, 2002, 26(4).

16. Shannon C E. A mathematical theory of communication[J]. Bell System Technical Journal, 1948, 27(3).

17. Shannon C E. A mathematical theory of communication[J]. Bell System Technical Journal, 1948, 27(4).

18. Weik M H. Computer science and communications dictionary[M]. Boston: Springer-Verlag, 2001.

19. Van Heijst G, Schreiber AT, Wielinga B J. Using explicit ontologies in KBS

development [J]. International Journal of Human-Computer Studies, 1997 (2).

20. Caplan P. The preservation of digital materials [J]. Library Technology Reports, 2008, 44(2).

致　　谢

在此书出版之际，我十分感谢武汉大学出版社和詹蜜编辑的大力支持！正是这份宝贵的支持才使本书得以及时、顺利地出版。十分感谢上海大学教务部对本教材的出版资助！特别感谢国家图书馆的孙保珍老师，南京图书馆的徐路和曾茹老师，清华大学图书馆的于宁、贾延霞、王萍、左阳四位老师，吉首大学的刘泳洁和彭秀文老师，上海大学图书馆的徐晓和陶蕾老师的鼎力支持和合作！十分感谢我的硕士研究生——江然、张莹、毕畅畅付出的劳动。最后衷心地感谢本书所引用的文献作者。

盛小平

2023 年 1 月 10 日